改革开放以来党的人才
思想发展研究

张立驰 著

图书在版编目(CIP)数据

改革开放以来党的人才思想发展研究 / 张立驰著. —合肥：安徽大学出版社，2011.6

ISBN 978-7-5664-0155-7

Ⅰ.①改… Ⅱ.①张… Ⅲ.①人才学—研究—中国—现代 Ⅳ.①C96

中国版本图书馆 CIP 数据核字(2011)第 110335 号

改革开放以来党的人才思想发展研究

张立驰 著

出版发行：北京师范大学出版集团
　　　　　安 徽 大 学 出 版 社
　　　　　（安徽省合肥市肥西路 3 号 邮编 230039）
　　　　　www.bnupg.com.cn
　　　　　www.ahupress.com.cn

经　销：	全国新华书店
印　刷：	合肥华星印务有限责任公司
开　本：	170mm×230mm
印　张：	15.25
字　数：	210 千字
版　次：	2011 年 6 月第 1 版
印　次：	2011 年 6 月第 1 次印刷
定　价：	31.00 元

ISBN 978-7-5664-0155-7

责任编辑：李镜平　姜　萍　　　　　　　装帧设计：孟献辉
责任印制：赵明炎

版权所有　侵权必究

反盗版、侵权举报电话：0551—5106311
外埠邮购电话：0551—5107716
本书如有印装质量问题，请与印制管理部联系调换。
印制管理部电话：0551—5106311

序

  人才对于一个国家的发展和兴盛至关重要。早在西周时期,太师姜尚就提出了"治国安家,得人也。亡国破家,失人也"的思想。唐太宗李世民提出"为政之要,惟在得人"。朱元璋说:"为天下者,譬如作大厦,大厦非一木所成,必聚才而后成,天下非一人独理,必选贤而后治。故为国得宝不如举贤。"清康熙认为:"自古选贤任能,为治之大道。"所以,"致治之道,首重人才。"这些论述的一个共同点是,天下兴亡、社稷安危、国运盛衰,皆系于人才。

  我们党历来高度重视人才工作。毛泽东指出"政治路线确定以后,干部就是决定的因素",邓小平认为"中国的事情能不能办好关键在人",江泽民提出"国与国之间的竞争,归根到底是人才的竞争",胡锦涛强调"人才是党和国家事业发展的关键"。这充分表明我们党始终把人才工作放在治国安邦的首要位置。

  改革开放以来,党在人才政策上的一系列部署和措施说明,我们党对人才的高度重视和战略眼光。1993年国家教委开始实施《跨世纪优秀人才计划》,1995年国务院办公厅转发人事部等部门制定的《关于培养跨世纪学术和技术带头人意见》,同时启动"百千万人才工程",1996年"西部之光"人才培养计划由中国科学院启动。进入新世纪之后,在原来相关人才项目工程的基础上,2001年"十五"计划纲要第一次专门列出"实施人才战略,壮大人才队伍"一章,2002年人事部等部门制定实施了"新世纪百千万人才工程",与此同时中国科协制定了《新世纪百千万人才工程实施方案》,等等。这一系列措施大大推进了我国人才工作的进展。2002年5月,中共中央办公厅、国务院办公厅印发《2002—2005年全国人才队伍建设规划纲要》,2003年12月26日,《中共中央、国务院关于进一步加强人才工作的决定》出台,2007年人才强国战略作为发展中国特色社会主义的三大基本战略之一,写进了中国共产党党章和党的十七大报告。国家"十二五"规划纲要中,第七篇第二十九章专门提出造就宏大的高素质人才队伍。

可见党和国家始终把人才工作放在重要的战略地位。十七届五中全会提出,以科学发展为主题,以转变经济发展方式为主线,以改善民生为目的,全面推进政治、经济、文化、社会等各方面的改革、建设和发展,中国特色社会主义事业不断向前推进。事业的发展越来越使我们深刻认识到人才的紧迫性和重要性,越来越使我们深刻认识到当今世界的竞争主要就是以人才和科技为支撑的竞争。这种竞争对于一国如此,对于一个地区也是一样。2008年由美国次贷危机引发的全球性金融危机更加深了我们这种认识。

安徽人杰地灵、历史文化多元,发展潜力巨大。当前,在省委、省政府正确领导下,安徽正以科学发展为主题,以全面转型、加速崛起、兴皖富民为主线,坚持工业化城镇化双轮驱动,着力推动转型发展、开放发展、创新发展、和谐发展,努力走在中部崛起前列,为实现经济繁荣、人民富足、生态良好努力奋斗,为建设全面小康安徽奠定坚实基础。实现这一目标,人才是关键。省"十二五"规划明确提出要建设人才强省,以高层次创新人才为引领、以应用型人才为主体,统筹推进各类人才队伍建设。

张立驰同志撰写的《改革开放以来党的人才思想发展研究》,正是在这样一个大的社会背景下产生的一本学术著作,体现了作者对时代的关注。通览全书可以看出,作者掌握的史料全面,研究方法得当,结构严谨,观点鲜明正确,有较大的参考价值。

一是把改革开放以来党的人才思想体系概括为包括党的人才战略论、人才标准论、人才培养论、人才选拔使用论、人才管理论以及人才环境论等一系列有机联系的思想体系,将党的人才思想体系列为中国特色社会主义理论的重要组成部分。

二是充分阐述改革开放以来邓小平、江泽民、胡锦涛有关人才的理论,论证了他们思想的连续性、整体性和各自的特点。从纵横两个角度对党的人才思想进行了研究,使党的人才思想体系的完整性和连续性得到了较好的兼顾。

三是注意厘清党的人才思想发展的历史脉络,向前追溯到建党初期,李大钊、陈独秀关于人才思想的一些观点,着重研究了毛泽东的人才思想,增加了论述的坚实性。

四是在全书的最后一章,结合十七大前后,我国人才工作出现的新特征,论述了党的人才工作现状和对策。总结和分析了党的人才工作取得的成绩和面临的挑战,提出了解决我国人才问题的思路与途径,做到了理论联系实际,历史联系现实。

2010年9月下旬,我到亳州市搞调查研究,9月27日应邀在亳州师范高等专科学校为师生们做了一场"循环经济是振兴皖北的战略选择"的报告。也是在这次报告中,我认识了张立驰同志,他从安徽大学硕士毕业,北京师范大学博士毕业后即来到亳州工作。该同志年轻、谦虚、好学、做事认真,有事业心。后来,因为工作关系和该同志又有了几次接触,进一步加深了对他的了解,该同志勤于钻研,学术功底较扎实,理论水平较高,2011年1月6日,在安徽省循环经济研究院挂牌大会上,该同志被聘请为特邀专家。本书的出版对在全面建设社会主义和谐社会,推进中华民族伟大复兴的进程中,做好党的人才工作具有一定的理论意义和现实意义。

应张立驰同志所邀,写上几句,是为序。

安徽省人大常委会原副主任
发展中国论坛副主席
安徽省循环经济研究院院长
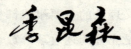
2011年6月6日

目 录

导 论 ·· 1

第一章 十一届三中全会前党的人才思想概述(1921—1978)
·· 13

一、党的人才思想的萌芽期(1921—1935) ················· 14

二、党的人才思想体系的初步形成：毛泽东的人才思想(1935—1978)
·· 30

三、十一届三中全会前党的人才思想的经验教训 ············· 44

第二章 中国的事情能不能办好关键在人(1978—1992) ······ 58

一、邓小平人才思想的理论支撑和实践基础 ··················· 59

二、邓小平人才思想产生的时代背景 ··························· 64

三、邓小平人才思想的主要内容 ································· 65

四、邓小平对党的人才思想的继承与发展 …………………………… 87

第三章 国家间的竞争根本上说是人才的竞争(1992—2002)
………………………………………………………………………… 100

一、江泽民人才思想的时代背景 …………………………………… 100

二、江泽民人才思想的主要内容 …………………………………… 104

三、江泽民对党的人才思想的新发展 ……………………………… 137

第四章 人才是关系党和国家事业发展的关键(2002至今)
………………………………………………………………………… 149

一、胡锦涛人才思想的时代背景 …………………………………… 150

二、胡锦涛人才思想的主要内容 …………………………………… 155

三、胡锦涛对党的人才思想的新发展 ……………………………… 188

第五章 党的人才工作现状及对策 …………………………………… 196

一、党的人才工作取得的成绩和面临的挑战 ……………………… 196

二、解决我国人才问题的思路与途径 ……………………………… 207

三、十七大前后,我国人才工作的新特征 ………………………… 211

结 语 党的人才思想史就是一部人的发展史 ……………………… 223

参考文献 ……………………………………………………………… 227

后 记 ………………………………………………………………… 235

导 论

一、选题的意义

对人才的研究即是对人的价值的关注和研究,对执政党的人才思想的发展研究就是对执政党有关人的价值观的发展研究。这一研究的理论依据,就是马克思在《共产党宣言》中所提出的"每个人自由发展是一切人的自由发展的条件",即社会主义、共产主义的最终目的是实现每个人的全面的自由发展。

由于我国还处在社会主义初级阶段,各方面的条件还很不成熟,所以要实现每个人的全面自由发展还远远达不到,但是实现每个人全面自由发展这一最终价值追求应是社会主义国家始终坚持的方向。这一方向在今天的中国,我们更习惯地表达为以人为本。中国共产党从建党开始就始终坚持这一方向,从陈独秀、李大钊到毛泽东,从邓小平、江泽民到胡锦涛,中国共产党的历届领导人有关人才的思想和论述,清晰地展现了中国共产党为实现每个人全面自由发展这一社会主义的最终目的,所做的诸多理论探索和实践努力。

对中国共产党人才思想的发展研究,还有利于从个人和社会两个角度来探析,如何使个人全面发展和社会全面进步有机结合起来,在社会全面进步的基础上促进人的全面自由发展。随着时代的发展和社会的进步,党的人才思想也在与时俱进,不断发展,不断创新。党的人才思想发展的过程就是党随着时代的发展不断解放人才观念的过程;就是党随着实践的变化不断创造条件以实现人才成长的过程;就是党随着革命、建设、改革任务的变化,不断调整人才政策的过程。因此,对这一过程的考察,既有利于社会主义社会的每个人根据时代和实践的变化,合理地进行自我成才目标的定位和成才路径的设置,以求得自身的发展;又有利于我们党科学梳理党在不同历史时期的人才工作,总结经验,查找不足,从而以更科学的理念、更完善的措施,实现人才发展与社会进步。

总之,对党的人才思想进行研究,既可以为个人成才、发展服务,又可以为国家发展、人才强国战略服务。通过对党的人才思想的研究,力图把握人才的基本内涵和人才成长的一般途径、规律,以及不断变化发展的社会对人才成长的新要求,为人的成才提供正确的价值规范、科学的意义内涵和有效的实现途径,从而使个人成才、发展和社会的需求、进步相统一,实现个人的科学发展和社会的协调进步;通过对党的人才政策的研究,总结其成功的经验、科学的思想、存在的不足和当前面临的挑战,力图提出有针对性的建议和措施,更好地服务于当前我国整体性的人才开发和人才强国战略。无论是为了个人更好地成才和发展,抑或为了推进人才强国的伟大战略,对人才思想的研究都是对新时期党的"以人为本"思想进行深入观察的一个体现。

当前,"加强自主创新、建设创新型国家",全面建设小康社会,促进社会和谐是中华民族的复兴之路。在这条复兴之路上,以创新能力为核心,以能力本位为重点,大力培养政治、经济、科技、文化等方面的高尖端人才和各级各类人才,是我国面临国内发展和国际竞争的重要任务;与此同时,推进我国人才的整体性开发,切实把人口大国变为人才大国,实现"人人都可以成才",以人的成才促进人的自由全面发展,以人的成才推动国家强盛和民族复兴,既是我国人才强国的战略选择,也是我国作为社会主义国家价值目标的重要体现。

随着改革的深入,经济、社会的进一步发展,传统的人才人事制度日益不能满足现实的需要,改革势在必行,而改革中势必会遇到很多困难。这些问题的解决既需要在实践中积极探索,也需要不断加强理论研究,而最为重要的是在人才思想上不断获得解放。

虽然人的价值实现与成才并不是完全等同的概念,但两者是密切相关的。价值的实现是人的成才的重要目标,人的成才是人的价值实现的重要条件。某种程度上说,二者是互为融合的,就人的价值实现的两个条件来说,与人的成才也是密不可分的。条件之一是:价值的实现不能脱离社会而独立完成。正如马克思所言,人的本质就其现实性而言,是一切社会关系的总和,离开了社会的人就失去了其存在的意义,更谈不上价值的实现,人的成才也同样离不开社会,社会是个人成才的母体,社会也是个人成才的价值目标之一。条件之二是:每个人必须通过一定的劳动和价值创造对社会作出贡献,获得社会的认同,才能最终达到价值的实现。而人的价值实现过程中进行的创造性劳动,所必需的知识和技能则是人才的重要特征和必备素质。

可见,就人的价值实现和人的成才来说,前者是后者的重要目标,后者是前者的重要条件。因此,从人的成才来研究和探讨人的价值,也就具备了理论和实践的合理性、可行性和现实意义。

二、研究现状

中国共产党一直高度重视人才建设,从毛泽东的"政治路线确定以后,干部就是决定的因素"[①],邓小平的"中国的事情能不能办好关键在

---

① 《毛泽东选集》第2卷,人民出版社,2007年版,第526页。

人"①,江泽民的"国与国之间的竞争,归根到底是人才的竞争"②,到胡锦涛的"人才是党和国家事业发展的关键"③,都反映了党在人才问题上的一贯重视。

就党的人才思想研究来看,研究的重点依然是党的主要领导人的人才思想和人才观,如毛泽东、邓小平、江泽民、胡锦涛的人才观(人才思想)等。在先后四位党的主要领导人的人才思想研究上,由于时代和时间的间隔等原因,其中又以邓小平的人才思想研究最为充分,横跨20世纪八九十年代和21世纪初,其中以20世纪90年代和21世纪初研究成果最为丰富。就中国知识资源总库的统计来看,研究成果达数百篇。就研究内容来说,邓小平的人才思想研究主要包括两个方面:一是邓小平人才思想的内涵、特征、形成;二是邓小平人才思想的现实意义。在邓小平人才思想现实意义的研究中,有两个主题词出现频率最高,其中之一就是"发展",如邓小平人才思想与人的发展、邓小平人才思想与区域的发展、邓小平人才思想与国家的发展,等等;另外一个出现频率高的词是"建设",主要是邓小平人才思想与党的建设,邓小平人才思想与军队的建设,邓小平人才思想与企业的建设、高校的建设,等等。此外,一些学者就邓小平人才思想与中国传统文化以及邓小平人才思想的思维方法、道德观等方面也做了有益的探讨和研究。

相对邓小平的人才思想研究而言,毛泽东的人才思想研究成果一般,江泽民和胡锦涛的人才思想(人才观)研究则显得较为单薄,党的初期创始人——李大钊和陈独秀的人才思想研究则更少,中国知识资源总库的统计为空白。学界关于毛泽东的人才思想(观)研究主要集中在20世纪90年代和21世纪初,学术资源总库可检索的成果不超过50篇;学界关于江泽民人才思想的研究主要集中在2000年以后,就中国知识资

---

① 《邓小平文选》第3卷,人民出版社,1985年版,第380页。
② 《江泽民论有中国特色社会主义(专题摘编)》,中央文献出版社,2002年版,第420页。
③ 胡锦涛:《在全国人才工作会议上的讲话》,2003年12月(人民网 http://www.people.com.cn/GB/shizheng/1024/2256582.html)

源总库收集的成果来看，不超过40篇；胡锦涛的人才思想研究主要集中在2006年以后，数目则更少；李大钊和陈独秀人才思想研究，自1979至2010年，中国知识资源总库检索为零。

就党的主要领导人的人才思想研究内容来看，除了邓小平的人才思想研究比较丰富，其他的主要集中在三个方面，按研究的重点排序，依次是：第一，人才思想的内涵研究；第二，人才思想的比较研究（几位党的主要领导人之间的比较研究）；第三，人才思想的现实意义研究。

除了党的领导人的人才思想研究之外，一些学者还就新中国成立60多年及改革开放30多年来党的人才思想做了研究。但是，这种跨越几十年的人才思想史研究，并不是系统的研究，而就其一方面做单一研究的比较多，如"新中国成立以来党的知识分子的政策演变"、"党的科技人才思想"等，应该说是党的人才思想中的专门史研究。

要指出的是，在研究中，一些学者考据不严谨，在党的人才思想研究中，把"党管人才"说成是江泽民的人才思想，把"党管干部"说成是胡锦涛的人才思想，至于"人才强国战略"，既有学者把其看成是江泽民为核心的党的领导集体的人才思想，又有学者把其当做是以胡锦涛为总书记的党的领导集体的人才思想，这些都是研究中所犯的史料性错误。

综观这些研究成果，有几个方面的不足比较明显。

一是党的早期创始人李大钊和早期主要领导人陈独秀的人才思想研究几乎为空白。

二是仅仅局限于党的人才思想本身研究，没有从理论高度揭示人才思想研究的本质是对人的价值的关注和人的发展研究。

三是就某位党的领导人的人才思想研究来看，由于缺乏历史的纵深感，而割裂了党的人才思想的继承与发展。

四是就几位党的领导人人才思想比较研究来看，往往篇幅短小，无法揭示人才思想发展背后深刻的社会、时代背景。

五是以党的人才思想的某一方面做历史跨度研究，往往以偏概全。

六是研究中的一些张冠李戴现象，出现史料上和观点上的错位。

笔者力图在这些方面做一些填充和弥补。

三、研究思路与研究方法

（一）研究思路

本书的写作实行条块结合，以块为主，两条逻辑主线齐头并进的方法。以块为主这一条主线，以领导人为划分阶段，研究30年来我国人才思想的演变，如邓小平的人才观、江泽民的人才观、胡锦涛的人才观。这种研究是提纲挈领式的、阶段式的系统研究，一是便于在每个阶段性时期内注重党的人才思想的系统研究，如党的人才思想的战略论、标准论、选拔使用论、管理评价论、环境论，等等；二是有利于在整体上而不是某一方面把握30年来我国人才思想的演变和发展。另一条辅线是以党的人才思想和人事政策自身的发展为阶段，以条为线索和牵引，把党的人才思想划分为五个阶段：萌芽阶段（1921—1935）；理论体系初步形成和曲折阶段（1935—1978）；恢复整顿阶段（1978—1992）；转折突破阶段（1992—2002）；全面发展阶段（2002至今）。这种研究划分，注重党的人才思想的彼此衔接、继承和发展，是一种更加具体和微观的研究，便于具体地把握我国改革开放以来人才思想各个方面的演变，如人才战略思想的演变、人才标准思想的演变、人才管理思想的演变，等等。这两种逻辑划分不是截然分开，而是紧密联系的。前者注重横向系统研究，后者注重纵向发展研究；前者注重历届主要领导人人才思想的系统研究，后者注重历届主要领导人人才思想的继承和发展研究；前者注重领导人个人对我党人才思想和人才工作的贡献，后者注重从集体角度考察党的人才思想和人才工作的推进；两者是紧密相连、互为支撑、融为一体的。

党的人才思想的演变，是社会主义国家社会思想变迁的缩影，是整个社会思潮演变的重要表现，体现了党为实现社会主义国家人的发展与解放所做的种种努力。社会是由具体的人组成的，有关人才的思想就是人类对自身存在价值的看法和评价。本著作的写作、研究，为个人成长和推进国家人才强国战略的需要服务;有助于党在新的时期,进一步解放人才思想,推进人类更好地认识自我、发展自我,使个人发展与社会进步互为促进,构建和谐社会,推动人的全面发展。

（二）研究方法

本书以党的人才思想的继承和发展研究为逻辑主线,以促进人的全面自由发展为价值追求,从国家进步和个人发展两个角度出发,通篇采用以论带史、史论结合的方式展开论述,主要还涉及以下几种方法:

一是史料法。论文在充分占有史料的基础上,采取史论结合,以论带史和以史带论相结合的方式展开研究和论述。为了便于观点的表述,在研究初期,采取以史带论,在充分占有相关资料的基础上形成观点;在论文成稿后,转而采取以论带史的表述方式,以便于阅读。因此,翔实、准确的史料是本论文研究的前提和基础。

二是系统方法。研究某位党的主要领导人的人才思想或分析党在某一阶段的人才思想时,均采取系统的观点进行论述,而不是孤立地论述党的人才思想或人才思想的某一方面。具体表现在两个方面:一是把党在某一时期的人才思想与当时的国内外环境和社会时代背景紧密结合起来研究,与当时社会背景下党所面临的革命、建设的具体任务结合起来研究;二是研究党的领导人的人才思想,不是仅研究其人才思想的某一方面,而是从人才思想的战略目标、人才标准、人才使用、人才培养、人才管理、人才评价、人才环境等各个方面进行系统研究。

三是历史纵向研究法。从历史纵向的角度具体厘清改革开放30多年来,党的人才思想的演变。如对人才资源的认识,我们经历了从"干部"到"人才"的转变;对各类人才的管理,经历了"党管干部"到"党管人才"的变化;对知识分子的政策,也从"政治上一视同仁,工作上放手使用,生活上关心照顾"到"尊重劳动、尊重知识、尊重人才、尊重创造"。在此基础上,尝试从1978年起,把我国人才学的发展分为几个相对独立的阶段,如初创阶段、突破阶段、全面发展阶段,等等,以便于本书的研究。

四是比较研究法。具体比较邓小平、江泽民、胡锦涛的人才观和人才政策。如邓小平重视教育和科技,提出"知识分子是工人阶级的一部分"①、"科学技术是第一生产力"②,江泽民进一步深化人事体制改革,实行科教兴国,提出"人才资源是第一资源"③;如毛泽东提出人才标准的又红又专,邓小平提出人才标准的革命化、年轻化、知识化、专业化,江泽民提出人才创新能力标准;从20世纪80年代把具备中专学历和初级职称的人当做人才,到2003年人才工作提出"人人都可以成才"④等。联系实际,结合当时的社会和时代背景进行比较分析,揭示党的人才思想演变的内在动因。同时,往前延伸,比较李大钊、陈独秀的人才思想。

五是个案分析法。对党30多年来一些具体的人才政策和人事改革做具体、深入的分析,从中得出一些经验性和规律性的东西。如邓小平提出"知识分子是工人阶级的一部分",尊重知识分子,恢复知识分子的政治待遇和社会地位;设立职称制度等一系列相关政策和管理制度,加强对知识分子的科学管理等,就极大地调动起知识分子投身祖国建设的积极性,推动了社会主义事业的发展。再比如,随着公务员法的设立和不断完善,保证了公务员队伍的高素质、稳定性和开放性等,这些政策对今天的人才战略都具有很强的现实借鉴意义。

六是辩证法。具体分析人才战略与国家发展的辩证关系、个人成才与社会发展的辩证关系。国家与社会的发展为人才战略、个人成才的实现提供现实条件,同时对人才理论、实践的发展和个人成才提出了新的更高的要求;而人才战略的推进和个人成才的实现又会大大推动国家与社会的发展与进步。当前,我们要实现国家发展和人才开发的良性循环,以及社会进步与个人成才的良性互动。

---

① 《邓小平文选》第2卷,人民出版社,2006年版,第89页。
② 《邓小平文选》第3卷,人民出版社,2006年版,第275页。
③ 《江泽民文选》第3卷,人民出版社,2006年版,第319页。
④ 胡锦涛:《在全国人才工作会议上的讲话》,2003年12月(人民网 http://www.people.com.cn/GB/shizheng/1024/2256582.html)

四、本书写作的难点和创新点

本书写作的难点主要有三个方面:

（一）党的人才思想与相关思想、理论的关系问题

主要表现在三个方面:

1. 党的人才思想与李大钊、陈独秀人才思想关系问题

陈独秀和李大钊是党的创始人,特别是陈独秀,还是党的初期的主要领导人。他们的人才思想是党的人才思想的最初起源和发展,是马克思主义人才思想在中国实践的最初成果,对党后来的人才思想起着奠基作用,特别是他们对人才的重视、对教育对人才培养所起的作用的认识、通过实践锻炼人才的思想等,对后来党的人才思想都有很大影响。然而,学界对陈独秀和李大钊人才思想的研究几乎是空白,等于从源头上割裂了党的人才思想的发展,把党的人才思想直接归结于马克思的人才思想,使我们党自身的人才思想缺乏系统性和历史感。给本书的研究和写作带来了困难。

2. 党的人才思想与西方的人力资源管理理论以及我国古代人才思想的关系问题

党的人才思想既是来源于当时的时代和实践,也是源于多方继承和影响。党关于人才的科学理论和思想,就其理论来源来说应该包括三个方面:一是马克思、恩格斯、列宁等老一辈无产阶级革命家的人才思想;二是我国传统的人才思想;三是西方的人力资源理论。在三个理论来源中,第一个理论来源最重要,研究成果也最多,但后两个理论来源研究成果较少,研究起来也比较困难,给本文的研究带来了一定的困难。

3. 党的人才思想与同时代学术界关于人才学研究的影响与互动问题

党的人才思想是我党关于人才的具体论述,必然对社会具体的人才观念和人才工作产生深远的理论影响和实践影响。我国人才学自20世

纪80年代兴起以来,一直开展着积极而广泛的学术探讨和研究。学术界关于人才学的研究必然在党的人才思想的总体指引下进行,同时,学界的研究又以其独特的学术影响推动党的人才思想的进一步解放和人才政策的进一步完善,如何科学分析和正确把握二者的关系,特别是具体时代的相互影响,这也是研究的一个难点。

(二)党的人才思想的自身继承、发展问题

从历史纵向的角度,依次论述几位领导人的人才思想,必须处理好其人才思想内在的逻辑联系,使其一脉相承而又随着时代和实践的发展而不断丰富发展,这就需要仔细分析每一位领导人的人才思想产生的实践基础和时代背景、每一位党的主要领导人的人才思想的主要内容和思想体系,以及对前一代人才思想的继承和发展。然而,党的主要领导人,由于其所处的社会背景和面临的革命、建设的具体任务不同,因此对人才关注的重点不同,人才思想的内容有差异,在分析其彼此前后的联系和脉络时,就会出现不能完全衔接的问题,造成研究的困难。

(三)党的人才思想的研究方法问题

在党的人才思想研究上,有两种主要的方法。一个常用的方法就是以条为主,条块结合。即首先把的党的人才思想分成人才的战略论、人才的标准论、人才的使用论等若干个方面,然后从历史纵向的角度分开论述,每方面论述完成后再合为一体,形成一个体系。这样论述的优点是,党的人才思想的每一个方面都自成体系,而且清晰地厘清了党的人才思想的某一方面发展的脉络。这样论述的缺点是,某一时期内党的人才思想缺乏体系和系统性,只论述了党的人才思想的某一方面,其他方面被割裂了。另一个方法就是以块为主,条块结合。这样论述的优点是,就某一时期内党的人才思想来说,论述清楚,体系严密,自成体系。其不足就是,就党的人才思想的某一方面来说,缺乏纵向的论述,割裂其发展演变的历史。

本研究采取了第二种研究方法,以块为主,条块结合,条为牵引,为了克服此种研究方法的不足,本书在每章的最后都加上了一节,专门论述本届党的主要领导人的人才思想对前届领导人人才思想的继承和发展。

本书研究的创新点主要有四:

1. 研究理论上的创新

在党的人才思想研究中,学术界一般只是做客观的描述,或者研究党的人才思想对于党建、经济建设等方面的影响和作用。就党的人才思想研究本身来说,并没有上升到一个理论高度或者说一个哲学的高度。笔者研究党的人才思想的发展,首先把马克思关于人的发展作为论文研究的理论前提,即把党的人才思想研究当做党关于人的发展研究,把党的人才思想发展研究上升到社会主义国家促进人全面自由发展的进程研究这一理论高度。因此,通过系统梳理党的人才思想发展史,来深入考察社会主义国家人的发展史,是本研究的意义指向,也是本论著在研究理论上的一个创新。

2. 研究内容上的创新

研究党的人才思想,离不开研究党的人才思想的继承与发展;研究党的人才思想的继承与发展就不可避免地研究党的人才思想史。就党的人才思想史来说,由于种种原因,作为党的初期重要领导人的陈独秀和党的创始人之一李大钊,他们的人才思想却鲜有研究,从而形成了党的人才思想研究中的一块空白。这一空白使党的人才思想史出现断裂,不成体系。本研究虽然主要研究改革开放以后党的人才思想的发展,但是为了体现党的人才思想的一脉相承,本论著有意识地向前延伸,研究了毛泽东、李大钊、陈独秀的人才思想,从而填补了李大钊、陈独秀人才思想研究的空白。

3. 研究方法上的创新

对于党的人才思想研究来说,不可避免地涉及历史的研究,特别是党的人才思想史的研究。就党的人才思想发展史研究来说,常规研究思路,或以块为主,或以条为主。以块为主的研究方法,适合研究党的领导人的人才思想,或者是一段时间(时间跨度短)内党的人才思想,这样容易形成系统和体系;以条为主的研究方法,适合研究较长时间内党的人才思想的某一方面,如党的知识分子政策等,容易形成清晰的历史发展脉络。

但是,如果研究较长时间内党的系统的人才思想,则两种方法都显得不足,弊端比较大。因此,本论著在研究的过程中,采取了条块结合,以块为主,条为牵引,齐头并进的研究方法,既保持了一段时间内党的主要领导人人才思想的体系性,又一定程度上兼顾了较长时间内党的人才思想的较为清晰的发展脉络。这是本论著在研究方法上的一个创新。此外,在具体每一章的研究中,以党的人才战略思想为统领,来统筹论述党的人才思想的其他方面,也是本论著研究方法的一个创新。

4. 研究成果上的创新

学界目前的研究成果虽然比较丰富,只是对党的人才思想做了横向的、深入的细致研究,或者是纵向的比较研究。对其研究的成果并没有认真的归纳和总结,缺乏科学的整合和系统的思考。本论著在纵横两个方面都做了较为深入的研究,并在深入研究的基础上,科学分析和系统总结了党的人才思想的成果,初步形成了一个完整的党的人才思想体系。在这一党的人才思想体系中,以人才战略论为统领,具体包括人才的标准论、培养论、使用论、管理论、评价论和环境论等,从而形成了有机联系的一个较为完整的理论体系,这是本论著在研究成果上的创新。此外,从历史纵向的角度,把党的人才思想发展分为"萌芽期"、"理论体系的初步形成期"、"恢复整顿期"、"转折突破期"和"全面发展期"五个阶段,也是本论著的一个创新。

第一章
十一届三中全会前党的人才思想概述(1921—1978)

中国共产党从1921年建党到1978年十一届三中全会召开共57年,在这57年的历史中,党的人才思想随着时代和实践的变化,随着革命、建设任务的变化而不断发展。在这57年的历史进程中,为了完成党的革命和建设任务,党急需大批革命和建设人才,党的人才思想便在中国革命和建设事业的实践中逐渐形成和发展。对党的人才思想的考察可以清晰透视我们党在各个历史时期的使命和所处的具体环境,可以清晰观察我们党的人才思想的发展历程。

按照马克思主义的理论,无产阶级革命可分为三个阶段:一是思想革命时代(奠定理论基础阶段);二是政治革命时代(夺取政权阶段);三是社会革命时代(逐渐解放全人类的历史使命阶段)。每个阶段,党都有不同的历史任务,不同的任务决定了党需要的人才各有侧重。在思想革命阶段,党的主要任务是在广大民众中传播马克思主义,奠定马克思主义的理论基础,让广大民众了解、接受、掌握马克思主义。所以,这时期党更需要的是理论家和思想家,这时期的人才也就更侧重思想性;在政治革命阶段,党的主要任务是通过政治革命推翻半殖民地、半封建的反动落后政权,建立无产阶级专政的国家,所以这时期党不仅需要思想家、理论家,更需要大批政治革命家、社会活动家和英勇无畏的革命战士,这时期的人才更侧重革命活动的实践;社会革命时代即解放全人类的阶段更是漫长的阶段,这一阶段更需要的是大批社会改革家,需要政治、经济、文化等各行各业的专业建设人才,而不是革命理论家和革命活动家。

党在不同历史阶段所肩负的不同使命决定了党在不同阶段对人才需求的侧重不同,从而推动了党的人才思想的发展。根据我党的历史来看,党的初期领导人陈独秀和主要创始人李大钊主要处于无产阶级革命的第一阶段——思想革命阶段;中国革命和建设初期的杰出领导人毛泽东横贯无产阶级革命的第一、第二阶段——思想革命阶段和政治革命阶段;邓小平、江泽民和胡锦涛以及未来的党的主要领导人主要是处于无产阶级革命的第三阶段——社会革命阶段。党的主要领导人所处无产阶级革命的不同阶段,决定了他们各有侧重的人才思想。

一、党的人才思想的萌芽期(1921—1935)

从1921到1935年,这一期间是党的人才思想的萌芽期。在这期间,初步形成了党依靠的人才主体论、人才的特征论、人才的培养途径论等一系列党的人才思想。在这期间,陈独秀和李大钊的人才思想是党的人才思想的集中表现。与此同时,在党的人才思想上,也形成了陈独秀在人才思想上的右倾主义错误和王明在人才思想上的"左"倾主义错误。

陈独秀、李大钊是五四时期的著名人物,素有"南陈北李"之称,二者都是早期的马克思主义者和党的发起人。陈独秀还是中共早期的重要领导人,是中国共产党的创始人及首任总书记,一大至五大党的最高领袖。二者的人才思想是我党人才思想在当时历史条件下的集中体现,同时对后来我党的人才思想产生了深远影响,其中受影响最大的莫过于与二者都有过接触的毛泽东。

（一）陈独秀、李大钊的人才思想的主要内容

陈独秀是中国共产党的主要创始人和大革命期间党中央的主要领导人。李大钊与陈独秀同为中国最早的马克思主义者，是中国共产党的主要创始人之一。李大钊与陈独秀由于面临共同的时代背景、革命任务和困难，因而二人的革命思想和有关人才的思想都很相近。然而，由于他们各自的社会经历和成长背景、思想个性和理论素养的不同，导致他们对马克思主义学说的理解、阐释、把握和运用上也存在着一定的差异，这种差异在二者的人才思想上也有具体体现。二者在人才思想上的差异，特别是陈独秀的关于中国革命的人才主体思想甚至直接导致了他在中国大革命中的机会主义错误。

1. 陈独秀、李大钊人才思想的时代背景

从1921年7月党的一大召开，到1927年7月党的第五次全国代表大会，陈独秀一直是党的最高领导人，党的路线、方针、政策的制定均与其密切联系，党的发展、革命的顺利与挫折均与其息息相关。当时中国的社会政治环境极其复杂，在半殖民地半封建社会的状态下，帝国主义加紧对中国的掠夺，国内军阀割据，时常混战，民不聊生；三民主义的思潮被众多知识分子接受，国民党稍有气候但还没有发展壮大；马克思主义远没有在中国系统深入传播和扎根，就连党内对马克思主义的理解也不尽相同。

在大革命期间，在陈独秀的领导下，中共中央对中国社会的性质、中国革命的目标、中国革命的道路、中国革命的依靠力量等都做出过正确的分析。但是对这些问题认识得还不够深入，特别是中国各阶级的性质以及在革命队伍中的作用、革命的主力军、革命的领导权等重大问题上，党内均没有形成一致意见和科学认识。由于对这些重大问题的认识不清，再加上共产国际的错误领导，才导致在中共三大前后"二次革命"理论的酝酿产生并最终发展成党内的右倾机会主义，导致大革命失败，给中国革命带来严重挫折。

2. 陈独秀、李大钊人才思想的主要内容

陈独秀和李大钊既是革命理论家也是实践家，为了实现他们的政治目标和政治理想，他们会本能地产生对人才的一系列观点和看法，党的一系列路线、方针、政策也需要人去落实，由此形成了党关于人才看法的最初成果。党的人才思想的最初成果主要表现在三个方面：一是中国革命的人才主体论；二是革命人才的培养途径论；三是人才的特征论。

第一，中国革命的人才主体论。关于中国革命的人才主体，陈独秀认为，中国革命的中心在城市而非农村，城市资产阶级和无产阶级是革命的主体。在工人运动遭受挫折、沉入低谷的时候，他甚至怀疑过城市无产阶级的力量和作用。对于中国革命的另一重要力量——农民，陈独秀则从未把其作为主要革命力量。在中国革命的主体力量问题上，李大钊认为，不仅是城市的无产阶级和民族资产阶级，广大农村的农民也是中国革命的重要力量。

1921年7月1日，在《中国的无政府主义》一文中，陈独秀曾说，"只有作工的人最有用最贵重"，对于农民，他认为"是一盘散沙，一堆蠢货"。他还认为，"农民的私有观念极其坚固"，即使那些没有土地的佃农，也"只是半无产阶级，他们反对地主，超过转移地主之私有权心理为他们自己的私有权的心理以上。雇工虽属无产阶级，然人数少而不集中"。[①] 相反，他指出，"资产阶级的力量究竟比农民更集中，比工人更雄厚"。关于陈独秀的农民观，莫里斯·迈纳斯有着很精到的论述，他指出："陈独秀是带着强烈的反传统色彩向马克思主义转变的，他最痛恨的莫过于被传统牢牢束缚的农民身上所表现的愚昧和落后，虽然他对大多数农民群众的悲惨生活寄予同情，但他却无法理解，在中国近代化的过程中，最落后的这部分社会力量竟能在社会改造中发挥重要的作用。因此，当1919年李大钊发出知识分子'到农村去'的倡议时，他不屑一顾。1920年，陈独秀开始信仰马克思主义，像很多欧洲的马克思主义者那样，他把

---

① 《陈独秀文章选编》(中)，三联书店，1984年版，第365、367页。

马克思主义看做是现代西方文明中最先进的思想文化。他认为,在政治上,落后的乡村必然要依附于先进的城市,城市无产阶级和城市资产阶级将成为决定中国命运的主宰力量。"①

对于中国革命人才主体问题的认识,李大钊是在认真分析、关注中国现实国情的基础上逐渐形成的。1919 年,李大钊发表《青年与农村》一文,这篇文章的问世标志着李大钊已经把注意力从城市知识分子群体转向广大农村的农民。他在文中写道:"我们中国是一个农业国,大多数的劳工阶级就是那些农民。他们若是不解放,就是我们国民全体不解放;他们的苦痛,就是我们国民全体的苦痛;他们的愚暗,就是我们国民全体的愚暗;他们生活的利病,就是我们国民全体的利病。去开发他们,使他们知道要求解放、陈说苦痛、脱去愚暗、自己打算自己生活的利病的人。"②随着中国革命形势的发展,随着党在农村工作的开展以及农民在革命运动中作用的显现,特别是 1925 年五卅运动的发生,加速了全党对农民的根本问题——土地问题的认识,李大钊适时发表了《土地与农民》一文,在文中他认为,如果能把中国广大的农民组织起来,中国国民革命的成功就不远了。1926 年 8 月 8 日,李大钊在撰写的《鲁、豫、陕等省的红枪会》一文中,更是具体说明了农民力量在革命中的重要性。可见,在对待中国革命的主体问题上,李大钊从中国的实际国情出发,脱离了教条式的马克思主义理解。他认为,中国革命的主体不仅在城市,更在农村,不仅在城市的无产阶级和资产阶级,更在发动广大的农民群众。

陈独秀之所以认为城市资产阶级和城市无产阶级是大革命的主体,而认识不到农民的应有力量和作用,归根结底,最本质的原因是源于他的"二次革命"理论和"城市中心论",此外,对中国革命性质和革命阶段的教条认识以及对农民的固有偏见也是重要原因。1922 年 7 月 16 日—23 日召开的中共二大,对中国革命的性质和阶段做了正确的分析,

---

① 莫里斯·迈斯纳:《李大钊与中国马克思主义的起源》,中共党史资料出版社,1989 年版,第 98,259 页。

② 《李大钊选集》,人民出版社,1978 年版,第 146—147 页。

中国革命是反对帝国主义和封建主义的民族民主革命,并指出中国革命要分两步走。这些论断都是非常正确的,但是其缺憾就是没有认识到革命的领导权问题,这为后来党内右倾机会主义的出现埋下伏笔。特别是"二七"惨案之后,工人运动遭受严重挫折,陈独秀开始低估工人阶级的力量,认为资产阶级力量比农民集中,比工人雄厚。陈独秀认为中国革命的领导力量是资产阶级的最本质原因还是源于他的"二次革命"理论。他认为,中国当时的国民革命是等同于辛亥革命的旧民主主义革命,并从这一观念出发得出中国革命的公式。1923年12月1日,在《中国国民革命与社会各阶级》一文中,他指出革命的性质是资产阶级民主革命,无产阶级虽参与革命,但革命的领导阶级是资产阶级,革命胜利后,资产阶级自然掌握政权,等资本主义发达起来,无产阶级再来进行第二次社会主义革命。陈独秀始终认为中国的革命中心在城市而非农村,农民自然不是革命的主要力量了,再加上对农民固有缺点的担忧,导致陈独秀始终没有把农民当做革命的主力和实现革命成功的主要人才。

第二,党的人才本质特征论。陈独秀和李大钊在具体的革命实践中对人才的本质特征有着深刻的认识和具体的阐释,由于所处的国际国内背景相同,面临的革命任务相同,二者对人才特征的理解基本相同,只不过在具体的理解中仍有差别。主要表现在三个方面:人才的思想性;人才的阶级性;人才的实用性。

一是人才的思想性特征。就人才的思想性来说,由于陈独秀和李大钊处在无产阶级革命的第一阶段——思想革命阶段,思想革命阶段的首要任务就是宣传马克思主义,让广大民众了解、接受并学会应用马克思主义,奠定革命的思想理论基础。所以能接受和掌握马克思主义并能积极有效的宣传马克思主义的人,成为当时党急需的人才,因此,人才的思想性成为当时党的人才的重要特征。陈独秀从早期辛亥革命的实践中对此认识深刻。他早年从事政治活动,向往资产阶级共和国,辛亥革命失败后,他认为最主要的原因是幼稚的资产阶级还没有从封建官僚阶级中截然分离出来,资产阶级还没真正懂得辛亥革命的阶级意义。因此,他毅然弃政从文,以《新青年》杂志和北京大学讲坛等为阵地,大力进行思想启蒙和新文化运动。当他从激进的民主主义者转变为一个马克思主义者之后,他同样非常重视对马克思主义的宣传,从1919年4月6日的《纲常名教》到1921年的《致罗素、张东逊的信——关于社会主义的讨论》、《社会主义批评》等一大批文章,都旗帜鲜明地宣扬社会主义,批判资本主义。并于1922年7月发表了他宣传马克思主义的重要著作——《马克思学说》,全文7500字,从剩余价值、唯物史观、阶级斗争、劳工专政等四个方面对马克思主义学说的基本内容进行了较为详细的解说和介绍。所以说,注重理论宣传、注重人才的思想性是陈独秀人才观的一个重要内容。

李大钊同样把人才的思想性作为当时人才的重要特征。俄国十月社会主义革命胜利后,李大钊先后发表了《法俄革命之比较观》、《庶民的胜利》和《布尔什维主义的胜利》等文章和演说。他宣称:"试看将来的环球,必是赤旗的世界!"1919年,他又发表了《新纪元》、《我的马克思主义观》、《再论问题与主义》等几十篇宣传马克思主义的文章。不仅自己写文章宣传马克思主义,在实践中李大钊还积极组织马克思学习小组,进一步扩大马克思的传播和影响,并利用大学讲坛积极宣传马克思主义。1920年,他在北京大学发起组织了马克思学说研究会,在北京大学、北京女子高等师范学校、北京师范大学授课期间,开设了"辩证史观"、"社会学"、"女权运动史"等课程,成为我国第一位讲授马克思主义的教授。

二是人才的阶级性特征。人才的阶级性特征是从建党初期一直到遵义会议期间,党关于人才本质认识的一个重要方面,也是陈独秀、李大钊人才观特征的重要内容。陈独秀关于人才的阶级性特征这一观点主要体现在1920年12月1日的《致罗素先生》信中。1920年10月,英国著名哲学家、数理逻辑学家、分析学家罗素来华讲学,并任北京大学客座教授。他在《1920年新学会欢迎会上的答词》中认为,中国的当务之急是发展教育,而不是提倡什么社会主义,因为当时的中国还没有社会主义之基础,如果急于求成,恐怕难免失败。对于罗素的这一观点,陈独秀是赞同一半,反对一半。他赞同在当时中国极其落后的情况下,应该发展教育和工业,提升民智,发展经济;但他同时提出了另一个问题,那就是到底是发展社会主义的教育和工业,还是发展资本主义的教育和工业呢?他认为:虽然欧洲、美洲、日本等资本主义国家有发达的教育及工业,但整个社会却充满了贪鄙、欺诈、刻薄和没有良心;而且认为正是资本主义的贪婪造成了战争和经济大革命。因此,他指出:在中国的教育和工业尚未发达的时候,"正好用社会主义来发展教育及工业,免得走欧、美、日本的错路"①。陈独秀提出用社会主义来发展教育,这在中国近代教育史上是第一次,说明教育是分阶级的,教育培养的人才也是有阶级性的,陈独秀认为教育应该培养信仰社会主义的人才。陈独秀之所以认为教育是有阶级性的,是因为陈独秀从来都认为教育与政治是密不可分的。关于教育与政治的密切关系,陈独秀在1917年7月的《答顾克刚》和1923年1月31日《教育能不问政治吗?》等文章中有着具体而明确的表示。总体来说他认为,一方面,政治稳定、清明是发展教育的基础,另一方面,教育在某种程度上是为政治服务的。

相对于陈独秀从教育与政治的密切关系角度来认识人才的阶级性特征,李大钊关于人才阶级性的思想也集中体现在教育是有阶级性的思想中。而教育本身具有培养人才的功能。李大钊关于教育是有阶级性的论断主要体现在《劳动教育问题》和《上海童工问题》这两篇文章中。在《劳动教育问题》一文中,李大钊尖锐地指出,资本家不仅夺去劳工的物质,而且夺去劳工的精神,他认为对后者的掠夺比掠夺劳工的资财更为可怕,更罪恶。在这里,李大钊在我国第一次用阶级观点分析了资本家对工人阶级精神上的剥削,从阶级对立的角度,揭露了资产阶级教育所谓"平等"与"民主"的虚伪。在《上海童工问题》一文中,李大钊进一步揭露了日本资本家对上海童工实施教育的伪善面目。他认为,资本家对童工实施一定的教育并不是关心他们的成长,而是在把这些童工变成更

---

① 《陈独秀文章选编》(中),三联书店,1984年版,第52页。

有用的奴隶的同时,还博取温情的美名。这些论述都表明李大钊已经用阶级分析的方法在看待问题,看待中国的革命。中国革命需要的人才当然也要有鲜明的阶级性,就在这一时期,除了从理论上阐述了教育与经济基础、阶级斗争的关系,李大钊还十分重视教育在革命斗争中的作用,他号召人们要为争取劳工的教育权利而斗争。这些思想主要体现在《劳动与教育问题》、《上海童工问题》等论著中。

三是人才的实践性特征。人才的实践性是建党初期党关于人才本质特征思想的又一重要内容。陈独秀是革命理论家,更是革命实践家,他之所以由激进的民主主义者迅速转变为马克思主义者,就是因为他认为马克思主义确实可以救中国,马克思主义对他来说是一种认识世界的武器,更是一个改造中国的武器,而改造就需要实实在在的行动。所以,他认为学习马克思主义是必要的,但更多的是要去做实实在在的工作。他认为"学说"的目的在于改造社会弊害,而不是装饰品,他认为学说的可贵之处就在于可以救济一个社会和时代落后的思想和制度。在这里,陈独秀把一切理论的实用性表达得非常清楚,当然也包括马克思主义。他还说:"道理真实的名词,固然可以做群众运动底共同指针;但若是离开实际行动,口头上的名词无论说得如何好听,如何彻底,试问有什么用处?"[①]1922年5月,在广州纪念马克思大会和中国社会主义青年团成立大会上,他进一步表述了这样的看法。他在讲话中,希望青年同志"宁可以少研究点马克思的学说,不可不多干马克思革命的运动"。他说:"凡能实际活动者才可革命。"中国人"最缺乏"的,不是马克思主义的理论,而是马克思的"实际研究的精神"和"实际活动的精神"。[②]

陈独秀关于人才的实用思想在他的教育思想中也有着明显的体现。1921年,陈独秀在《新教育是什么?》、《教育与社会》两篇重要演讲中,集中地阐述了人才的实用性。陈独秀认为,旧教育的主要特征是教育脱离社会,把教育与社会当做两件事,社会是社会,教育是教育,结果是学农

---

① 《陈独秀文章选编》(上),三联书店,1984年版,第478页。
② 《陈独秀文章选编》(中),三联书店,1984年版,第177页。

的不如老农,学工的不如小工匠。他提倡教育必须与社会融合,把教育建立在社会的实际需要上面,才能真正培养社会需要的实用人才。因此,他提出要活学术,不要死学术。

陈独秀提倡人才的实用性,主张理论要为实践服务,为社会生活服务,他自己也正是这么做的。当他由激进的民主主义者转变为马克思主义的信仰者之后,他没有像当时陈公博、胡汉民等仅停留在理论的研究层面上,而是深入实践,积极筹建党的组织,开展一系列党的活动。上海党组织是陈独秀亲自组建成立的,而其他各地的党组织几乎都是由上海党组织直接或间接联络成立的,陈独秀更是其中积极的推动者。此外,他还亲自组织并参加工人活动,注重对工人进行马克思主义的宣传和引导,1920年五一国际劳动节,陈独秀组织参与了千余名工人的庆祝活动;同年11月,上海共产主义小组领导建立了第一个工人阶级工会——上海机器工会,陈独秀亲自到会并发表了热情洋溢的讲话。陈独秀曾说,研究马克思学说"不是在屋中饮茶吸烟,研究其学理,便可了事"[①]。

人才的实践性特征在李大钊的人才思想中同样有着具体的体现。1919年8月,李大钊在给胡适的复信中指出:"大凡一个主义,都有理想和实用两面……社会主义亦复如是……我们只要把这个那个的主义,拿来作工具,用以为实际的运动,他会因时、因所、因事的性质情形生一种适应环境的变化。"这段话充分表明了李大钊理论与实际相结合的思想,那就是既要重视理论,也要注重国情,注重实践。1919年8月,根据当时实际工作的状况,他指出:"我们最近的言论,偏于纸上空谈的多,涉及实际问题的少,以后誓向实际的方面去作。"[②]李大钊注重理论与实践相结合,注重人才实践性的思想还集中表现在他坚持号召知识分子和青年深入到农村和农民中去,其中《青年与农村》一文具体体现了这种思想。李大钊提倡知识分子和广大青年到农村实践,不是假实践,而是真实践,是要和劳动农民一样,一锄一犁地去耕作,对那些空喊"劳工神圣"而不

---

① 《陈独秀文章选编》(中),三联书店,1984年版,第178页。
② 《李大钊文集》,人民出版社,1984年版,第22、24页。

真正到工农中去的资产阶级和少数小资产阶级分子,给予了严厉批评。李大钊还认为,只要中国的知识分子和广大青年真正和工农结合了,中国革命就有希望了。他说:"只要知识阶级加入了劳工团体,那劳工团体就有了光明;只要青年多多的还了农村,那农村的生活就有改进的希望。"①

第三,人才的培养途径论。陈独秀和李大钊结合当时社会的现实情况和革命的现实要求,对人才的培养途径都做了具体的描述。陈独秀认为,在当时的中国现实情况下,要想取得社会进步和经济发展必须通过教育来培养人才,来改变中国政治、经济、文化和社会的状况。难能可贵的是,陈独秀正是在阐释教育与经济、政治、文化、社会进步的辩证关系上来阐释教育的重要性的,并且陈独秀所提倡的教育并非狭义的学校教育,而是包括学校教育、社会教育、家庭教育在内的系统的大教育。李大钊关于人才的培养途径思想分两个阶段,1917年以前李大钊同样看重教育对人才培养和国家发展的重要性,认为教育是培养人才的重要途径。随着他逐渐由一个民主主义者转变为一个马克思主义者,李大钊对教育的认识更为深刻。在分析了教育与经济、政治的关系之后,他认为,政治运动和社会运动的实践是教育人们和培养人才的重要途径。

陈独秀的人才培养途径论。陈独秀认为教育是社会进步的重要力量,可以为社会培养各种的人才,是社会进步的重要力量之一。1922年3月5日,陈独秀在《平民教育》一文中写道:"教育虽然没有万能的作用,但总算是改造社会底重要工具之一,而且为改造社会最后的唯一工具,这是我们应该承认的。"②1923年12月9日,他在《答适之》的信中表明,教育与知识、思想、言论、经济等都是社会进步的重要工具,并认为教育是智慧的源泉,如果没有教育,将无法培养社会需要的各类人才,并自称是一个迷信教育的人。

陈独秀关于教育对人才的培养作用是在具体论述教育与经济、政

---

① 《李大钊选集》,人民出版社,1978年版,第149—150页。
② 同上,第238页。

治、文化相互影响和推动的辩证关系中来阐释的。在教育与经济的关系上，陈独秀认为教育的发展依赖于经济的发展，同时教育的发展有利于促进经济的发展。在《答适之》函中，陈独秀分析了当时欧美各国教育进步的原因，既集中阐述了教育的发展必定要受制于经济发展的水平，同时又指出，欧美经济的发展正是依赖于教育的发展。在教育与政治的关系上，陈独秀认为教育不可能脱离政治，同时教育也会对政治产生影响。在《答顾克刚》的信中，他说："亦必政治进化在水平线以上，然后教育、实业始有发展之余地。"①五四运动以后，针对教育界提出的教育脱离政治、宗教，教育经费独立，陈独秀并不认同。在《教育界能不问政治吗？》一文中，他反问：所谓"教育独立"，是不是把教育界搬到空中去独立或是搬到大洋中去独立。很显然，陈独秀认为教育完全离开社会独立是不可能的。他进一步反问道："若只是主张教育经费独立，在这种军阀横行的政治之下，政府指定之独立的教育经费有何力量可以保证不被军阀拿去？"②可见，教育脱离政治，不问政治几乎是不可能的。在这一点上，陈独秀确实比同时代知识分子的认识深刻得多。在教育与文化的关系上，陈独秀认为教育对一国的文化起着传承发展的作用，没有教育，一国的文化就堪忧了。在《新教育的精神》演讲词中，他说："教育和社会的关系是很大的。社会要是离了教育，那人类的知识必定不能发展，人类知识一不发展，那国的文化就不堪问了。"③从而指出人类知识、文化的发展是离不开教育的。

正是基于教育与政治、经济、文化和社会进步都有着密切的关系，陈独秀认为一国的进步与发展必须发展教育，通过教育来培养各类人才，但同时陈独秀并没有过分夸大教育的作用，而是指出教育对政治、经济的依赖性。

值得一提的是，陈独秀所提倡的教育并不单指学校教育，而是包括

---

① 《陈独秀文章选编（上册）》，三联书店，1984年版，第225页。
② （同上）
③ 《陈独秀文章选编（上册）》，三联书店，1984年版，第490页。

学校、家庭、社会在一起的大教育,这一点依然值得我们今天借鉴和学习。

李大钊的人才培养途径论。李大钊在1917年以前看重教育对人才培养和国家发展的重要性,认为教育是培养人才的重要途径。随着他逐渐由一个民主主义者转变为一个马克思主义者,李大钊对教育的认识更为深刻,在分析了教育与经济、政治的关系之后,他认为,政治运动和社会运动的实践也是教育人们和培养人才的很好途径。

1913年,中国政局动荡,百姓生活艰苦。怀着对国家和百姓的强烈感情,李大钊在《言治》上发表《论民权旁落》一文,文中提出:"国民教育乃培根固本之图,所关至矩。"并指出,只要国家和社会重视教育,在10年内就可见教育的重要功用。1915年,从日本提出灭亡中国的"二十一条"前后,到中日"二十一条"交涉签字之后,李大钊在失望之余劝告政府反省,在《国民之薪胆》中他说:"政府果不愿为亡国之政府,则宜及早觉悟其复古之非,弃民之失,速与天下更始,定根本大计,回复真正民意机关,普及国民教育,实行征兵制度,生聚训练,以图复此深仇奇辱。"①1917年3月,李大钊从日本回国一年后在《甲寅》上发表的《论立宪国民之修养》一文,继续阐释用教育来解决社会种种尖锐的矛盾。

随着对马克思主义的逐渐深入把握,李大钊对教育的认识也在深化,特别是用马克思主义的观点仔细分析了经济与政治的关系以及教育与政治、经济的关系之后,他的关于人才培养途径的观点逐渐在改变和完善。1921年6月,李大钊在向"少年中国学会"杭州大会提出的联合提案中指出,政治斗争是改造社会、挽救颓风的最好工具;并指出,如果待全体人民觉悟后再谋政治运动,推翻罪恶政府,是不可能实现的幻想。因此,他希望以社会运动教育人民,这样会更直接更快速。同年9月3日,在上海社会主义青年团"国际少年纪念会"上的演讲词中,李大钊说道:"前几年人家以为教育与政治是两件事,不用妥协,到了现在简直受

---

① 《李大钊全集》第1卷,人民出版社,2006年版,第131页。

了此种误解而破产,须知政治不好,提倡教育是空谈。"①可见,虽然李大钊仍然重视教育的育人和救国功能,但同时他认为政治运动和社会运动对人们的改变和社会的推动似乎更直接、更迅速。

(二) 李大钊、陈独秀人才思想的区别

从上面对陈独秀和李大钊人才思想的分析看,两人的人才思想有相似之处,这是两人所处的时代环境、面临的现实困难以及要实现的革命任务相同的缘故。同样,由于二人在出生背景、成长经历、个性禀赋等方面的差异,导致二人对马克思主义的理解、对中国革命的依靠力量等方面均存在差异,由此导致二人对人才的理解也不尽相同。

第一,两人对大革命人才主体的不同看法。陈独秀由于坚持"城市中心论"和"二次革命"理论,所以他认为大革命的人才主体在城市,而非农村,革命的主体和领导是城市资产阶级而非城市无产阶级。李大钊在这一点上和陈独秀有很大的区别,李大钊没有完全按照马克思主义的经典学说来理解中国的国情,而是从中国的实际来理解中国的革命。所以,李大钊认为,中国革命的中心应该在农村而非城市,中国革命的主体应该是广大劳工而非资产阶级,因此他号召知识分子和劳工结合,号召青年深入农村,了解农民的疾苦,发动农民的力量,并认为这样中国革命才有希望。李大钊关于中国革命人才主体的认识对毛泽东影响深远,直至后来毛泽东提出的"农村包围城市"的著名理论。可惜,李大钊英年早逝。陈独秀正是因为对中国革命的中心认识不清,对中国革命的人才主体认识不明,才导致他后来所犯的严重的右倾机会主义错误,给中国革命带来巨大损失。当然,应该指出的是,陈独秀受当时共产国际的错误指示影响也是其右倾主义错误的重要原因。

第二,两人对人才特征的不同理解。虽然陈独秀、李大钊都认为当时的人才应具备思想性、实践性、阶级性特征,但二人在特征的具体理解

----

① 《李大钊文集》(下),人民出版社,1989年版,第575页。

上却有较大的区别。就人才的思想性来说,陈独秀更显得功利,李大钊更显得严谨。陈独秀、李大钊都认为当时的人才应该具备马克思主义的初步观点和理论,要以先进的理论为武器,要有很强的思想性。但是,很显然陈独秀所强调的思想性是更注重实用性,如果说一种思想分两个阶段,首先是认识世界,然后是改造世界的话,陈独秀更注重的是改造世界。至于一个人是否已经准确地掌握了这一思想武器并不重要,关键是一个人是否已经按照这一思想武器在改造世界。可以说,陈独秀在人才的思想性这一问题上,有一点急功近利。而李大钊却与陈独秀不同,李大钊虽然也非常重视用思想武器去改造世界,但前提是他认为首先要准确地用这一思想武器去认识世界,只有认识准确了,才可能改造得彻底。两者在人才思想性上的差别最主要的原因源于两人的性格,在这一点上,陈独秀更主要的是体现了一个政治家的特征——实用;李大钊更主要的体现了一个学者的本色——严谨。

两者的这一区别,在两者分别介绍马克思主义的代表作《马克思学说》、《我的马克思主义观》中,可以得到具体体现。纵观两者的这两本著作,"陈独秀在《马克思学说》一文中除了对剩余价值理论作了较全面的介绍外,其余几个部分都很简略,尤其是对马克思主义的理论基础,各个部分的理论来源及其相互关系以及马克思主义产生的时代条件都没有给予足够重视和揭示。这反映出陈独秀此时虽然对马克思主义已有一定的研究,但是他的研究不够深入,也不系统,对马克思主义体系的宏观把握能力还是很有限的,其理论水平并没有达到应有的高度"。① 相反,李大钊在《我的马克思主义观》一文中,从对待马克思主义的态度,马克思主义在经济思想史上的地位,马克思主义的学说体系、唯物史观、阶级斗争、经济论等方面,比较系统、完整地介绍了马克思主义学说。可见,从李大钊、陈独秀介绍马克思主义的两本著作中可知,一开始李大钊对马克思主义的态度就很严肃、认真、科学;相比之下,陈独秀更注重实用。

---

① 文君:《陈独秀李大钊马克思主义观之比较》,《漳州师范学院学报(哲社版)》,2001年第3期。

就人才的实用性来说,陈独秀是既从革命的角度又从整个社会的人才需求角度来说的,李大钊却是强调从革命需要的角度来说。陈独秀与李大钊都主张不能空谈理论,要理论与实践相结合,注重实践性。但是,陈独秀的人才的实用性既体现在他的革命需要中,又体现在他的社会需求中。他从革命需求的角度认为,不仅要学习马列理论,更要从事革命实践,后者甚至比前者更重要。正如1922年5月他在广州纪念马克思大会和中国社会主义青年团成立大会上所说的,希望青年同志"宁可以少研究点马克思的学说,不可不多干马克思革命的运动"。中国人所"最缺乏"的,不是马克思主义的理论,而是马克思的"实际研究的精神"和"实际活动的精神"。从社会需求的角度,他认为教育要为社会培养各行各业的实用人才,不能学农的不如老农,学工的不如工人,这时陈独秀所强调的人才的实用性是宽泛的,就如我们今天强调人才的实践能力一样。李大钊所强调的人才的实用性仅仅是从革命需求的角度来提出的,而没有从社会需求的角度来谈。从人才实用性的范围来说,陈独秀的人才实用性思想要比李大钊广,既谈了革命人才的实用性,也谈了社会人才的实用性。但是革命人才的实用性如何形成,陈独秀却没有谈,这一点李大钊谈了,不仅谈,而且谈得很深入,成为我党后来培养人才的一条根本路径。李大钊认为,要培养革命人才的实际能力,就必须做到坚持实践,做到两个结合,那就是我们常说的知识分子与劳工相结合,广大青年与农村相结合,李大钊坚持认为,做到这两个结合,中国的革命就有希望了。李大钊关于培养党的人才的路径直到今天依然为我党所继承、提倡,而陈独秀从社会需求的角度谈教育的人才培养,对今天的教育依然有很强的现实指导意义。

第三,两人对人才阶级性的不同看法。二者都强调人才的阶级性,陈独秀只是指出了方向,李大钊不仅指出了方向,还指出了实现的路径。陈独秀在1920年12月1日,《致罗素先生》的信中,已经明确提出办社会主义教育的观点,他认为资本主义的教育把资本主义国家的人民变得贪鄙、欺诈、刻薄和没有良心,因此中国应该办社会主义教育。但中国到底该如何办社会主义教育,陈独秀当时并没有深入阐明。即使是这样,陈独秀明确提出办社会主义教育这一命题,在中国近现代教育史上是第一次,表明中国近现代教育思想已突破西方资本主义教育的框框,进入一个新的发展阶段,这是中国近现代教育思想发展过程中一个质的飞跃,是陈独秀对中国教育理论的一大贡献。陈独秀关于办社会主义教育的观点不仅为中国教育的发展指明了前进的方向,而且旗帜鲜明地捍卫了社会主义,说明了教育的阶级性和人才的阶级性。

李大钊在1917年以后,随着对教育的认识越来越深刻,他开始意识到教育的阶级性和人才的阶级性。李大钊关于教育的阶级性和人才的阶级性等观点,集中体现在《劳动与教育问题》、《上海童工问题》等文章中。在这两篇文章中,李大钊不仅指出了教育和人才的阶级性,而且用阶级分析的方法剖析了资本家对工人阶级精神上的剥削,揭示了劳资之间阶级对立的实质,揭露了资产阶级教育所鼓吹的"平等"与"民主"的虚伪,从理论上阐释了教育与经济基础、阶级斗争的关系,这在我党历史上实属首次。在此基础上,李大钊还十分重视教育在革命斗争中的作用,通过教育培养无产阶级人才。在《上海童工问题》和《劳动与教育问题》等文章中,李大钊号召广大劳工要积极斗争来争取自身的教育权;在《鲁、豫、陕等省的红枪会》、《青年与农村》、《土地与农民》等著作中,他为农民的教育权利而大声疾呼。李大钊在自己一系列的论著中明确表达了一种思想,就是要通过教育来唤醒农民和广大劳工自身的意识,使他们认识到帝国主义的本质和自身的阶级地位、性质,认识到自身的力量。可见,李大钊不仅认识到教育与人才的阶级性,而且对如何通过教育来培养无产阶级革命人才,如何通过教育来唤醒广大民众的主体意识和力量,从而推动阶级斗争的深入开展等问题,都有着较深刻的认识。李大钊关于教育的阶级性和教育对革命的作用等重要认识,后来被中国无产阶级革命实践所证明是完全正确的。

二、党的人才思想体系的初步形成：毛泽东的人才思想

(1935—1978)

1935 到 1978 年,是党的人才思想体系的初步形成期。形成了党的人才思想的战略论——政治路线确定以后,干部就是决定因素;党的人才思想的标准论——德才兼备,又红又专;党的人才思想的人才使用论——五湖四海,任人唯贤;党的人才思想基本的马克思主义群众人才观——群众才是真正的英雄。同时,由于对知识分子的错误政策,又导致了我党"左"倾主义人才思想的错误。这一时期党的人才思想集中体现在毛泽东有关人才的论述和思想中。

毛泽东作为中国共产党的早期创始人之一和新中国的缔造者,在长期的革命、建设事业中,为我们积累和留下了丰富的精神和思想财富。毛泽东出于革命和建设的需要,一直对人才都非常重视,虽然在 1957 年以后,特别是在"文化大革命"期间,在人才思想上有"左"倾主义的错误,但毛泽东对人才地位的认识、对人才标准的评判、对人才培养的论述、对人才的实际使用等,都为我们留下了宝贵的财富,即使在今天仍有很强的现实意义。值得一提的是,毛泽东继承了李大钊关于知识分子、广大青年与劳工相结合的思想,并把这一思想贯彻到党的工作实践中,使群众路线一直成为我党后来的工作路线和思想路线。这一路线在毛泽东的人才思想中也得到了明显的体现,在后来的人才工作实践中,起到了很大的积极意义。

(一) 毛泽东人才思想的哲学基础

毛泽东的哲学思想是毛泽东一切思想的总揽,是在中国革命和建设的实践中逐渐形成的。毛泽东哲学思想中的很多精华也成为毛泽东人才思想的基础和指南。毛泽东哲学思想中对党的人才思想影响最大的是以实践为基础的能动的反映认识论、以矛盾为核心的对立统一论和以人民群众为主体的历史观。

第一,以实践为基础的能动的反映认识论。注重实践、注重人才的实际工作能力、注重在实践中培养人才,是毛泽东人才思想中的一大特点。这一点既是继承陈独秀、李大钊的人才实践性观点,也是在长期的革命和建设实践中形成的。毛泽东认为,人才的最终成功,都"必须从实践出发,从没有经验到有经验。从有较少的经验,到有较多的经验"①。实事求是是毛泽东这一思想的良好阐释,"实事"就是客观存在着的一切事物;"是"就是客观事物的内部联系,就是规律;"求"就是去探寻、发现、研究。中国的革命和建设要想取得成功,就必须了解中国的国情,把握革命和建设的规律,这样才能取得成功。在毛泽东的人才思想中,强调工作要深入实际,要在实践中检验人才和培养人才等,都是以实践为基础的认识论在人才思想中的具体体现。此外,在毛泽东的人才思想中,提倡有条件要上,没条件要创造条件上以及他的始终如一的革命乐观主义精神等,同样是能动的反映认识论在人才思想中的具体体现。

第二,以矛盾为核心的对立统一论。辩证法是毛泽东哲学思想的重要组成部分,毛泽东辩证法的核心就是矛盾论。毛泽东是在深刻分析总结中国革命和建设的实践中,在批判吸收中国哲学的基础上,对马克思主义的矛盾论做了完善和发展,毛泽东在马克思主义哲学史上第一次明确提出了"社会的基本矛盾"这一概念。毛泽东关于矛盾理论的观点集中体现在《矛盾论》和《关于正确处理人民内部矛盾的问题》等文章中。以矛盾为核心的对立统一论在毛泽东人思想上的具体体现,就是对人的看法和评价一分为二,以发展的眼光看待人才以及要处理好红与专的关系等。毛泽东强调要全面、历史、辩证地看待一个人,"不但要看干部的一时一事,而且要看干部的全面历史和全面工作"。② 20世纪30年代,毛泽东受尽了"左"倾冒险主义者的排挤和打击,遵义会议重返领导岗位后,在用人问题上,坚持用一分为二的观点,对犯过错误和反对过他的人,不排斥、不打击,而是用其所长,人尽其才,如对张闻天、王稼祥一直

---

① 《毛泽东著作选读》(下),中国人民解放军总政治部宣传部,1961年出版,第826页。
② 《毛泽东选集》第2卷,人民出版社,1991年版,第327页。

委以要任,连遵义会议前后持反对立场的何凯丰也被选入中共总学习委员会参与领导延安整风运动。即使在对待陈独秀这样一个在党内有很大争议的人,在陈独秀去世后,毛泽东仍然说他对党是有功劳的,是五四运动的总司令。要求"将来我们修中国历史,要讲一讲他的功劳"。他称赞瞿秋白"在革命困难的年月里坚持了英雄的立场,宁愿向刽子手的屠刀走去,不愿屈服"。他认为李立三是一个很好的反面教员,但"在大革命时代也有功劳"。他还评价王稼祥"虽然犯过错误,也有缺点,但他是有功的"。这些都是毛泽东的矛盾论在人才思想上的具体体现。

第三,以人民群众为主体的历史观。从中国传统文化中的平民主义到资产阶级民主中的主权在民,一直到马克思主义中的人民群众是历史的主人,毛泽东关于人民群众是历史主人的马克思主义观点一旦树立就从未改变。而且,随着革命和建设的实践不断丰富:"人民群众是创造历史的动力"、"坚信人民群众能自己解放自己"、"全心全意为人民服务"、"一切向人民群众负责"、"向人民群众学习"。这些都是人民群众为主体的历史观在中国革命和建设实践中的生动体现。而以人民群众为主体的历史观在毛泽东人才思想中的具体体现就是毛泽东始终认为:人民,只有人民才是真正的英雄。这一观点在革命时期的具体体现就是党紧密依靠人民群众取得了革命的胜利,和人民群众水乳交融;这一观点在新中国成立后,建设新中国的过程就是依靠人民,为了人民,全心全意为人民服务。当然,这一观点也使我们党在新中国成立后对待知识分子改造和人民群众运动上犯下了错误,如知识分子下乡,如十年浩劫——"文化大革命"。

(二) 毛泽东人才思想的主要内容

毛泽东在长期的革命和建设实践中形成了一系列丰富的人才思想,包括人才在革命和建设中的地位、人才的评判标准、人才的使用、人才的培养等一系列科学的思想。同时,1957年以后由于党内"左"倾思想的蔓延,导致在知识分子的政策上犯了一系列错误。毛泽东的人才思想主要表现在以下几个方面。

1. 政治路线确定之后,干部就是决定因素

干部问题在毛泽东的人才观中占有十分重要的位置,我们说干部在毛泽东的人才观中占有重要位置,并不是说其他类人才在毛泽东的思想中不重要,相反毛泽东对各级各类人才都非常重视,只不过我们用干部来强调,以点带面说明毛泽东对人才的重视。

1937年5月,毛泽东在《为争取千百万群众进入抗日民族统一战线而斗争》中指出:"指导伟大的革命,要有伟大的党,要有许多最好的干部。在一个四亿五千万人的中国里面,进行历史上空前的大革命,如果领导者是一个狭隘的小团体是不行的,党内仅有一些委琐不识大体、没有远见、没有能力的领袖和干部也是不行的。""要作为一种任务,在全党和全国发现许多新的干部和领袖。我们的革命依靠干部,正像斯大林所说的话:'干部决定一切'。"① 可以说,在这里毛泽东已经把人才问题,特别是干部问题放在决定革命事业成败的角度来考虑了。

1937年11月,在《目前的时局和方针》中,他又指出:"只有依靠成千成万的好干部,革命的方针与办法才能执行,全面的全民族的革命战争才能出现于中国,才能最后战胜敌人。"1938年10月,在《中国共产党在民族战争中的地位》中,他又强调:"在中国人的伟大的斗争中,已经涌出并正在继续涌出很多的积极分子,我们的责任,就在于组织他们,培养他们,爱护他们,并善于使用他们。政治路线决定之后,干部就是决定的因素。"

新中国建立以后,毛泽东依然非常重视干部建设。1956年1月25日,他在《社会主义革命的目的是解放生产力》中指出:"我国人民应该有一个远大的规划,要在几十年内努力改变我国在经济上和科学文化上的落后状况,迅速达到世界上的先进水平。为了实现这个伟大的目标。决定一切的是要有干部,要有数量足够的、优秀的科学技术专家。"1956年

---

① 《毛泽东选集》第1卷,人民出版社,1991年版,第277页。

11月15日,他在中国共产党第八届中央委员会第二次全体会议上说:"我们党有成百万有经验的干部。我们这些干部,大多数是好的,是土生土长,联系群众,经过长期斗争考验的。我们有这么一套干部:有建党时期的,有北伐战争时期的,有土地革命战争时期的,有抗日战争时期的,有解放战争时期的,有全国解放以后的,他们都是我们国家的宝贵财产。东欧一些国家不很稳,一个重要的原因就是他们没有这样一套干部。我们有在不同革命时期经过考验的这样一套干部,就可以'任凭风浪起,稳坐钓鱼船'。"

由此可见,毛泽东对干部问题始终是非常重视的,而且上升到革命和建设事业的成败角度来考虑。毛泽东对干部的重视是他对人才重视的一个缩影,毛泽东不仅对领导干部重视,对军事人才、工人、农民、知识分子、妇女、青年包括党外人才都一律非常重视。可以说,只要对中国革命和建设事业有益的人才,都是毛泽东关注和重视的对象。

2. 德才兼备、又红又专

毛泽东使用人才有一个严格的标准,这个标准就是德才兼备、又红又专,可以说红就是德,才就是专。毛泽东所强调的"红"与"德",主要是指人的政治立场和思想作风;他强调的"专"与"才",主要是指人的工作能力和业务水平。就德与才的关系而言,二者是辩证统一的,离开德,才就失去了正确的方向,离开才,德就成为抽象的概念。而且毛泽东所强调的德与才还是随着革命和建设任务的变化而变化的。

1937年5月,毛泽东在《为争取千百万群众进入抗日民族统一战线而斗争》一文中,比较全面地论述了党员干部的基本素质,即要"懂得马克思列宁主义,有政治远见,有工作能力,富有牺牲精神,能独立地解决问题,在困难中不动摇,忠心耿耿为民族、为阶级、为党而工作"。[①] 这就是毛泽东关于人才德才兼备的最初提法和含义。后来随着革命事业的不断发展,毛泽又在"德才兼备"的基础上提出了"又红又专"的标准。

[①] 《毛泽东选集》第1卷,人民出版社,1991年版,第277页。

在特定的革命和建设年代,毛泽东特别看重的是"红",即一个人的政治方向。1939年他为抗大提出的教育方针是:"坚定正确的政治方向,艰苦奋斗的工作作风,灵活机动的战略战术。"他认为"这三者是造成一个抗日的革命的军人所不可缺的",而首要的就是政治方向的正确。1943年,毛泽东提到领导骨干的标准:"应当是季米特洛夫论干部政策中所举的四条干部标准(无限忠心,联系群众,有独立的工作能力,遵守纪律)。"①

但是,毛泽东在强调"红"的同时,也注意并号召党内要处理好又红又专的关系问题,毛泽东对此做过多次论述。1957年,在中国共产党第八届中央委员会第三次全委会会议上,毛泽东强调:"政治和业务是对立统一的。政治是主要的,第一位的,一定要反对不问政治的倾向;但是,专搞政治,不懂技术,不懂业务,也不行。我们的同志,无论搞工业的,搞农业的,搞商业的,搞文教,都要学一点技术和业务。我看也要搞一个十年规划。我们各行各业的干部都要努力精通技术和业务,使自己成为内行,又红又专。"②1958年,毛泽东在《工作方法六十条(草案)》中又指出:"红与专,政治与业务的关系,是两个对立物的统一。一定要批判不问政治的倾向。一方面要反对空头政治家,另一方面要反对迷失方向的实际家。"③

毛泽东对德才兼备的人才评判标准并不是一成不变的,而是随着中国革命和建设事业的变化而变化。在新民主主义革命期间,德就是忠于党,勇于同敌人斗争,不屈不挠,不怕牺牲;才就是发动群众,带领群众进行土地改革的能力,与敌人战斗的能力。在社会主义建设时期,德就是自觉维护党、国家和人民的利益,全心全意为人民服务;才就是进行社会主义建设的本领,为人民服务的本领。新中国成立后,毛泽东曾语重心长地说:"过去我们有本领,会打仗,会搞土改,现在仅仅有这些本领就不

---

① 《毛泽东选集》第3卷,人民出版社,1991年版,第899页。
② 《毛泽东文集》第7卷,人民出版社,1999年版,第309页。
③ 《毛泽东著作选读》(下),人民出版社,1986年版,第803页。

够了,要学新本领,要真正懂得业务,懂得科学和技术,不然就不可能领导好。"①

3. 我们来自五湖四海

1944年9月8日,毛泽东在著名的《为人民服务》一文中说了一名句:我们都是来自五湖四海,为了一个共同的革命目标,走到一起来了。这句话说明了我们革命队伍人员参与的广泛性,同时也说明中华各族儿女建立一个新中国的共同理想。这句话也反映了毛泽东人才思想中的两个特征:一是宽阔的用人视野;二是任人唯贤而非任人唯亲。

宽阔的用人视野是毛泽东人才思想的一大亮点。推翻半殖民地半封建社会的旧中国,建立一个人民当家做主的新中国,是全国人民的共同理想,也是党的革命理想。如果党的这一理想得不到全国人民的认同,获得全国人民的拥护,党就不可能在艰苦卓绝的环境下最终取得革命的胜利。换句话说,即使党的目标和路线都是正确的,党如果不具备宽阔的用人眼光,党就不可能凝聚各方贤才,共举革命大业。团结一切可以团结的人,团结一切可以团结的力量,一直是毛泽东一贯的革命政策,也是他一贯的用人政策。在抗日战争期间,我们团结过资产阶级,并与第一次国内革命中背信弃义的蒋介石合作;在土地革命阶段我们团结过富农,并和认同我们土地政策的地主合作;在解放战争中我们和各民主党派合作,团结一切爱好和平的爱国人士。国民党投降以后,许多曾在国民党政府和军队中任职的只要真心爱国的人都得到共产党的接纳和任用。宽阔的用人视野始终是中国共产党的人才政策的一大法宝,也是毛泽东人才思想的一大亮点。即使在党内,毛泽东对党政领导人才、军事人才、工人人才、农民人才、妇女人才、青年人才、少数民族人才、宗教人才等各类人才都给予了高度重视,可以说,他重视和培养各级各类人才。

任人唯贤而非任人唯亲是毛泽东一贯坚持的用人原则。1938年10月14日,在中国共产党第六届中央委员会第六次扩大会议的报告中,毛

---

① 《建国以来毛泽东文稿》第7册,中央文献出版社,1992年版,第52页。

泽东明确指出:"在使用干部问题上,我们民族历来就有两个对立的路线,一个是'任人唯贤'的路线,一个是'任人唯亲'的路线。前者是正派的路线,后者是不正派的路线。无产阶级大公无私的阶级本质,决定了共产党的用人路线是任人唯贤。选拔干部应以能否坚决地执行党的路线、服从党的纪律、和群众有密切的关系、有独立的工作能力、积极肯干、不谋私利为标准,这就是'任人唯贤'的路线。过去张国焘的干部政策与此相反,实行'任人唯亲',拉拢私党,组织小派别,结果叛党而去,这是一个大教训。"①

为了更好地任人唯贤,摒弃主观喜好的束缚,毛泽东还就"党内与党外人才"、"外来与本地人才"、"汉族与少数民族人才"、"老年与青年人才"等做了专门论述。针对党内干部和党外干部的关系,他指出,既要关心党的干部,又要关心非党的干部;针对外来人才和本地人才的关系,他指出外来干部和本地干部各有优缺点,应该互相学习,取长补短;关于汉族和少数民族人才,毛泽东强调要大量吸收回族及其他少数民族的人参加政府工作;关于青年人才和老年人才的关系,毛泽东指出,新老干部要共同合作,推动工作顺利进展。

毛泽东提倡任人唯贤,反对任人唯亲,首先从自己亲人和亲戚做起。新中国刚刚建立,正是用人之际,为了给全党做个表率,毛泽东对自己的亲朋好友实行了这样的原则:凡是要求到北京来看我的,现在一律不准来,来了也不见。凡是要求我给安排工作的,一律谢绝。实行"四不"原则:不介绍,不推荐,不说话,不写信。毛泽东当时还亲自致电要求进京的妻兄杨开智要服从党组织安排,省委委派做什么工作,就做什么工作,一切按正常规矩办事,表现了一个无产阶级政治家高度的原则性和公正无私的高尚精神。

4. 群众才是真正的英雄

1941年3月17日,毛泽东在《农村调查》序言中说到:"必须明白:

---

① 《毛泽东选集》第2卷,人民出版社,1991年版,第527页。

群众是真正的英雄,而我们自己则往往是幼稚可笑的,不了解这一点,就不能得到起码的知识。"在毛泽东的人才思想中,人民群众才是真正的英雄,真正的智慧,真正的人才,中国革命正是依靠广大人民群众才取得最终胜利的。因此,群众才是真正的英雄包含了两层意思:一是中国革命和建设的人才主体是群众;二是其他阶层的同志要虚心向群众学习才能真正成才。

群众路线一直是我党的一大法宝,从建党一开始党就坚持走群众路线,坚信广大群众才是中国革命的主力。1922年,中国共产党第二次代表大会通过的党章中,要求党的一切运动必须深入到群众中去。1925年10月,中共中央提出,革命的命运取决于共产党会不会组织群众,依靠群众,引导群众。后来大革命的失败也在于我们党不是依靠群众、发动群众而是寄希望于资产阶级。党的前期领导人之一李大钊始终坚持群众路线,号召知识分子和青年与劳工相结合,坚持走群众路线。毛泽东继承了这一路线。大革命初期,毛泽东就一直领导农民和发动农民运动并逐渐形成了理性的认识。1925年,毛泽东写了《中国社会各阶级的分析》,同年9月发表了《国民革命与农民运动》,标志着他对中国革命和农民问题已经有了成熟的看法;后来又撰写了《湖南农民运动考察报告》,对农民在中国革命中的地位认识更加深刻了。

抗日战争时期,毛泽东在《关于领导方法的若干问题》一文中说:"在我党的一切实际工作中,凡属正确的领导,必须是从群众中来,到群众中去。这就是说,将群众的意见(分散的无系统的意见)集中起来(经过研究,化为集中的系统的意见),又到群众中去做宣传解释,化为群众的意见,使群众坚持下去,见之于行动,并在群众行动中考验这些意见是否正确。然后再从群众中集中起来,再到群众中坚持下去。如此无限循环,一次比一次地更正确、更生动、更丰富。这就是马克思主义的认识论。"①这一思想概括起来就是"从群众中来,到群众中去"。

---

① 《毛泽东选集》第3卷,人民出版社,1991年版,第899页。

1945年4月24日,毛泽东在《论联合政府》一文中高呼:"人民、只有人民,才是创造世界历史的动力。"对群众路线的内容进一步做了理论上的发挥,同年党的七大把群众路线的基本精神正式写入了党章的总纲。从此,我党把群众路线系统地阐述为党的根本的政治路线和组织路线。

　　新中国成立后,毛泽东更加重视对党员和干部进行群众路线的教育。他指出:"任何英雄豪杰,他的思想、意见、计划、办法,只能是客观世界的反映,其原料或者半成品只能来自人民群众的实践中,或者自己的科学实验中,他的头脑只能作为一个加工工厂而起制成完成品的作用,否则是一点用处也没有的。人脑制成的这种完成品,究竟合用不合用,正确不正确,还得交由人民群众去考验。"①正因为如此,他总是不断教育干部,要"从群众中来,到群众中去。下决心长期下去蹲点,就能听到群众的呼声,就能从实践中逐步地认识客观真理,变为主观真理,然后再回到实践中去,看是不是行得通。如果行不通,则必须重新向群众的实践请教"。②

　　总之,在对待群众问题上,对待中国革命和建设的依靠力量上,正如毛泽东所言:"只要我们依靠人民,坚定地相信人民群众的创造力是无穷无尽的,因而信任人民,和人民打成一片,那就任何困难也能克服,任何敌人也不能压倒我们,而只会被我们所压倒。"③

　　5.团结、批评、教育、改造

　　谈毛泽东的人才思想,不可避免要谈到毛泽东对知识分子的态度和政策。应该说,毛泽东对知识分子在革命和建设中的地位、作用的认识是清楚的,对知识分子是重视和信任的,但是由于特定的社会环境和党内环境,导致了新中国成立后50年代后期一段时期内,毛泽东对知识分子阶级属性的错误认识。即使如此,总体来说,毛泽东对知识分子的政策还是值得肯定的。

---

① 《建国以来毛泽东文稿》第7册,中央文献出版社,1992年版,第60—61页。
② 《毛泽东著作选读》(下),人民出版社,1986年版,第844—845页。
③ 《毛泽东选集》第3卷,人民出版社,1991年版,第1096页。

从1927年大革命失败到1935年遵义会议召开，"左"倾盲动主义长期在党中央占据统治地位。在"左"倾错误思想的指导下，党在人才思想上也同样犯了"左"倾错误。但同时毛泽东等党内同志对人才思想上的"左"倾错误进行了一系列抵制，为后来纠正"左"倾主义人才思想奠定了基础。1935年1月召开的遵义会议，彻底结束了"左"倾错误在党中央的统治，使党的人才思想也开始走向正轨，并逐步完善、成熟起来。1939年12月1日，毛泽东为中共中央起草了《大量吸收知识分子》的决定（以下简称《决定》）。《决定》指出：在长期的和残酷的民族解放战争中，在建立新中国的伟大斗争中，共产党必须善于吸收知识分子，才能组织伟大的抗战力量，组织千百万农民群众，发展革命的文化运动和发展革命的统一战线。没有知识分子的参加，革命的胜利是不可能。《决定》进一步指出：三年以来，我党我军在吸收知识分子方面，已经尽了相当的努力，吸收了大批革命知识分子参加党，参加军队，参加政府工作，进行文化运动和民众运动，发展了统一战线，这是一个大的成绩。但许多军队中的干部，还没有注意到知识分子的重要性，还存着恐惧知识分子甚至排斥知识分子的心理。——由于不懂得知识分子对于革命事业的重要性，——不懂得资产阶级政党正在拼命地同我们争夺知识分子，日本帝国主义也在利用各种方法收买和麻醉中国知识分子的严重性——。《决定》最后要求：全党同志必须认识，对于知识分子的正确的政策，是革命胜利的重要条件之一。

中共中央关于《大量吸收知识分子》的决定，把重视和发挥知识分子的作用问题，提到关系到革命事业的前途的战略高度，这在党的历史上是空前的。这也是新民主主义革命期间毛泽东人才思想的集中体现。此外，在《中国社会各阶级的分析》、《青年运动的方向》、《中国革命和中国共产党》、《新民主主义论》、《整顿党的作风》、《关于目前党的政策中的几个重要问题》、《在中国共产党第七届中央委员会第二次全体会议上的报告》等文章中，毛泽东对半殖民地半封建社会中的知识分子的性质、地位、在革命中作用、党应采取的政策等都做了较为科学的阐释和分析。

新中国成立后,中国的现代化建设任务艰巨,急需人才,为我国知识分子施展才能提供了广阔的舞台。从1949年直到"文化大革命",党的知识分子政策就是"团结、教育、改造"这个六字方针,应该说这六字方针基本是正确的。1950年10月27日,政务院发出了《关于处理失业知识分子的补充指示》,要求逐步解决在高中毕业以上或相当于这个文化程度的失业或未就业的知识分子的工作和学习问题。在业务上,采取许多措施和步骤,组织他们学习,提高业务水平,改进工作方法。1951年秋,知识分子思想改造运动以北京、天津为试点,然后推向全国。1952年秋,知识分子改造运动基本结束。通过教育改造,原有知识分子的政治状况发生了重大变化,但党内却存在着对知识分子"估计不足、信任不够、安排不妥、使用不当、待遇不公、帮助不够"[①]的"六不"现象,严重妨碍了人才积极性的发挥。

根据这一状况和建设社会主义对人才的急需,1956年1月14日,全国知识分子问题会议在北京召开,周恩来代表中共中央做了《关于知识分子问题的报告》(以下简称《报告》)。《报告》内容丰富,论述深刻,与毛泽东提出的"双百"方针一起构成了此时人才思想的主要内容。《报告》第一次把知识分子从争取和团结的对象提升到依靠对象,第一次明确指出广大知识分子不但在阶级属性上,而且在政治归属上都已经是工人阶级的一分子。《报告》最终对知识分子的结论就是:大胆使用,坚决依靠和热情关怀。

从1956年开始,毛泽东对知识分子的认识发生了巨大变化。1956年国际上发生了反共逆流和波、匈事件,同时在1957年国内少数资产阶级右派分子乘整风运动之机向党进攻。复杂的国际环境使毛泽东对国内环境的估计过于严重。1957年3月,毛泽东在中国共产党全国宣传工作会议上指出:"我们现在的大多数的知识分子……世界观基本上是资产阶级的,他们还是属于资产阶级的知识分子。"[②]这一判定,从根本

---

① 高化民等著:《三代领导集体与统一战线》,华文出版社,1999年版,第57页。
② 《毛泽东文集》第7卷,人民出版社,1999年版,第273页。

上改变了1956年初党中央关于知识分子的正确认识。1957年9月召开的中共八届三中全会上,毛泽东进一步认为我国多数知识分子是资产阶级的,而且是同无产阶级较量的主要力量,因而反右派斗争主要是在资产阶级和知识分子范围内进行。① 在这里,毛泽东已经把知识分子划到敌对的阵营了。

1958年底,中共中央和毛泽东开始觉察到对知识分子和思想文化方面的政策过左,因而采取了相应的措施进行调整。但是,这些努力由于1959年的"反右倾"斗争而中断。

1962年2—3月,国家科委在广州召开全国科学工作会议,文化部和戏剧家协会在广州召开全国话剧、歌剧、儿童剧创作座谈会。这两个会议都称为"广州会议"。周恩来和陈毅在两个会议的讲话中提出,要为知识分子"脱帽加冕",就是脱掉"资产阶级知识分子"之帽,加上"劳动人民知识分子"之冕。随后,周恩来在全国人大二届三次会议的《政府工作报告》中指出:"知识分子中的绝大多数,都是积极地为社会主义服务,接受中国共产党的领导,并且愿意继续进行自我改造的。毫无疑问,他们是属于劳动人民的知识分子。我们应该信任他们,关心他们,使他们很好地为社会主义服务。如果还把他们看做是资产阶级知识分子,显然是不对的。"②这是我党对知识分子"左"倾政策的一次大调整和扭转。

但是,为知识分子"脱帽加冕"的做法,却遭到了毛泽东的指责,毛泽东认为:"资产阶级知识分子有些人阳魂过来了,但阴魂未散;有的连阳魂也没有过来。"③接着在1962年9月党的八届十中全会上,毛泽东又重新强调阶级斗争,党对知识分子的估计和政策又从正确转向错误,出现了愈来愈严重的"左"的偏差。

"文化大革命"期间,党在知识分子政策上的"左"倾错误达到了顶点。1964年7月,在《赫鲁晓夫的假共产主义及其在世界历史上的教

---

① 《中国共产党历次重要会议集》(下),上海人民出版社,1983年版,第98页。
② 《周恩来统一战线文选》,人民出版社,1984年版,第426页。
③ 童小鹏:《风雨四十年》(第二部),中央文献出版社,1996年版,第2页。

训》一文中,毛泽东认为:在文化教育部门和知识界中还会不断产生新的资产阶级知识分子,这就意味着把新中国成立后培养出来的知识分子,也划为资产阶级。1966年3月,在中央政治局常委扩大会议上,毛泽东进一步指出:"现在学术界和教育界是资产阶级知识分子掌握实权。"①而且认为,随着社会主义革命的深入,他们将会越来越暴露出反党反社会主义的真面目。这时候,在毛泽东看来,知识分子已经完全变成了党和人民的敌人了,直至出现了"两个估计"的错误论断。1971年,在全国教育工作会议的《会议纪要》中,张春桥等捏造了无中生有的"两个估计"。"两个估计"全面否定了新中国成立17年以来教育工作的一切成绩,并错误地认为:解放后17年(1949—1966),资产阶级专了无产阶级的政,毛主席的无产阶级教育路线基本上没有得到贯彻执行;大多数教师和大批解放后培养出来的学生,其"世界观基本上是资产阶级的"。"两个估计"的提出,使知识分子长期以来背上沉重的精神枷锁,一直到"文化大革命"结束后,邓小平对"两个估计"进行了纠正。

马克思认为,脑力劳动者和体力劳动者尽管在劳动方式上有所不同,但其根本利益是完全一致的,他们都是被资本家雇佣的工资劳动者。"资产阶级抹去了一切向来受尊崇和令人敬畏的职业的灵光。它把医生、律师、教士、诗人和学者都变成了它出钱雇佣的劳动者。"②马克思把体力劳动和脑力劳动统称为工资劳动者,恩格斯在此基础上进一步明确提出了"脑力劳动无产阶级"的概念,他在《致国际社会主义者大学生代表大会的信》中指出:"希望你们的努力将使大学生们愈益意识到,正是应该从他们的行列中产生出这样一种脑力劳动无产阶级,他们负有使命同自己从事体力劳动的工人兄弟在一个队伍里肩并肩地在即将来临的革命中发挥巨大作用。"③可见,马克思、恩格斯已经把从事脑力劳动者的知识分子划为无产阶级。以毛泽东为首的党中央从新民主主义革命到社

---

① 薄一波:《若干重大决策与事件的回顾》(下),中共中央党校出版社,1993年版,第1240页。
② 《马克思恩格斯全集》1版 第2卷,人民出版社,第253页。
③ 《马克思恩格斯全集》1版 第22卷,人民出版社,第487页。

会主义建设初期一直都非常重视知识分子在革命和建设事业中的重要位置和作用。对知识分子的阶级界定也是正确的。1956年,在毛泽东的倡议下,党中央召开专门的知识分子会议,周恩来代表党中央明确指出:我国知识分子中的绝大部分已经成为工人阶级的一部分。从50年代后期,毛泽东对知识分子的"左"倾主义错误,主要是在复杂的国际环境下对国内的阶级斗争做了过于严重的估计。这一点一直值得我们党内反思。

三、十一届三中全会前党的人才思想的经验教训

十一届三中全会以前,中国共产党的人才思想经历了陈独秀、李大钊时期,党的人才思想的萌芽期;经历了毛泽东时期,党的人才思想的体系初步形成和曲折期。在这两个时期内,既形成了党的人才思想上的许多成果,也留下了深刻的教训。

从1921年党的成立到十一届三中全会召开,党经历了新民主主义革命、社会主义革命和社会主义建设时期,历经50多年。在这50多年当中,党在人才思想上也随着实践的发展而不断发展完善,形成了人才地位论、人才标准论、人才培养论、人才使用论等一系列完整的人才思想。其中很多方面为党后来的人才思想和人才政策积累了宝贵经验。当然,由于党自身也是在逐渐成长成熟,在人才思想和政策上,也出现了不少错误,最为典型的莫过于右倾主义和"左"倾主义对党的人才思想和政策的影响,特别是"左"倾主义的人才思想,这需要我们党在以后的人才思想和实践中不断完善总结。

(一)十一届三中全会前党的人才思想的宝贵经验

1. 充分认识人才的地位和重要性——关系革命和建设事业的成败

中国共产党从建党初期就非常重视人才的培养和选拔,在上海的党小组成立之后,陈独秀总是选拔他认为最得力的人才到各地成立党小组,或写信给当地一些他认为可以担当大任的人去成立党小组。就在上海党小组成立不久,陈独秀立即写信给北京的李大钊和张国焘,相约在

北京成立党小组;湖南的党组织和团组织是陈独秀函约毛泽东成立起来的;湖北的共产党支部是陈独秀在上海发展刘伯垂入党后派去武汉与董必武共同成立的;陈独秀还亲自在广东联络谭平山、谭植堂等成立了广东共产党支部。陈独秀初期发展的党的骨干,绝大多数后来为中国革命建设事业作出了巨大贡献,特别是毛泽东,后来成为新中国的创始人。陈独秀还认为,必须使教育和社会密切结合,为社会培养出一大批实用人才,才能推动一个社会的进步和发展。

李大钊同样认识到人才的重要性,而且认识的更为具体深刻。李大钊认为,知识分子要和劳工相结合,广大青年要深入农村,实现知识分子、广大青年、广大劳工的大联合,充分调动起广大受苦人民的力量,中国的革命才有希望。李大钊这一思想对党后来的人才思想影响深远,并深深影响了毛泽东。

毛泽东继承和发展了陈独秀和李大钊的人才思想,更充分认识到人才在革命和建设事业中的重要性。毛泽东的《中国社会各阶级分析》、《湖南农民运动考察报告》两篇文章,继承和发展了李大钊的人才思想,充分重视农民在中国革命中的重要性。而毛泽东的"四个不可能"思想更是其对人才重要性的具体认识:

1939年6月,毛泽东在《反投降提纲》中指出:"我们历来最缺少的干部是妇女干部,妇女运动经验亦没有总结,这个缺点必须补救。没有一批能干而专职的妇女工作干部,要开展妇女运动是不可能的。"

1940年2月7日,毛泽东在《〈中国工人〉发刊词》中指出:"工人中间应该教育出大批的干部,他们应该有知识,有能力,不务空名,会干实事。没有一大批这样的干部,工人阶级要求得解放是不可能的。"

1945年4月24日,毛泽东在中国共产党第七次全国代表大会上的口头政治报告中指出:"一个阶级革命要胜利,没有知识分子是不可能的。"

1949年11月14日,毛泽东在《大批培养少数民族干部》中指出:"要彻底解决民族问题,完全孤立民族反动派,没有大批从少数民族出身的共产主义干部,是不可能的。"

四个不可能充分显示了毛泽东对各级各类人才的高度重视,而且把人才上升到关系革命和建设事业兴衰成败的高度。

2.科学阐释人才的标准——德才兼备、又红又专

陈独秀和李大钊在大革命初期主要是处于无产阶级思想革命的阶段,毛泽东处于思想革命和政治革命两个阶段。在思想革命阶段,党的主要任务是传播和宣传党的指导思想——马克思主义,所以这时候党对干部的第一要求是思想性,即理论水平。陈独秀和李大钊都非常重视这一点,都亲自撰写文章来宣传马克思主义,注重培养有马克思主义觉悟的干部。同时,陈独秀和李大钊都注重干部的理论和实际相结合,既注重理论水平更注重干部的实际工作能力。陈独秀在1922年5月的广州纪念马克思大会和中国社会主义青年团成立大会上对青年要求:宁可以少研究点马克思的学说,不可不多干马克思革命的运动。陈独秀在自己的教育理念中同样表达了理论要与实际相结合的思想,他告诫学生千万不能理论脱离实际:学农的"其所学得之学问,反不如老农",学工的"其成绩反不如一小匠"。李大钊同样注重干部的理论和实践能力要并举,并提出了具体的实现路径,那就是知识分子向劳工多学点实践知识,劳工多向知识分子学点理论知识;青年多到农村学点社会实践知识,同时多启发农民的觉悟和认识水平。

毛泽东在前期党的领导人关于理论和实际相结合的人才标准问题上,进行了完善和补充,提出了著名的人才标准论,即"又红又专"。红,就是共产主义思想和政治;专,就是专门业务和技术。"又红又专"就是要求革命干部、知识分子成为既有共产主义思想又具有专门技术和科学知识的专家。"红"强调的是马克思主义的立场、观点、方法,为人民服务的理念;"专"强调的是为人民服务的实际工作能力。又红又专的人才标准思想随着时代的发展不断完善,对我党后来的人才标准产生了重大影响,其概括来讲就是人才的"德才兼备"。

3. 对人才的培养途径做了科学解读——学校教育、社会实践并重

陈独秀认为,除了多做实际工作,在实践中培养人才,锻炼人才之外,学校教育是培养各种人才的最好途径。在陈独秀丰富的教育思想中,其中很大一块是论述学校如何培养人才的。陈独秀一直提倡大教育,即学校教育和社会教育、家庭教育相融合来培养人才;陈独秀还提倡在社会需要的基础上来培养人才,培养的人才一定要符合社会的需要。他说:"救济这个弊病,惟有把社会与教育打成一片,一切教育都建设在社会底需要上面,不建设在造成个人的伟大底上面,无论设立农工何项学校以及农工学校何种科目。都必须适应学校所在地社会底需要以及产业、交通、原料各种状况。"①为了培养社会需要的人才,学校必须与社会打成一片,开门办学,为此,陈独秀指出,教育不仅仅是为学生设立的,也是为社会设立的。他提倡学校里的图书馆、试验场、博物院等都应该公开,社会上人人都能够享用。他提倡教育与社会打成一片,社会就是一个大的学校,学校就是一个小的社会,然在强调教育培养人才时,陈独秀已经意识到要保证中国革命的成功要举办社会主义教育的重要性。

李大钊初期同样把教育培养人才放在非常重要的位置,认为一个民族的强盛,一个国家的兴衰,完全取决于教育。在李大钊初期的文章如《论民权旁落》、《警告国民父老书》、《国民之薪胆》、《论立宪国民之修养》等中,都是阐释教育培养人才的重要性。随着李大钊逐渐转化为一个马克思主义者,他对教育的功能以及教育与政治、经济的关系的认识也日渐深刻。后期,李大钊提出,在教育培养人才的同时,强调要用社会政治运动来锻炼和培养人才,认为这可能比教育来得更快。同时,李大钊也提出了教育的阶级性问题,并首次用阶级分析的方法分析了资本家和工人之间的实质关系,提出了用阶级教育的方式来唤醒劳工和广大民众,推动中国革命,比陈独秀的社会主义办学观点又深入了一步。

毛泽东继承和发展了李大钊、陈独秀关于人才培养的思想。毛泽东

---

① 《陈独秀文章选编》(中),三联书店,1984年版,第78页。

非常重视对党员干部的教育。1929年11月在给中共中央的信中说："党员理论常识太低,须赶紧进行教育。"①1935年10月,中央红军胜利到达陕北后,在延安的一次演讲中,毛泽东说:有了学问,好比站在山上,可以看见更远的东西;没有学问,如在暗沟里走路,摸索不着。为了用马克思主义世界观来武装干部的头脑,毛泽东在延安亲自主讲哲学,其中讲稿的两节,后补充修改成了《实践论》和《矛盾论》。

毛泽东同样非常重视学校教育的途径来培养人才。虽然在革命战争年代的条件极其艰苦和困难,党仍然坚持创办了许多学校,为党和中国革命输送和培养了大批骨干人才。1933年11月7日,红军大学正式创办,毛泽东在开学典礼上发表了重要讲话。1936年6月,中国人民抗日军政大学在瓦窑堡正式建立,毛泽东兼任学校政委,亲自讲授中国革命战争的战略问题。后来,又创办了陕北公学、延安鲁迅艺术学院、妇女大学等一系列学校。毛泽东对学校培养的目标、方针、内容、教法改进、教员选调问题,都做了重要的论述和周密的安排。这些学校,为党培养了一大批人才。新中国成立后,一直到"文化大革命"之前,党的教育事业一直是平稳发展,但是1956年之后,"左"倾主义对党的教育事业造成了冲击。

实践观是毛泽东人才思想的哲学基础之一,在重视通过学校对人才进行理论知识集中培养的同时,毛泽东非常重视通过实际工作对人才的实践能力培养。1920年2月,毛泽东在致陶毅的信中曾说:"我们同志:应该散于世界各地去考察,天涯海角都要去人。"1943年,他在《组织起来》一文中提出:"如果我们的党员,一生一世,坐在房里不出去,不经风雨,不经世面,这种党员,对于中国人民究竟有什么好处没有呢?一点好处也没有。我们不需要这样的人做党员。"毛岸英是毛泽东的长子。毛泽东先是把他送到苏联去学习革命的理论,毛岸英回国后,又把他送到农村、工厂参加劳动。朝鲜战争爆发,又把他送到了前线去接受血与火的考验。

---

① 《毛泽东书信选集》,中国文献出版社,2003年版,第26页。

群众路线是毛泽东人才思想的又一重要基础,他说:"凡属正确的领导,必须从群众中来,到群众中去。"①所以,在强调培养人才的实践能力时,毛泽东强调要向广大人民群众学习。1939年5月1日,在纪念五四运动20周年的文章中,毛泽东指出:"知识分子如果不和工农民众相结合,则将是一事无成。"毛泽东甚至把是否与人民群众相结合作为区别革命青年与非革命青年的重要标准,在同一篇文章中他指出:"革命的或不革命的或反革命的知识分子的最后的分界,看其是否愿意并且实行和工农民众相结合。"1939年5月4日,在纪念五四运动20周年演讲时,毛泽东再次指出:"全国知识青年和学生青年一定要和广大的工农群众结合在一块,和他们变成一体,才能形成一支强有力的军队。"新中国成立后,毛泽东同样强调人才培养要多向群众学习,后来引发的知识分子下乡上山运动有着这一思想的影子。

4. 对人才的选拔做了可贵的探索——五湖四海、任人唯贤

陈独秀在大革命后期的失误固然是由其"城市中心论"和"二次革命论"造成的,但从另一个角度来说,陈独秀没有宽阔的人才眼光。由于种种原因,陈独秀一直没有把农民这一中国最大的群体当做革命的主力军,并最终导致大革命的失败。李大钊充分认识到农民的巨大力量,把工人阶级、农民阶级、资产阶级和知识分子都看做是革命的力量,而且李大钊还看到了不同群体的优缺点,并提出了相互学习、互相提高的思想,即知识分子与劳工相结合,青年与农民相结合。李大钊宽阔的人才思想对毛泽东深有影响。

毛泽东的用人范围更为广阔。在《为人民服务》一文中,他就做了很好的阐释:我们都是来自五湖四海,为了一个共同的革命目标走到一起来。在实际的革命和建设实践中,毛泽东对党政领导人才、军事干部、工人人才、农民人才、青年人才、妇女人才、宗教人才等各级各类人才都予以高度关注,新中国成立后成立的工会、妇联、共青团等组织就是对各级

---

① 《毛泽东选集》,人民出版社,1991年版,第899页。

各类人才进行培养管理和选拔的机构。此外，毛泽东还对党内与党外人才、外来与本地人才、汉族与少数民族人才、老年与青年人才等都做了科学的论述，可见毛泽东宽阔的人才视野，并形成了一个系统的人才结构。

任人唯贤是毛泽东用人思想的核心。他曾说：在使用干部问题上，我们民族历来就有两个对立的路线，一个是"任人唯贤"的路线，一个是"任人唯亲"的路线。前者是正派的路线，后者是不正派的路线。无产阶级大公无私的阶级本质，决定了共产党的用人路线是任人唯贤。毛泽东任人唯贤的思想集中体现在其任用人才不拘一格，不唯学历、不唯资历上。1926年，毛泽东在广州主办第六届农民运动讲习所并担任《政治周报》主编时，担任主编助理、专职教员的萧楚女，就是客房跑堂出身、通过自学成才的。田家英26岁便担任毛泽东秘书，很受毛泽东的信任，他也是自学成才，没有大学文凭和学历。毛泽东对青年的提拔也是少有的，1953年6月30日，他在《青年团的工作要照顾青年的特点》一文中指出："要充分相信青年人……青年人不比我们弱。老年人有经验，当然强，但生理机能在逐渐退化，眼睛耳朵不那么灵了，手脚也不如青年敏捷。这是自然规律。"理论上这么说了，实践中毛泽东更是这样做了。在井冈山、长征时期，毛泽东提拔任用了许多年轻的红军将领，如肖华等，由于太年轻被人称为"娃娃将领"；抗战时期，延安通过"抗大"培养了一大批年轻的革命干部，为抗日战线输送了许多青年抗日骨干；新中国成立后，毛泽东更是强调青年干部要进领导班子，实现班子的老中青三结合。1953年，中国新民主主义青年团第二次全国代表大会选举中，正是在毛泽东的亲自关心下，把开始只有九个30岁以下青年中央委员增加到了六十几个。

宽阔的用人视野和唯贤而用的任人标准已成为我党使用人才的宝贵财富。

（二）十一届三中全会前党的人才思想的失误与教训

从1921年党宣告成立到1978年十一届三中全会召开以前，党总体的人才思想和政策是正确的。在这57年的历史中,党团结一大批优秀人才完成了中国革命、建设的一系列艰巨的任务。但是,由于种种原因,党在人才思想上也存在着错误和不足,其中主要是党内右倾和"左"倾思想的影响,导致我们党在人才思想、人才政策上也同样存在着右倾和"左"倾的错误。党的右倾主义的人才思想主要表现为:对人才的阶级性认识不清;党的"左"倾主义的人才思想主要表现为:过分注重人才的阶级性。这两种思想都是不正确的,对党的人才政策都是有害的。

1. 党的右倾机会主义对党的人才思想的影响

陈独秀是我党一大至五大的最高领导人,陈独秀早期的指导思想是正确的。在他的领导下,一届至四届的中共中央局工作成绩明显,推动了革命的迅速开展。主要表现在以下四个方面:一是主持制定了党的民主革命纲领;二是主持制定革命统一战线方针,积极进行了第一次国共合作;三是主持制定党的四大路线;四是为维护国共合作大局,领导和参加了对国民党老右派的斗争。但是,由于陈独秀对蒋介石为首的国民党新右派认识不清,特别是在三大前后形成的"二次革命"思想,最终造成了右倾机会主义在党中央占领导地位,给党造成了严重损失。

1922年,在党的二大上提出中国的革命应分两步走,即民主主义革命和社会主义革命两个阶段。但是如何从第一阶段过渡到第二阶段,党对此并没有科学的判断。1922年初,随着工人运动的高涨,陈独秀似乎看到了工人阶级的巨大力量,并认为中国民主革命可以直接进入社会主义。9月20日,他发表《造国论》一文,表达了对民主革命进入社会主义国家的信心。然而,随着"二七"惨案之后工人运动陷入低谷,陈独秀自身也开始低估工人阶级的力量。认为工人阶级太幼稚,资产阶级力量比农民集中,比工人雄厚,开始夸大资产阶级力量。1923年4月到12月,陈独秀先后发表《资产阶级的革命和革命的资产阶级》、《中国农民问题》、《中国国民革命与社会各阶级》等文章,集中表达了这样一种思想,即当时中国的国民革命仍和辛亥革命一样,属于旧民主主义革命。

从中国的民主革命属于旧民主主义革命这一论断出发,陈独秀进一步得出结论:当时的资产阶级理所当然是中国革命的领导阶级,无产阶级是联合革命的阶级,革命成功后,资产阶级自然要取得政权。只有等资本主义发达起来以后,无产阶级再来进行第二次社会主义革命。这就是"二次革命论"。在"二次革命"理论的指导下,面对1926年3月蒋介石制造的"中山舰事件",陈独秀采取了妥协退让政策,共产党人退出了第一军,蒋介石独揽第一军军权;同年5月,蒋介石在国民党二届二中全会上提出"整理党务案",陈独秀依旧妥协退让,中国共产党党员全体退出国民党领导机构,蒋介石篡夺了党权。更为严重的是,同年的9月25日,陈独秀发表《我们现在为什么争斗》,提出:"共产党取得政权,乃是无产阶级革命时代的事,在国民革命时代不会发生这类问题。"① 在这一指导思想下,当北伐军到达武汉后,中共中央发出一系列指示,要求共产党员"此时必须立足于在野党地位",② 严令禁止参加政府工作,凡是已参加政府工作的共产党员"掀起辞职",否则"立即登报公开开除"。③ 在国民革命节节胜利,党面临政权归谁所有的重大问题上,陈独秀犯了严重的机会主义错误。

正是在这样一个背景下,才导致蒋介石的四·一二反革命政变和汪精卫公开叛变。蒋介石和汪精卫对革命的叛变给党带来巨大损失,仅4月12日至15日,就有300多人被杀,500多人被捕,5000多人失踪。继上海大屠杀之后,广州、北京等地的反动派,也向人民举起了屠刀。李大钊、萧楚女等一大批优秀的共产主义战士壮烈牺牲,无数革命群众惨遭杀害。汪精卫提出了"宁可枉杀千人,不可使一人漏网"的反动口号。

陈独秀的右倾机会主义错误的根源是对中国的国情缺乏科学的认识,没有把马克思主义同中国具体国情结合起来去分析研究中国的革命问题,导致对中国革命的性质、阶段和领导力量的错误认识。右倾机会主义在陈独秀人才思想上的表现就是没有科学认识特定中国国情下的

---

① 《陈独秀文章选编》(下),三联书店,1984年版,第263页。
② 《中央复湘区的信》,1926年10月7日。
③ 《中央给江西地方信》,1926年12月2日。

人才的阶级性,忽视了资产阶级和无产阶级之间的对立和斗争,进而对资产阶级的步步紧逼采取节节退让的政策,最终导致资产阶级的疯狂屠杀和无产阶级束手无策的悲剧发生,给中国革命造成巨大损失。

2. 党的"左"倾机会主义对党的人才思想的影响

1927年大革命失败之后,陈独秀离开了党的主要领导人岗位。标志着右倾主义思想路线在党内统治的结束。然而,此后一直到1935年遵义会议之前,党内又长期笼罩在"左"倾冒险主义之下,以王明为首的"左"倾盲动主义认为:"革命的力量是要纯粹又纯粹,革命的道路是要笔直又笔直……民族资产阶级是全部永世反革命了。对于富农,是一步也退让不得。对于黄色工会,只有同它拼命。如果同蔡廷锴握手的话,那必须在握手的瞬间骂他一句反革命。哪有猫儿不吃油,哪有军阀不是反革命?知识分子只有三天的革命性,招收他们是危险的。因此,结论:关门主义是唯一的法宝,统一战线是机会主义的策略。"①正是居于这样的思想,"左"倾冒险主义在人才思想中的重要体现就是实行关门主义,过分强调阶级论,认为知识分子都是资产阶级,把一大批知识分子关在革命的大门之外,使党的各项事业因缺乏知识分子的有力支持而遭受损失。

遵义会议以后,结束了王明"左"倾盲动主义在党内的统治,党的人才思想又恢复正常。特别是1939年12月1日,毛泽东为中共中央起草了《大量吸收知识分子》的决定,论述了知识分子和党的知识分子政策的重要地位,对抗战以来党的知识分子工作成绩给予了充分肯定。批评了党内不重视、不信任、不团结知识分子的现象,并从各个方面深入分析了这些现象产生的原因。《决定》明确提出了大量吸收知识分子的方针,要求部队和各地区要大量吸收知识分子参加党的工作。《决定》郑重地提醒全党,要记取历史的教训,认真对待知识分子问题。《决定》还在党内第一次提出造就自己的无产阶级知识分子队伍。

《大量吸收知识分子》的发表标志着党的人才理论和政策的成熟。

---

① 《毛泽东选集》第1卷,人民出版社,1991年版,第154—155页。

此后，各地党政军领导机关认真贯彻落实《决定》的精神，使党的人才工作获得很大进展，为党在抗日战争和解放战争中积聚了大批人才。

新中国成立以后，毛泽东为首的党中央出于尽快建设社会主义的考虑，对人才工作是非常重视的，从1949年到1956年，党的人才政策基本是正确的，对知识分子实行"团结、教育、改造"的方针。对知识分子的改造从1951年秋开始，1952年秋结束。1956年1月14日，周恩来代表中共中央做了《关于知识分子问题的报告》。报告第一次明确指出，广大知识分子不但在阶级属性上，而且在政治归属上都已经是工人阶级的一分子。党在人才思想上的正确路线，特别是对知识分子的正确路线为党汇集和培养了一大批社会主义人才，推动了新中国科学技术、教育事业的发展，促进了文化事业的初步繁荣；为新中国彻底实现民主改革和逐步实行工业化创造了重要条件。到"一五"计划结束时，中国的相当一部分经济指标（如电力、钢铁、棉布等）的增长率超过了发达资本主义国家，表明党的人才政策和各项建设卓有成效。

1956年下半年是党的人才思想的重要转折点，从这时开始，受党内"左"倾主义思潮的影响，党的人才政策又经历巨大挫折。

知识分子被划为资产阶级。1956年是多事之年，东西方都发生了一些针对社会主义的重大事件，其中最具有影响的就是在波兰和匈牙利发生的群众街头抗议当局的骚乱。1957年3月，毛泽东在党的宣传工作会议上指出："我们现在的大多数的知识分子……世界观基本上是资产阶级的，他们还是属于资产阶级的知识分子。"[①]明确把知识分子划为资产阶级。

1957年4月27日，中共中央发出《关于整风运动的指示》，决定在全党进行一次以反对官僚主义、宗派主义和主观主义为内容的整风运动，倡导处理人民内部矛盾的正确方式。极少数资产阶级右派分子却乘机鼓吹所谓的"大鸣大放"，对党的领导和社会主义制度进行攻击。5月

---

① 《毛泽东文集》第7卷，人民出版社，1999年版，第273页。

中旬,毛泽东写了《事情正在起变化》,6月8日党中央发出《关于组织力量准备反击右派分子进攻的指示》。对右派分子进行反击和斗争,是不可避免的,也是必要的。然而,由于对阶级斗争形势的估计越来越严重,把一批知识分子、爱国人士和党内干部错划为"右派分子",导致反右派斗争扩大化的严重错误。

在把知识分子划为资产阶级之后,毛泽东又提出要对知识分子进行改造,改造的途径是参加体力劳动,改造的目标是又红又专。1957年10月,在党的八届三中全会上,毛泽东指出,所谓"先专后红"其实质就是先白后红,是错误的。1958年1月,毛泽东进一步指出:"不注意思想和政治,成天忙于事务,那会成为迷失方向的经济家和技术家,很危险……只要我们的思想工作和政治工作稍为一放松,经济工作和技术工作就一定会走到邪路上去。"① 1958—1960年,在"大跃进"思想的笼罩和影响下,党在知识界发动了"拔白旗"运动,即去除知识界资产阶级方向问题,又冤枉了大批知识分子。

从1961年到1964年,党内"左"倾思想得到一定的纠正。在周恩来、邓小平、陈毅等人的共同努力下,党的人才思想和政策有所恢复。在1962年两次广州会议的讲话中,周恩来和陈毅都提出给知识分子"脱帽加冕"。所谓"脱帽"就是脱掉盖在知识分子头上的"资产阶级知识分子"帽子,所谓"加冕"就是承认知识分子是"劳动人民知识分子",实质就是重新确认知识分子的无产阶级阶级属性问题。1962年4月27日,在邓小平主持下,中央书记处下发了《关于加速进行党员、干部甄别工作的通知》。在这一通知精神的推动下,结合毛泽东同志1959年提出关于有计划摘掉右派分子帽子的精神,到1964年,先后五批摘掉"右派"帽子的人数达到30万人,党内"左"倾思想得到一定的扭转和纠正。然而,周恩来、邓小平等为知识分子"脱帽加冕"的做法,受到了毛泽东的批评。毛泽东坚持认为,在整个社会主义阶段,都存在资产阶级和无产阶级的斗

---

① 《毛泽东文集》第7卷,人民出版社,1999年版,第351页。

争，二者的矛盾仍然是社会的主要矛盾。1962年9月，在党的八届十中全会上，又重新强调阶级斗争，1963—1964年，在关于文艺工作的两个批示上，毛泽东认为资本主义的文艺占据着文艺界，文艺界跌落到修正主义的边缘。由此引发了对整个文艺界和哲学社会科学界的否定和过火批判，党内的"左"倾思想进一步发展。

"左"倾主义的人才思想进一步发展，知识分子由资产阶级代表演变成了反革命。1964年7月14日，《赫鲁晓夫的假共产主义及其在世界历史上的教训》一文发表，文中指出：在科学、文化、艺术、教育队伍中，兴无产阶级思想，灭资产阶级思想，也是长期的、激烈的阶级斗争。从而把对知识分子的改造问题演变成了一个阶级对另外一个阶级的斗争。1966年3月，在中央政治局常委扩大会议上毛泽东指出："现在学术界和教育界是资产阶级知识分子掌握实权。社会主义革命越深入，他们就越抵抗，就越暴露出他们的反党反社会主义的面目。"①把资产阶级知识分子由阶级斗争的对象明确为反革命。

"左"倾主义的发展顶点——"两个估计"出台。1971年4月至7月，全国教育工作会议召开，在教育工作会议的《会议纪要》中，张春桥等人无中生有，凭空捏造了"两个估计"的错误论断。"两个估计"宣称，从新中国成立到"文化大革命"的17年，在教育界，无产阶级的教育路线基本上没有得到贯彻，是资产阶级专了无产阶级的政；与此同时，大多数教师和大批解放后培养出来的学生，其世界观没有得到有效改造，还是资产阶级的世界观，因此他们都是资产阶级知识分子。"两个估计"完全否定了新中国成立17年的教育工作，否定了知识分子的贡献，把知识分子划为资产阶级。这是党内人才思想"左"倾主义的发展顶峰。

纵观遵义会议前和新中国成立后"左"倾主义思想对人才思想的影响，后者时间长、范围广、危害大、影响深远。王明的"左"倾主义人才思想只是推行关门主义，对知识分子不信任、不使用；毛泽东却在新中国成

---

① 薄一波：《若干重大决策与事件的回顾》（下），中共中央党校出版社，1993年版，第1240页。

立后,在知识分子改造结束后,把知识分子重新划为资产阶级,并进一步划为反革命,从对知识分子改造到对知识分子专政,大批知识分子遭到迫害,整个中国的教育、科技、文化事业中断,一代人没有接受专门的教育,造成中国人力资源的极大浪费。

新中国成立后,从1957年"左"的思想开始抬头,直到1976年"文化大革命"结束,差不多整整20年。其中涉及的人相当广泛,上有党内主要领导人,下有普通的人民教师。但这次"左"倾运动针对的主要还是知识分子,据统计,在当时划定的大约55万名右派分子中,知识分子比例高达57%。对知识分子进行了许多过火的批判,尤其是在十年"文化大革命"期间,知识分子被称为"臭老九",竟被排在反革命分子和坏分子之后,还给知识分子戴上了"牛鬼蛇神"、"修正主义分子"和"反动学术权威"等精神枷锁。对知识分子的"左"倾政策,在当时社会上形成一个非常错误和严重的后果,就是轻视知识,轻视知识分子,甚至提出了"知识分子是最无知识的"、"书读得越多越蠢"等荒谬观念。

十年"文化大革命"期间,整个教育系统处于瘫痪状态,教师被迫与学校分离接受改造,青年学生与学校分离而进行上山下乡运动,从而造成整个中国一代人在教育上的空白,给国家造成巨大损失,严重影响了我国现代化的进程。这一损失正如邓小平后来指出:"我们有个危机,可能发生在教育部门,把整个现代化水平拉住了。"①

---

① 《邓小平文选》第2卷,人民出版社,1983年版,第34页。

第二章
中国的事情能不能办好关键在人
(1978—1992)

从1978到1992年,党的人才工作主要集中在对冤假错案的平反和知识分子政策的落实上。党在这一阶段的人才思想集中体现在党的主要领导人邓小平的有关人才工作的言论和思想中。

毛泽东曾评价邓小平同志"人才难得"。邓小平是继毛泽东之后,中国人民公认的享有崇高威望的卓越领导人,是中国改革开放的总设计师。邓小平不仅非常重视各级人才,而且针对人才问题发表了众多论述,在《邓小平文选》中,关于人才论述的就有30多篇。在长期的建设中国特色社会主义的实践中,邓小平继承并发展了毛泽东的人才思想,形成了关于"人才的地位与作用"、"人才的识别与选拔"、"人才的实用与管理"、"人才的教育与培养"、"人才的开发与引进"等完整的人才思想体系。其中,特别是重新恢复知识分子的身份,重视并亲自主抓教育和科技,纠正了党的人才思想的"左"倾主义错误,推动了党人才思想和人才政策的大发展,为建设中国特色的社会主义培养和汇集了一大批人才,推动中国特色社会主义事业大踏步前进。

一、邓小平人才思想的理论支撑和实践基础

邓小平人才思想的形成有一个过程,从大革命到新中国成立前是邓小平人才思想的萌芽和形成期,新中国成立后到十一届三中全会前是邓小平人才思想的发展期,从十一届三中全会到党的十二大是邓小平人才思想的完善和成熟期,十二大以后是邓小平人才思想的深入发展期。在邓小平人才思想的不断发展成熟过程中,邓小平人才思想的理论来源为其人才思想的不断发展提供了理论支撑,而丰富生动的中国革命和建设的实践为其人才思想提供了坚实的实践基础。

(一) 邓小平人才思想的理论支撑

在邓小平人才思想不断发展和成熟的过程中,"马克思主义的辩证唯物主义"、"实践第一性"、"解放思想"成为邓小平人才思想的重要理论支撑。

1. 老祖宗不能丢

邓小平一再强调:"我们搞改革开放,把工作重心放在经济建设上,没有丢马克思,没有丢列宁,也没有丢毛泽东。老祖宗不能丢啊。"①正是因为始终坚持马克思主义的指导思想,坚持用马克思辩证唯物主义来看待问题,为邓小平的人才思想提供了重要理论支撑。辩证唯物主义认为,人是改造客观世界和改造主观世界的主体,人类改造世界的活动是创造性的活动,认识世界、改造世界,必须充分发挥人的主动性和人的创造性。邓小平正是把马克思主义这一基本原理同中国改革和建设事业的实际相结合,深刻论述了人才在中国改革开放和现代化建设事业中的重要性。

邓小平同样本着辩证唯物主义的精神对毛泽东的人才思想进行了继承和发展,既充分肯定了毛泽东人才思想的科学精神,又对毛泽东

---

① 《邓小平文选》第3卷,人民出版社,1993年版,第369页。

"左"倾主义人才思想的错误进行了纠正。邓小平《在全国科学大会开幕式上的讲话》中明确指出,知识分子"绝大多数已经是工人阶级和劳动人民自己的知识分子,因此也可以说,已经是工人阶级自己的一部分"[①]。1979年6月,他进一步指出:"我国广大的知识分子,包括从旧社会过来的老知识分子的绝大多数,已经成为工人阶级的一部分,正在努力自觉地为社会主义事业服务。"[②]邓小平关于知识分子是工人阶级一部分的论断重新恢复了知识分子阶级性的正确定位,科学确认了知识分子的身份和地位,对知识分子在现代化建设中的地位给予充分肯定。恢复了马克思恩格斯关于知识分子是脑力劳动者的科学论断。

2. 实践是检验真理的唯一标准

马克思辩证唯物主义认为,实践第一性,任何理论都要经过实践的反复检验才能证明其正确性。毛泽东在"文化大革命"中所犯的"左"倾主义错误就是以主观的判断来代替实践的检验,从而过分严重地估计了形势,扩大了阶级斗争。"文化大革命"后,在真理标准问题大讨论中,邓小平从一开始就指出:实践是检验真理的唯一标准,坚持实践标准就是坚持马克思主义。他说,真理标准问题的讨论,"实质就在是不是坚持马列主义、毛泽东思想"[③]。他说:"我们开会,作报告,作决议,以及做任何工作,都为的是解决问题,问题解决得是不是正确,关键在于我们是否能够理论联系实际,是否善于总结经验,针对客观现实,采取实事求是的态度,一切从实际出发。我们只有这样做了,才有可能正确地或者比较正确地解决问题,而这样地解决问题,究竟是否正确或者完全正确,还需要今后的实践来检验。"[④]

正是本着实践第一性的观点,邓小平对毛泽东在"文化大革命"阶段形成的"两个凡是"和"两个估计"等错误论断进行了拨乱反正,如果不是

---

① 《邓小平文选》第2卷,人民出版社,1994年版,第89页。
② 《邓小平文选》第2卷,人民出版社,1994年版,第186页。
③ 《邓小平文选》第2卷,人民出版社,1994年版,第191页。
④ 《邓小平文选》第2卷,人民出版社,1994年版,第113—114页。

以实践第一性为基础,以毛泽东在历史上的崇高威望和江青"四人帮"的别有用心,推翻"两个凡是"和"两个估计"等错误论断是相当困难的。正是让实践来检验一切,而不是以领导人的主观判断来确定一切,才为邓小平后来推翻"两个凡是"和"两个估计"奠定了理论基础,才可能推翻"两个估计",真正使知识分子获得解放。

也正是本着实践第一性的思想,邓小平在改革开放过程中才鼓励广大人民充分发挥自己的聪明才智和主动性、创造性,积极实践,大胆闯,大胆试,不为马克思主义一些经典理论所束缚。在大胆实践下,我们开创了农村的家庭联产承包责任制,发展了大批乡镇企业,开放了一批沿海城市,建立了经济特区,实行一国两制,实现了市场经济等,从而带领全国人民走出了一条具有中国特色的社会主义道路。而广大的人民群众也正是在中国特色社会主义道路的伟大实践中磨炼成才。

3. 解放思想,实事求是

实事求是一直是我党的思想路线,是我党赖以生存和发展的基础。早在1930年,毛泽东就在《反对本本主义》一文中提出"没有调查就没有发言权",并指出"中国革命斗争的胜利要靠中国同志了解中国情况"。但是中国革命一直受到主观主义和教条主义的影响,一直到延安整风运动之后,党才真正确立了毛泽东所倡导的实事求是的思想路线。正是在这一思想的指引下,我们党根据革命事业的实际情况培养了一大批党的干部和人才,为革命的胜利打下了坚实的人才基础。

新中国成立后一直到1956年,党的人才思想都是正确的,按照"团结、教育、改造"的六字方针,顺利完成了对知识分子的改造。然而,从1957年开始,"左"倾主义开始在中央抬头,特别是"文化大革命"期间,"四人帮"为了打压党内同志和知识分子,以更好夺权,违背了实事求是的原则,主观炮制了"两个估计"的错误论断,甚至对广大知识分子和科技人才进行迫害,党的人才工作陷入瘫痪。

十一届三中全会后,为了加快建设社会主义,党面临一个很重要的问题就是人才紧缺。而要实行正确的人才路线和政策又不可避免地触及到毛泽东批准的"两个估计"。"两个估计"完全是主观臆断出来的,不符合事实,但是要想重新恢复实事求是的人才路线,第一步必须解放思想。什么是解放思想？邓小平认为,解放思想就是指在马克思主义指导下打破习惯势力和主观偏见的束缚,研究新情况,解决新问题。为什么要解放思想呢？邓小平说:"只有思想解放了,我们才能正确地以马列主义、毛泽东思想为指导,解决过去遗留的问题,解决新出现的一系列问题,正确地改革同生产力迅速发展不相适应的生产关系和上层建筑,根据我国的实际情况,确定实现四个现代化的具体道路、方针、方法和措施。"① 正是因为解放思想,我们党才会以科学的态度和巨大的勇气对十年"文化大革命"期间毛泽东错误的人才思想和人才政策予以客观纠正,使党的人才思想和政策恢复到正确的路线上来。正是因为思想解放了,我们党才带领全国各族人民,团结各级各类人才,共同开创了中国特色的社会主义道路,并在中国特色社会主义道路的实践中培养了大批人才。

（二）邓小平人才思想的实践基础

"马克思主义理论"、"实践观第一性"和"解放思想,实事求是"为邓小平的人才思想奠定了坚实的理论基础。同时,中国革命、建设和改革的丰富实践也为邓小平的人才思想提供了坚实的实践基础。

1. 中国革命和建设的实践为邓小平的人才思想提供正反两方面的实践经验

纵观党的革命和建设史,从1921年建党以来到1976年"文化大革命"结束,党的人才政策显示,只要我们的人才思想科学,人才政策正确,我们党的事业就一帆风顺,相反则挫折连连。我们党在十一届三中全会以前,在人才思想上共有三次大的错误,具体表现在两个方面,即"左"倾的人才错误思想和右倾的人才错误思想。第一次大的失误是大革命期

---

① 《邓小平文选》第2卷,人民出版社,1994年版,第141页。

间,陈独秀犯了右倾机会主义错误;忽视了人才的阶级性,导致过分相信以蒋介石为首的资产阶级,而忽视了发动和壮大以农民和工人为主的无产阶级力量,导致大革命失败。第二次是王明的"左"倾主义错误。大革命失败到1935年遵义会议之前,由于王明"左"倾主义的人才思想导致党实行关门主义人才政策,把一大批知识分子当做不可信任的资产阶级而挡在革命的大门之外,导致革命力量的缺乏。第三次是新中国成立后,毛泽东的"左"倾主义错误。1956年以后,由于毛泽东对党内形势的错误估计,导致反右倾扩大化,党内"左"倾主义再次抬头,一直发展到"文化大革命"把知识分子划为反动的资产阶级而加以管制和迫害,导致党的人才政策的瘫痪和停滞。

　　三次大的人才政策失误为邓小平的人才政策提供了丰富生动而深刻的经验教训。邓小平后来专门对人才的"红"与"专"做了科学阐释,阐释二者的辩证关系,既不能以红来代替专,又不能因为专而不顾红,指出二者缺一不可,甚至因为越红而觉悟越高,更加钻研,变得更专,从而把二者统一起来而非对立起来。这是邓小平从深刻的历史经验和教训出发得出的科学结论。

　　2.改革开放的广阔空间和生动实践为邓小平的人才思想提供了丰富的实践土壤

　　"文化大革命"以后,邓小平立足中国发展的实际,总结中国发展的经验教训,一直在思考"什么是社会主义,怎样建设社会主义"这一宏大课题,立足世界的风云变幻和世界潮流的发展,邓小平得出中国必须实行改革开放的结论。与此同时,邓小平提出了"四化"的人才选拔标准和"四有"的社会主义新人培养以及教育的三个面向,同时高喊"要尊重知识,尊重人才",并提出了"科学技术是第一生产力"的科学论断。

　　邓小平所提出的这些人才思想和人才政策是紧密结合中国改革开放的实际和需要的。而中国改革开放的进展和成就也进一步证明了邓小平人才思想的科学性与正确性。邓小平提出干部的革命化、年轻化、知识化和专业化,在改革开放的实践中证明:革命化保证了党的基本路线不动摇,年轻化保证了改革开放的创新思维,知识化和专业化保证了对各项事业的正确领导;有理想、有道德、有文化和有纪律的新人培养保证了在抓社会主义物质文明的同时,社会主义的精神文明没有落后,形成了物质文明和精神文明互相推进,保证改革开放顺利进行;而教育的面向现代化、面向世界、面向未来更是为改革开放源源不断地输送了具有当代知识和世界眼光的各类高级人才,为改革开放提供了智力支持;尊重劳动、尊重知识更是调动起人民创造美好生活的积极性和知识分子建设中国特色社会主义的豪情;科学技术是第一生产力更是推动了中国科学技术的突飞猛进,为中国改革开放和重大技术突破提供了技术支撑。

如同中国的革命采用农村包围城市的方式一样,中国的改革同样从农村开始。从1978年安徽凤阳的小岗村改革开始,中国农村实行家庭联产承包责任制,极大地调动起农民的积极性,解放了农村的生产力;随着农村的改革成功,在党的十二大以后,我国的改革开始进入城市,开始以城市为中心进行经济体制改革,通过经济特区的成功试点,终于全面推开,十二届三中全会通过了《关于经济体制改革的决定》,吹响了城市经济体制改革的号角,随着市场经济的逐渐深入,城市的生产力被解放,各方经济体的生产积极性被调动;同经济体制改革相适应,1985年党又开始了科技体制改革和教育体制改革,为经济体制改革又增加了推进剂,加速了经济的发展;与此同时,党还开始了政治体制改革,打破领导终身制,干部能上能下,明确了政治体制改革的目标和方向。

党的各项事业的改革成功离不开邓小平成功的人才政策所提供的大量的人才支持,毕竟人是生产力中最核心的要素。同时,改革开放的广阔空间确实为邓小平的人才思想和人才政策提供了丰富的实践基础。

二、邓小平人才思想产生的时代背景

"文化大革命"期间,林彪、江青反革命集团为了尽快地夺取政权,空穴来风、捏造事实,对广大知识分子进行残酷迫害,无情打击。而知识分子较为集中的科技和教育部门所遭受的迫害就异常严重。据有关数据显示,以中国科学院为例,1965年以前,中国科学院拥有研究所106个,科技人员24714名,形成了学科比较齐全的自然科学综合研究中心。到1973年,科研人员仅有1.3万人,科研机构仅剩53个,到1975年仅余36个。10年间,30多万学有所长的科技人员被下放到"五七干校",在山区、农村、牧场接受劳动改造,还有很多人被戴上"派遣特务"、"苏修间谍"、"现行反革命"等帽子,身心备受摧残。教育界也是一样,大批干部、教师遭到诬陷和迫害,甚至致残、致死,仅教育部所属单位和17个省、市就有14.2万多人受到迫害,卫生部直属的14个高等院校的674名教授中,就有500多人遭受迫害。高等院校和各类中专学校所受到的破坏,同样十分严重,全国高等院校由1965年的434所,减到1971年的328所。"文化大革命"的10年,高等院校至少为国家少培养100万名合格大学生,中等专业学校至少为国家少培养200万名中专毕业生。

粉碎"四人帮"以后,由于"文化大革命"十年浩劫对知识分子的迫害,对科研院所、高等院校和中等学校的冲击,在造成我国的科技停顿、教育荒废的同时,也整整荒废了一代人,使中国遭受巨大的人才断层。大量知识分子由于对国家、党严重缺乏信任和信心,积极性无法调动。与此同时,"知识无用论"、"知识分子是臭老九"的错误认识还在阻碍着人们对知识的正确认识。正如毛泽东所言,路线确定下来以后,关键就是人。"文化大革命"以后,在建设社会主义实践中,邓小平既面临着思想上"两个凡是"的巨大阻碍,同样面临着偌大的中国科技落后、教育混乱、几无可用之人的现实困境。怎么样才能尽快打破科技教育战线万马齐喑的严峻局面,怎样才能调动起广大知识分子建设社会主义的积极性,怎样才能在整个社会重新树立起尊重知识的科学理念,引导广大青年发奋学习,争取早日成为祖国四化建设的有用人才,这些都是摆在执政党面前的一系列重大挑战。

三、邓小平人才思想的主要内容

邓小平的人才思想都是为解决中国社会主义建设的实际问题而产

生的,也是为了实现新中国的强大和发展而产生的,因而具体而深刻。总结中国革命和建设的经验,邓小平深深知道,凡是党的人才思想和人才政策正确的时候,就能团结培养一大批人才,推动党的事业的发展。反之,只要党的人才思想和政策出现错误和扭曲,党就会失去人才甚至人心,阻碍党的事业的发展,"文化大革命"就是深刻的教训。正是从党的历史出发,从深刻的教训出发,邓小平得出:中国的事情能不能办好,关键在人。然而,时代在变化,党面临的任务在变化,今天的人才如果不具备与时俱进的本领是无法完成今天党所面临的任务的,基于这一思考,邓小平指出干部必须"四化"(革命化、年轻化、知识化、专业化),同时必须培养"四有"新人(有理想、有道德、有文化、有纪律)。

而当时,党面临的一个最大问题是作为人才的主体——知识分子仍被划为资产阶级,知识分子群体与党离德离心,知识分子的积极性无法调动。作为人才培养的摇篮和基地——学校是一片混乱,教育培养人才的功能几乎丧失。与此相对应,整个世界已经进入科技高速发展的时代,而我国科技界却万马齐喑。鉴于此,邓小平首先从知识分子平反开始,并亲自主抓教育和科技。

（一）中国的事情能不能办好关键在人——人才的战略论

邓小平把人才的问题看做是关系社会主义现代化事业兴衰成败的关键,从党和国家兴旺发达的角度来考虑人才问题。1977年5月4日,他在与中央两位同志谈话时指出:靠空讲不能实现现代化,必须有知识,有人才。1979年11月2日,在《高级干部要带头发扬党的优良传统》中,他忧心忡忡地指出:现在我们国家面临的一个严重问题,不是四个现代化的路线、方针对不对,而是缺少一大批实现这个路线、方针的人才。道理很简单,任何事情都是人干的,没有大批的人才我们的事业就不能成功。所以,现在我们搞四个现代化,急需培养、选拔一大批合格的人才。①

随着我国各项方针政策的贯彻落实,党的各项事业得到了很好的发展。随着事业的发展,党对人才的需要也提出了更高的要求,邓小平一直关注着中国人才事业的发展和进展。在1985年3月召开的全国科技工作会议上,他说:"改革经济体制,最重要的,我最关心的,是人才。改革科技体制,我最关心的,还是人才。"②

邓小平考虑人才问题,是面向世界、着眼于未来考虑的。他高度关注中国通过发展在21世纪的世界地位,为此他更觉得人才战略的重要性。1991年8月,邓小平向中央提出两点正式建议,建议的内容概括起来就是"两个难得",即机遇难得、人才难得。邓小平同志指出:"现在世界发生大转折,就是个机遇。人们都在说'亚洲太平洋世纪',我们站的是什么位置?过去我们比上不足,比下有余。现在比下也有问题了。东南亚一些国家兴致很高,有可能走到我们前面。我们也在发展,但与他们比较起来,我们人口多,世界市场被别的国家占去了,我们面临着这么一个压力,算做友好的压力吧。我们不抓住机会使经济上一个台阶,别人会跳得比我们快得多,我们就落在后面了,要研究一下,我总觉得有这么一个问题。机会难得呀!"③

如何才能抓住难得的机遇,加快发展呢?邓小平同志在讲了机遇难得后,紧接着就指出:"还有一个问题,发现和使用人才的问题。的确是人才难得啊!"也就是说难得机遇是靠难得的人才来把握和捕捉的。1992年1月18日—2月21日,邓小平视察南方,发表"南巡讲话",他指出:"正确的政治路线要靠正确的组织路线来保证,中国的事情能不能办好,社会主义和改革开放能不能坚持,经济能不能快一点发展起来,国家能不能长治久安,从一定意义上说,关键在人。"④

---

① 《邓小平文选》第2卷,中共中央文献编辑委员会编辑,人民出版社,1993年版,第220—221页。
② 《邓小平文选》第3卷,中共中央文献编辑委员会编辑,人民出版社,1993年版,第108页。
③ 《邓小平文选》第3卷,中共中央文献编辑委员会编辑,人民出版社,1993年版,第368页。
④ 《邓小平文选》第3卷,中共中央文献编辑委员会编辑,人民出版社,1993年版,第380页。

邓小平是从考虑党的基本路线贯彻和接班人的培养高度来看待人才问题的。中国在进行社会主义现代化建设,社会主义现代化建设必须坚持党的基本路线,否则就偏离甚至背离了党的社会主义建设道路。基本路线总是需要一批人去领会和贯彻的,否则就会是歪嘴和尚念错了经。邓小平正是从这样一个高度去看待人才问题的,他说:"人才问题,主要是个组织路线问题。"①1979年7月29日,接见海军党委常委扩大会议全体同志时,邓小平说:"党的思想路线和政治路线,尽管有人不通,但总是已经确立了。现在我们还没有解决的问题是什么呢?是组织路线问题。这是一个很重要的问题。政治路线确立了,要由人来具体地贯彻执行……这就提出了一个要什么人来接班的问题。"②他进一步指出,如果接班人的问题没有得到很好的解决,中国可能会出乱子,而像林彪和"四人帮"等人还巴不得中国出乱子,所以他指出:"中国的稳定,四个现代化的实现,要有正确的组织路线来保证,要有真正坚持马克思列宁主义、毛泽东思想和党性强的人来接班才能保证。"③同年11月2日,在《高级干部要带头发扬党的优良传统》一文中,他再次指出,当前国家面临的一个严重问题,不是四个现代化的路线、方针对不对,而是缺少一大批实现这个路线、方针的人才。因为任何事情都是人干的,没有大批的人才,事业是不能成功。他还对老同志和高级干部提出一个要求,那就是要认真选好接班人。

(二) 革命化、年轻化、知识化、专业化——人才的标准论

邓小平非常关注领导班子的建设问题,认为领导班子关系到党的路线、方针、政策的贯彻执行;邓小平同样非常关注接班人的培养问题,认为接班人的培养和选拔关系到党和国家事业的长治久安。他一再强调,一定要选拔好接班人,选拔好领导班子,并对于选拔什么样的人,以什么

---

① 《邓小平文选》第2卷,中共中央文献编辑委员会编辑,人民出版社,1994年版,第323页。
② 《邓小平文选》第2卷,中共中央文献编辑委员会编辑,人民出版社,1993年版,第191页。
③ 《邓小平文选》第2卷,中共中央文献编辑委员会编辑,人民出版社,1993年版,第193页。

样的标准选人做了多次强调,那就是选拔"革命化、年轻化、知识化、专业化"的"四化"干部来挑起重担,来接班。

1992年1月18日—2月21日,《在武昌、深圳、珠海、上海等地的谈话要点》中,邓小平再次谈到党的接班人的培养问题,他指出:"帝国主义搞和平演变,把希望寄托在我们以后的几代人身上……我们这些老一辈的人在,有分量,敌对势力知道变不了。但我们这些老人呜呼哀哉后,谁来保险?所以,要把我们的军队教育好,把我们的专政机构教育好,把共产党员教育好,把人民和青年教育好……要注意培养人,要按照'革命化、年轻化、知识化、专业化'的标准,选拔德才兼备的人进班子。"①

邓小平提出,按照"革命化、年轻化、知识化、专业化"的标准来选拔干部和接班人,在"四化"中首要的还是革命化,他提出年轻化、知识化、专业化这三个条件中,首先是要革命化。邓小平所强调的革命化就是指干部的品德和思想。干部的政治思想是否坚定,品德是否高尚,是否具备马克思主义的科学的世界观、人生观、价值观,是否坚定社会主义、共产主义信念,是否牢固树立为人民服务的思想,这些就是革命化的主要内容,也是衡量一个干部最重要的部分。1977年12月28日,《在中央军委全体会议上的讲话》中,邓小平指出:"我们今后配备领导班子的时候,要选用什么人呢?要选那些认真学习马列主义、毛泽东思想,在斗争中经得起考验的人;要选那些党性强,能团结人,不信邪的人;要选那些艰苦朴素,实事求是,说老实话,办老实事,做老实人,作风正派的人;要选那些努力工作,联系群众,关心群众疾苦,有魄力,有实际经验,能够办事的人。"②在这里,邓小平把"党性强,经得起斗争考验"放在人才选拔的重要位置。他进一步指出:"用人的政治标准是什么?为人民造福,为发展生产力,为社会主义事业作出积极贡献,这就是主要的政治标准。"③

---

① 《邓小平文选》第3卷,人民出版社,1993年版,第380页。
② 《邓小平文选》第2卷,人民出版社,1994年版,第75页。
③ 《邓小平文选》第2卷,人民出版社,1994年版,第151页。

在强调革命化的同时,根据新时期社会主义建设事业的需要,邓小平还特别强调人才的专业化和知识化。1978年12月13日,在《解放思想,实事求是,团结一致向前看》一文中,邓小平就要求:"要发现专家,培养专家,重用专家,提高各种专家的政治地位和物质待遇。"对于知识化,邓小平在同一篇讲话中指出,干部当前关键是要掌握"经济、科学、管理"三个方面的知识,掌握知识的途径就是加强学习,向书本学,向实践学,几千个中央和地方的高级干部要发挥模范作用。

由于经济建设是当前一切工作的重心,所以邓小平非常重视经济专业人才的培养。1979年10月4日,在《关于经济工作的几点意见》中,邓小平指出:"按经济规律办事,就要培养一批能按经济规律办事的人。我们需要一些专家、懂行的人,现在不懂行的人太多了,'万金油'干部太多了。我们的干部有一千八百万,缺少的是专业干部、技术人员、管理人员和其他各种专业人员。如果能增加一百万司法干部,增加两百万合格的教员,有五百万科学研究人员,再有两百万会做生意的人,那就比较好了。现在的干部结构不合理,不对路。改变这个状况,是一项相当长期的工作。现在就要着手,不然,有好机器、好设备,也发挥不了作用。我们要相信,我们是能够培养这样一批人才出来的。"①同年的11月2日,在《高级干部要带头发扬党的优良传统》一文中,邓小平再次强调了干部专业知识的重要性,他强调要做四个现代化的闯将,必须要有专业知识。

邓小平提倡干部的知识化、专业化是和干部的红联系在一起来提的,干部首先要红,其次一定要专,红是前提,解决问题最终要专。1980年1月16日,在《目前的形势与任务》一文中,邓小平在论述红与专的关系中又一次强调了新时期干部专业性的重要性和紧迫性。他强调:"要有一支坚持走社会主义道路的、具有专业知识和能力的干部队伍。我们要在中国社会主义制度下实现四个现代化,理所当然的,我们的干部队伍一定要坚持社会主义道路,要有马列主义的基本观点,要遵守党的纪

---

① 《邓小平文选》第2卷,人民出版社,1994年版,第196页。

律和国家的纪律。"①在这里,他强调了专与红的统一和结合。他接着说道:"但是,只靠坚持社会主义道路,没有真才实学,还是不能实现四个现代化。无论在什么岗位上,都要有一定的专业知识和专业能力。"②这句话中,很显然他强调了在红的基础上,专的重要性。紧接着邓小平进一步论述了红与专的关系,他认为专并不等于红,但红一定要专,如果光红不专,去瞎指挥,结果损害了人民的利益,耽误了生产建设,就事与愿违,结果就谈不上是红了。

邓小平还认为,干部不懂专业知识容易造成效率低下和人浮于事。针对当时一些部门人浮于事、效率低下、官僚主义习气严重的情况,邓小平认为,要实现四个现代化,这些情况必须改变。要改变这一情况,就必须提高干部的专业知识和专业能力,就是要改变干部缺少专业知识、专业能力的状态。并指出,在今后的干部选择上要突出专业知识的重要性。正是基于对干部专业知识重要性的认识,邓小平得出结论:"要建立一支坚持社会主义道路的、具有专业知识和能力的干部队伍,而且是一支宏大的队伍。"③

在强调干部的革命化、专业化和知识化的同时,邓小平还非常重视干部的年轻化,并把干部的年轻化建设当做一个重要的人才计划来实施。1981年7月2日,在《老干部第一位的任务是选拔中青年干部》一文中,邓小平指出:"最重要的问题是,提出选拔中青年干部的任务以后,要着手去做。做,要有个目标。我建议,请同志们议一下,我们提出五年计划好不好?最好是四年,到一九八五年为期。干部问题,我建议订两个计划:一个五年计划,一个十年计划。头五年要选到比如五万人,把他们放到适当的工作岗位上锻炼。这五年,我们部的领导成员,司局一级的成员,省、市、自治区一级的成员,五十岁左右的,四十岁左右的,逐步做到各占多大的比重,提出一个要求。到第二个五年,我们又要做到哪

---

① 《邓小平文选》第2卷,人民出版社,1994年版,第261页。
② 《邓小平文选》第2卷,人民出版社,1994年版,第262页。
③ 《邓小平文选》第2卷,人民出版社,1994年版,第264页。

一级领导成员(比如省、市、自治区级,部长级),除特殊情况以外,不超过多少年龄。"①

在邓小平的大力提倡下,党的干部年轻化问题得到了全党的重视,然而干部的年轻化不是三年五年就可以完全解决的问题,而是一个长期的战略问题。邓小平对此一直高度关注,在1981年邓小平提议的中青年人才建设第一个五年计划结束后,1986年11月9日,在与日本首相中曾根康弘谈话时,邓小平提出了政治体制改革的三个目标,其中第一个目标就是干部的年轻化。他说:"最近我在设想,要向着三个目标进行。第一个目标是始终保持党和国家的活力。这里说的活力,主要是指领导层干部的年轻化。领导层干部年轻化的目标,并不是三五年就能够实现的……但是制定一个目标十分重要。哪一天中国出现一大批三四十岁的优秀的政治家、经济管理家、军事家、外交家就好了。同样,我们也希望中国出现一大批三四十岁的优秀的科学家、教育家、文学家和其他各种专家。要制定一系列制度包括干部制度和教育制度,鼓励年轻人。"②

即使在1989年发生青年学生的学潮之后,邓小平还是一如既往地提倡选拔年轻人才。1989年9月4日,在《改革开放政策稳定,中国大有希望》一文中,他说:"领导班子还是要注意年轻化,要选马克思主义者。我们自己培养起来的、政治上好的、有马列主义修养的人还是有的。选人不完全是从党的系统里面选,视野要开阔一点。总之,要有些年轻的人,否则难以为继。"③

总之,邓小平提倡干部的"四化",是根据党新时期面临的任务来决断的,是从保证党的基本路线一百年不动摇的角度来决策的。革命化是选人的首要标准,保证党的路线不动摇;年轻化是保证党的事业后继有人,充分调动起年轻干部的激情和创造力;知识化和专业化是新时期解

---

① 《邓小平文选》第2卷,人民出版社,1994年版,第387页。
② 《邓小平文选》第3卷,人民出版社,1994年版,第179页。
③ 《邓小平文选》第3卷,人民出版社,1994年版,第315页。

决党的各项事业的必备本领。四者缺一不可,自成系统。

(三)有理想、有道德、有文化、有纪律——人才的内涵论

党不仅要选拔人,还要培养人,明确培养什么样的人。只有明确培养目标并培养好了一大批人才,才能更好地选拔人才,培养是基础,选拔是重点。在新的历史时期,党培养什么样的人不仅关系到整个国民素质的提升,还关系到社会主义精神文明建设和国家的长治久安。邓小平在强调依照"四化"标准来选拔领导干部和接班人的同时,同样非常强调培养人。培养什么样的人呢?邓小平认为:社会主义应该培养有理想、有道德、有文化、有纪律的"四有"新人。

邓小平"四有"新人的提出也是有个过程的。早在1979年,在中国文学艺术工作第四次代表大会上,邓小平就提出:"我们要在建设高度物质文明的同时,提高全民族的科学文化水平,发展高尚的丰富多彩的文化生活,建设高度的社会主义精神文明。"①在这里,邓小平提出了精神文明要和物质文明一起抓。1980年底,在中央工作会议上,邓小平指出:"要努力使我们的青少年成为有理想、有道德、有知识、有体力的人,使他们立志为人民作贡献,为祖国作贡献,为人类作贡献,从小养成守纪律、讲礼貌、维护公共利益的良好习惯。"②在这里,提到了有理想、有道德、有知识(文化)、有体力,培养"四有"人才的目标基本表达出来了。1981年,邓小平在与来华访问的美国财政部长里甘的谈话中指出:"搞中国式的社会主义,我们的新提法就是建立一个高度民主、高度文明的社会主义国家。所谓高度文明,就是人民要有理想,个人利益要服从整个国家和民族的利益,要守纪律,要有道德,要坚持我们历来的艰苦奋斗的传统。"③在这次谈话中,邓小平提到了有理想、有道德、有纪律,把邓

---

① 《邓小平文选》第2卷,人民出版社,1994年版,第208页。
② 《邓小平文选》第2卷,人民出版社,1994年版,第369页。
③ 《邓小平思想年谱(1975—1997)》中共中央文献研究室编,中央文献出版社,1998年版,第208页。

小平1980年和1981年表达的观点合并在一起,就是完整的"四有"的人才目标了。

1982年7月4日,在中央军委召开的座谈会上,邓小平完整地表达了人才培养的四个标准和目标:"搞社会主义精神文明,主要是使我们的各族人民都成为有理想、讲道德、有文化、守纪律的人民。"①根据邓小平这一思想和提法,1982年9月1日至11日,党的十二大召开,在十二大报告中正式把"四有"作为社会主义精神文明建设的根本目标。报告指出:我们全党和全社会的先进分子,一定要不断传播先进思想,在实际行动中发挥模范作用,带动越来越多的社会成员成为有理想、有道德、有文化、守纪律的劳动者。此外,在1982年底召开的第五届全国人民代表大会第五次会议上,"四有"教育被代表一致通过,写入了《中华人民共和国宪法》。宪法第24条规定:国家通过普及理想教育、道德教育、文化教育、纪律和法制教育,通过在城乡不同范围的群众中制定和执行各种守则、公约,加强社会主义精神文明建设。从此,培养"四有"新人便成了社会主义精神文明建设的根本任务和新时期人才培养的根本目标。

在"四有"人才培养和教育中,核心是有理想,道德、纪律和文化是统筹在理想内的。这里的理想就是坚定的社会主义和共产主义理想信念。为了实现共产主义理想,我们必须有道德、守纪律、有文化。这里的道德是社会主义、共产主义道德;纪律是个人对祖国和人民的服从;这里的文化是发展社会主义和实现共产主义必备的知识和技能。邓小平曾说:"我们要建设的社会主义国家,不但要有高度的物质文明,而且要有高度的精神文明。所谓精神文明,不但是指教育、科学、文化(这是完全必要的),而且是指共产主义的思想、理想、信念、道德、纪律,革命的立场和原则,人与人的同志式关系,等等……没有这种精神文明,没有共产主义思想,没有共产主义道德,怎么能建设社会主义?"②在这里,邓小平把共产主义的理想、信念、道德和纪律放在社会主义精神文明建设的重要地位。

---

①　《邓小平文选》第2卷,人民出版社,1994年版,第408页。
②　《邓小平文选》第2卷,人民出版社,1994年版,第367页。

邓小平还结合我们党革命战争的历史分析了理想信念的重要性。他说："为什么我们能在过去非常困难的情况下奋斗出来，战胜千难万险使革命胜利呢？就是因为我们有理想，有马克思主义信念，有共产主义信念。"①"过去我们党无论怎样弱小，无论遇到什么困难，一直有强大的战斗力，因为我们有马克思主义和共产主义的信念。有了共同的理想，也就有了铁的纪律。无论过去、现在和将来，这都是我们的真正优势。"②

可见，邓小平所强调和论述的"四有"新人中，其核心是有理想，以理想为核心统领道德、文化和纪律。此外，在"有理想、有道德、有文化、有纪律"中，"有理想、有道德、有纪律"是从思想道德素质方面对人提出的要求，有文化是从科学文化素质方面对人提出的要求。思想道德素质和科学文化素质作为有机联系的两个方面有机统一为一体，成为新时期社会主义人才的新标准。

（四）知识分子是工人阶级的一部分——知识型人才的阶级属性论

早在"文化大革命"期间，针对江青、林彪等人对知识分子的残酷迫害，以周恩来、邓小平等为首的部分共产党人就进行了针锋相对的斗争，在极为困难的环境下，为完成全面整顿、拨乱反正的任务做出了巨大努力。粉碎"四人帮"不久，在思想理论界针对"两个凡是"的错误理论，邓小平领导和发动了真理标准问题的大讨论，冲破了"两个凡是"的禁区，实现了党在思想上的一次大解放。与此同时，在知识界，邓小平大胆推翻了"两个估计"的错误论断，从而去除了压在广大知识分子头上的两座大山。

所谓"两个估计"，是发端于文艺战线的"黑线专政论"。1966年2月，林彪、江青一伙在《部队文艺工作座谈会纪要》中断言：文艺界在新中国成立以来，被一条反党反社会主义的黑线专了我们的政。紧接着在

---

① 《邓小平论教育》，中央文献研究室编，人民教育出版社，1990年版，第166页。
② 《邓小平论教育》，中央文献研究室编，人民教育出版社，1990年版，第178页。

1971年的《全国教育工作会议纪要》中,江青、林彪一伙提出:科技界是"资产阶级知识分子的一统天下";"17年的教育是彻头彻尾的修正主义"。这就是"两个估计"的主要内容。江青、林彪反革命集团妄图利用"两个估计",打倒知识分子比较集中的科技、教育部门,否定科技、教育部门17年的工作,从而夺取科技、教育部门的领导权,为进一步夺取整个政权打下基础。

"两个估计"提出后不久,针对周恩来同志落实干部政策、落实知识分子政策、抓恢复学校教学、恢复基础理论科学研究等措施,江青等人污蔑周恩来的这些主张是孔夫子的"兴灭国,继绝世,举逸民",是"回潮"。他们叫嚣要"反回潮"、"反复旧"、"反复辟"。针对周总理起用曾被错误打倒的老科学家、技术专家、老管理干部、老劳动模范,恢复对基础科学的研究,他们又大反所谓的"经验主义"。在教育战线上,江青等还制造了"马振抚事件"、"永乐中学事件",一个小学生的偶然来信和日记被江青等利用,作为学生反抗老师、与老师对着干的典型和英雄,高考交白卷的辽宁青年张铁生也被吹捧成"头上长角,身上长刺"的英雄。在此基础上,江青等人还提出"知识越多越反动"、"宁要没有文化的劳动者"以及"学校只办一个专业,就是斗走资派的专业","只培养一种人,就是同走资派作斗争的先锋战士"等过"左"的荒谬论调。

在"两个估计"错误的、荒谬的论断下,"文化大革命"期间,我国知识分子遭受巨大磨难,孜孜不倦为祖国科学技术作贡献的科学家、教授、工程师等动不动就会被挂上"脱离政治"的罪名,称为"修正主义的苗子",而教师则成为"四人帮"专政的对象,"四人帮"对其肆意打击、迫害,使许多人致残、致死。在此环境下,知识分子的生命尚不可保,更谈不上知识分子的尊严和价值了,知识分子比较集中的科技和教育部门也就自然瘫痪,整个社会对知识的轻视也就可想而知了。

虽然我党在大革命期间对知识分子犯过"左"倾关门主义的错误,但新中国成立后,国家的总体政策还是正确的。知识分子的悲惨命运是从1956年后期慢慢开始的,直到"四人帮"的"两个估计",彻底把一大批知识分子打入了深渊。知识分子的遭遇导致了整个中国社会知识分子群体的崩溃和解体,知识分子群体的崩溃和解体直接导致了科技教育的衰落和整个社会对知识的轻视,对知识的轻视又将导致知识分子价值的消解和科技教育的持续落后。这一恶性循环直接导致中国社会主义建设的人才奇缺、科技落后、教育荒废,同时这三者又是紧密相连,互为推动的。邓小平深深认识到了这一点,而要扭转这一困难的局面,首先还是要从整个社会对知识的重视、对知识分子的尊重开始抓起,而"两个估计"便是这一进程的最大障碍。

1975年,邓小平在抓"全面整顿"时就指出:"现在有个危机——不读书。教师有个地位问题。教育部门也有个调动教师积极性问题。"[①] 1977年5月,邓小平在一次谈话中再次指出,一定要在党内营造尊重知识、尊重人才的氛围,要反对不尊重知识分子的错误思想。与1975年的论述相比,邓小平不仅从科学教育战线整顿的角度来看待知识分子,而且从全局、从尊重人才的战略高度来看待知识分子了。但是,由于现实的压力和复杂的情况,邓小平只是正面肯定知识分子的作用,还没有触及根本,那就是对"两个估计"的否定。1977年9月,伴随着对"两个凡是"的批判,伴随着"实践是检验真理的唯一标准"理念的逐步确立,邓小平在1979年9月终于提出了对"两个估计"的否定,他从全面准确领会毛泽东思想的角度指出:"《纪要》是毛泽东同志画了圈的。毛泽东同志画了圈,不等于说里面就没有是非问题了。"[②] 邓小平进一步明确指出,"两个估计"把几百万、上千万知识分子一棍子打死是不符合实际的。邓小平旗帜鲜明、直截了当对"两个估计"的批判,当时是振聋发聩的,对"两个估计"的直接批判,真正使知识分子摆脱了"臭老九"的可悲境地,大大加快了科教战线拨乱反正的步伐。

在实际的社会作用中承认了知识分子在新中国成立17年中的积极

---

① 《中华人民共和国教育大事记》,中央教育科学研究所编,教育科学出版社,1983年版,第478页。

② 《邓小平文选》(1975—1982),人民出版社,1983年版,第63页。

贡献,这是实事求是的,是对知识分子平反的第一步,并没有使知识分子立即摆脱"臭老九"的可悲境地。因为"两个估计"把大批知识分子归为资产阶级、地主阶级和苏修分子,邓小平在承认知识分子的价值和作用的同时,还面临着一个问题,即知识分子到底属于哪个阶级,其是什么身份,这一问题涉及知识分子的政治地位问题,如果不解决,就不可能使知识分子真正获得解放。

我们知道,马克思主义历来认为,划分阶级唯一的标准是经济关系。马克思说过,阶级的产生是同生产发展的一定阶段相联系的。列宁在《社会民主党人所复活的庸俗社会主义和民粹主义》一文中更加明确地指出:"阶级差别的基本标志,就是它们在社会中所处的地位,因而也就是它们对生产资料的关系。"①然而,毛泽东在1957年后期并不是按照马克思这一划分阶级的标准去分析知识分子的阶级性的,毛泽东不是以经济关系而是以政治思想为标准来划分阶级的。他认为知识分子的世界观和政治思想中有资产阶级的思想存在,当然也就是资产阶级了。诚然,政治思想和世界观是经济基础的反映,但完全以政治思想代替经济关系来划分显然是不正确的,是以主观代替客观了。其实,关于知识分子的阶级性问题,马克思、恩格斯早有论述,认为他们和出卖体力的无产阶级一样,靠出卖脑力劳动生活,同样受资本家的剥削。恩格斯在1893年9月《致国际社会主义者大学生代表大会》一文中,就明确把专业技术人才称为"脑力劳动无产阶级",并认为"他们负有使命同自己从事体力劳动的工人兄弟在一个队伍里肩并肩地在即将来临的革命中发挥巨大作用"。②我党在新中国成立后的1956年,周恩来曾代表中共中央做了《关于知识分子问题的报告》,认为知识分子不仅在阶级属性上,而且在政治属性上都已经是工人阶级的一部分了。

---

① 《列宁全集》第6卷,中共中央马克思、恩格斯、列宁、斯大林著作编译局编译,人民出版社,第233页。

② 《马克思恩格斯选集》第4卷,中共中央马克思、恩格斯、列宁、斯大林著作编译局,人民出版社,1995年版,第435—436页。

为进一步在整个社会统一认识,让整个社会重新尊重知识分子,调动起知识分子的积极性,充分发挥其在建设社会主义中的主动性和创造性,就必须对知识分子的阶级属性和政治属性做一个正确的界定。1978年3月18日,在全国科学大会开幕式上,邓小平明确宣布:知识分子"总的说来,它们的绝大多数已经是工人阶级和劳动人民自己的知识分子,因此也可以说,已经是工人阶级自己的一部分"[①]。邓小平的这一结论对我国当代知识分子的阶级属性从总体上做了科学把握和准确概括,回归了马克思主义关于知识分子阶级性的界定,恢复了我党对知识分子阶级性的科学分析。由于工人阶级是我国的领导阶级和先进阶级,所以知识分子从"两个估计"中的资产阶级、地主分子和苏修分子一跃而重新变为中国最先进的阶级和领导阶级,这从根本上解决了知识分子的归属问题、性质问题和作用问题,极大地调动起知识分子建设中国现代化的积极性,也在整个社会重新形成了尊重知识、尊重人才的良好风气。今天,我们也许很难理解,把知识分子归为工人阶级对知识分子的地位有什么抬高,然而在当时的具体情形下,确实是对我国知识分子的巨大解放和充分肯定。

鉴于毛泽东对知识分子所犯的"左"倾主义错误主要是在又红又专的人才标准中以红代替专的现象,邓小平同志说:对专心致志搞科研工作的知识分子"政治要求要适当。他们在政治上要爱国,爱社会主义,接受党的领导。他们做好研究工作,出了成果,就对政治有利,对中华人民共和国有好处"。[②] 他又说:"我们的科学事业是社会主义事业的一个重要方面。致力于社会主义的科学事业,做出贡献,这固然是专的表现,在一定意义上也可以说是红的表现。"[③]这两段论述,对知识分子政治要求要"适当"内涵,做了实事求是的规定:一是爱国、爱社会主义、接受党的领导。二是埋头业务,潜心研究,取得成果,作出贡献,这对政治有利、对

---

① 《邓小平文选》第2卷,人民出版社,1994年版,第89页。
② 《邓小平文选》第2卷,人民出版社,1994年版,第41页。
③ 《邓小平文选》第2卷,人民出版社,1994年版,第92页。

国家有利,是又专又红的表现。也正是明确了这个内涵,所以才有后来肯定绝大多数科技人员是"革命知识分子,是我们党的一支依靠的力量"。①

邓小平根据新的实际,解放思想,实事求是,在批判"两个估计"的基础上,得出"知识分子是工人阶级一部分"的科学论断,恢复了马克思主义对知识分子认识的正确观点,恢复了我党对知识分子阶级性的科学分析,使我党对知识分子的指导思想重新回归到正确的路线上来,为党在新时期制定知识分子政策奠定了思想和理论基础。在生活实际中,切实理顺了知识分子同工人、农民的关系,提高了知识分子的社会地位,充分调动起知识分子参与国家建设的积极性和主动性。

(五)科学技术是第一生产力——科学技术的作用论

"科学技术是生产力"与"知识分子是工人阶级的一部分",这两个论断是紧密相连的,甚至可以说,正是充分认识到科学技术是生产力,邓小平才明确得出了"知识分子是工人阶级的一部分"这一科学论断。1978年3月18日,《在全国科学大会开幕式上的讲话》中,邓小平开门见山地提出了自己的观点:"今天,我就有关的几个问题讲点意见。第一个问题,对科学技术是生产力的认识问题。在这个问题上,四人帮曾经喧嚣一时,颠倒是非,搞乱了人们的思想。科学技术是生产力,这是马克思主义历来的观点。"紧接着,他又提出:"承认科学技术是生产力,就连带要答复一个问题:怎么看科学研究这种脑力劳动?""从事科学技术工作的人是不是劳动者呢?"②正是在这样的逻辑推理下,邓小平明确提出,知识分子是工人阶级的一部分。

科学技术是生产力,这是马克思提出的观点,人类发展史上科技对社会的巨大推动都反复证明了这一点。马克思提出科学技术是生产力,是对人类发展历史的科学考察,也是对资本主义大生产时代科学技术对

---

① 《邓小平文选》第2卷,人民出版社,1994年版,第93页。
② 《邓小平文选》第2卷,人民出版社,1994年版,第86—87页。

整个社会的发展产生巨大推动和影响的高度概括。人类使用石器的时代将近 100 万年,使用青铜器的时代缩短为 3000 多年,铁器时代为 1000—2000 年,蒸汽机的出现,导致了 18 世纪中叶的第一次工业革命,社会生产力飞速发展,资本主义的工业生产成倍增长。科学技术对生产力的推动作用,随着科学技术的广泛运用和新技术的不断发明异加明显。正是在此基础上,马克思在 1857—1858 年的《经济学手稿》中明确提出:"生产力中包括科学。"①马克思还根据生产力中是否结合了科学技术,也就是科学技术是否已转化为现实的生产力,而把生产力划分为一般生产力(科学仅以知识形式存在,没有转化为现实生产力)和直接生产力(科学得以现实运用,如转化为劳动者的技能或先进的劳动工具)两种形态。恩格斯在《政治经济学批判》和《反杜林论》中,结合科学对土地产量的提高和对机器大工业的推动,阐明了科学技术是生产力的观点。列宁从英国化学家威廉·拉姆塞在煤层中直接提取煤气的发明中,同样认识到科学技术是重要生产力,他说:"这一发明在工业中所起的变革将是巨大的。"②新中国成立后,毛泽东、周恩来都对科学技术是生产力的观点进行过论述。1963 年,毛泽东在听取聂荣臻工作汇报时指出:"要打好科学技术这一仗,不打好这一仗,生产力无法提高。"③周恩来在 1956 年所做的《关于知识分子问题的报告》中指出:"不断地发展生产力,不断地提高劳动生产率,就必须在高度技术的基础上,使社会主义生产不断地增长,不断地完善。"④虽然毛泽东等新中国的领导人都认识到科学技术对生产力的重要作用,但是在长期的"左"倾思想指导下,这个观点并没有得到重视和推广,毛泽东自己更是在实践中过早偏离了这一科学观点,而过分强调人的主观能动性,提出人定胜天的思想,在 1958

---

① 《马克思恩格斯全集》第 46 卷(下),中共中央马克思、恩格斯、列宁、斯大林著作编译局,人民出版社,1995 年版,第 211 页。
② 《列宁全集》19 卷,中共中央马克思、恩格斯、列宁、斯大林著作编译局编译,人民出版社,第 41—42 页。
③ 《邓小平文选》第 2 卷,人民出版社,1994 年版,第 52 页。
④ 《周恩来选集》(下),中共中央文献编辑委员会编,人民出版社,1997 年版,第 159 页。

年大跃进时,更是提出"人有多大胆,地有多大产"的论断,完全忽视了通过科学技术的发展来推动先进生产力的发展。

"文化大革命"结束以后,面对我国思想界混乱、政治生活无序、经济面临崩溃的现实,在解放思想中统一思想,大力发展生产力,推进社会主义现代化建设成了摆在党面前的首要任务。然而,"文化大革命"期间,"四人帮"认为,科学技术不是生产力,是属于上层建筑的范畴,也要实行全面专政,大大搞乱了人们的思想。科学技术到底是推动社会发展的最终力量,还是上层建筑的一部分,对此必须做出科学的回答。与此同时,我国科学技术落后的状况同中国急需发展生产力的矛盾日益激化,怎么解决?对这些困惑和矛盾的解决,只有从观念上重视科学技术,认识到科学技术是生产力,而且是重要的生产力,才能在实践中大力发展科学技术,以科学技术推动生产力的快速发展。正是在这样的背景下,邓小平大声疾呼,科学技术是生产力,是现实的具体的生产力,而不是抽象的上层建筑。

在邓小平的倡导下,我国开始重视科学技术的发展和运用,从1978年到1988年,由于实行了正确的科学技术政策,科学技术在推动国民经济发展中的巨大作用不断发挥,我国的经济取得了飞速发展。1985年初,中国科技体制改革进入到有领导、有组织的全面实施阶段。在这个过程中,中国政府对其科技发展目标进行了影响深远的重大调整。1988年,中国政府先后批准建立了53个国家高新技术产业开发区。此后,又先后制定了"星火计划"、"863计划"、"火炬计划"、"攀登计划"、重大项目攻关计划、重点成果推广计划等一系列重要计划,并建立中国自然科学基金制,形成了新时期中国科技工作的大格局。在此期间,中国也取得了巨大的科技成就:完成了正负电子对撞机等重大科学项目,秦山核电站并网发电成功,银河系列巨型计算机相继研制成功,长征系列火箭在技术性能和可靠性方面达到国际先进水平。此时的国际社会,美国和苏联两个超级大国在全面对抗争霸的过程中,更是展现了先进的科学技术对经济、政治、国防、文化等全方位的推动和发展。有感于我国现代化建设中科学技术发展的实际和国际科学技术飞速发展的态势,特别是深刻洞悉到谁掌握着先进的科学技术谁就掌握着主动和未来,1988年9月会见捷克斯洛伐克总统胡萨克和听取关于价格和工资改革初步方案汇报的谈话中,邓小平进一步把科学技术是生产力的观点提高到"科学技术是第一生产力"的地位,"从长远看,要注意教育和科学技术。否则,我们已经耽误了二十年,影响了发展,还要再耽误二十年,后果不堪设想。最近,我会见胡萨克时谈到,马克思讲过科学技术是生产力,这是非常正确的,现在看来这样说可能不够,恐怕是第一生产力","要把文化大革命时的老九提到第一,科学技术是第一生产力嘛,知识分子是工人阶级一部分嘛"。①

邓小平对科学技术是生产力而且是第一生产力的科学论断,对我国重新重视科学技术,推动我国科学事业的发展,注重科学技术对促进经济发展和服务现实生活的实际运用,推动我国社会主义现代化建设的快速发展,起到了积极的作用,意义重大。同时,科学技术是生产力,是第一生产力的论断对马克思关于科学技术是生产力的科学理论作出了新的贡献。马克思是在对政治经济学进行研究的过程中,通过分析科学技术在机器大工业中的实际应用而得出"生产力也包括科学"的论断,马克思虽然认识到科学技术是生产力的组成部分,但是对科学技术在生产力中到底起什么作用,处于什么位置却没有谈及。邓小平是在对同时代科技成果进行科学分析概括的基础上,从如何尽快实现中国"四化"目标的角度来认识科学技术的,认为科学技术不仅是生产力,而且是第一生产力,科学技术为生产的进步开辟道路,决定生产的发展方向。从而不仅回答了科学技术是生产力,而且回答了科学技术在生产力中的地位——居主导地位,具体起到的作用——起决定方向的作用。从而在新的时代和新的实践基础上继承并丰富和发展了马克思关于科学技术是生产力的科学论断。

---

① 《邓小平文选》第3卷,人民出版社,2006年版,第274页。

（六）教育要面向现代化、面向世界、面向未来——人才教育的发展论

邓小平非常重视教育在人才培养和科学发展中的重要作用，自从1977年第三次复出并主持党和国家的全盘工作以来，他自告奋勇地要求主持教育和科技工作，通过自己的大力倡导和一系列的政策措施，为我国的教育事业作出了突出贡献。邓小平是把教育同人才培养和推动科学发展紧密联系在一起来理解的，是从我国建设社会主义现代化事业的现实需求出发的。邓小平认为，要想实现中国的现代化，关键是需要大批各行各业的人才，什么样的人才呢？关键是掌握现代科学技术的人才。一个国家怎样才能储备大量的掌握现代科学技术的人才呢？邓小平认为，主要的和基础的工作就是要通过一国的教育来培养。正是基于这样的认识，所以在大胆推翻压在广大知识分子身上的"两个估计"之后，在强调科学技术是生产力的同时，邓小平号召全党必须重视教育，要根据社会主义建设和发展的需要大力改革和发展教育。

也正是根据我国建设社会主义现代化的现实需求，紧密结合我国对外开放的现实政策，科学联系当代科学技术发展的规律和特点，邓小平提出了教育要面向现代化、面向世界、面向未来。教育要面向现代化，要求教育要切实为我国现代化建设提供人才和智力支持，体现了教育为现代化服务的本质；教育要面向世界，表明在对外开放的状态下，在世界各国交往日益密切的形势下，中国的教育不能闭关自守，既要走适合中国国情的道路，又要善于借鉴和吸收国外一切先进的教育思想、理念和教育方法等，从而尽快改变我国落后的教育现状，争取早日与世界先进的教育同步；教育要面向未来，说明在科学技术更新周期大大缩短的情况下，教育更要有前瞻性，从而适应现代社会的飞速发展。

重视教育、发展教育一直是我党非常重视的一项工作，是党的事业不可分割的一部分。在新民主主义革命期间，为了提高国民和革命群众的素质，毛泽东就曾办过工人夜校、农民夜校、自修大学、中央农民运动

讲习所等,并亲自授课。即使在战火纷飞的抗日战争岁月里,我党也十分重视建立和发展人民教育,如红军大学、抗日军政大学的创办,包括普通教育、干部教育、军队教育、工农业余教育、扫盲教育等制度的设立等,都体现了党对教育的高度重视。从实际效果来看,也确实为后来夺取新民主主义革命的胜利以及后来的社会主义建设培养了大批人才。

新中国建立以后,党提出了建立人民教育的一系列方针、政策和原则。1953年,我国在实施第一个五年计划时,就把教育列入其中,使教育与经济发展同步;1958年,刘少奇根据我国的现实国情,提出了中国的两种教育制度;1961年,在邓小平的主持下,讨论通过了"高校六十条",以后又相继制定了"中学五十条"和"小学四十条"。这些都是新中国建立后对教育经验的不断总结与发展。在实际效果上,也取得了巨大成绩。据统计,1949—1965年的17年中,我国共培养高校毕业生155.44万人,中专生295.85万人,技校毕业生59.48万人。1965年,全国有高等学校434所,中等学校81393所,小学1681939所。

在取得上述成绩的同时,从50年代中期开始,我国的教育事业开始不断受到"左"倾思想的影响和各种政治运动的冲击,教育部门同文化和科技部门一样,所受的干扰最为严重。特别是十年"文化大革命","左"的错误思潮发展到极端,对教育由不够重视发展到全面取消教育的地步,教育事业遭到严重破坏,广大教师受到残酷迫害。除此以外,社会上"读书无用论"和"知识越多越反动"的错误论调,严重影响了广大青少年读书、求学的积极性。我国本来就落后的教育,同发达国家的差距越来越大,中国也出现了历史上少有的人才断层。在此情况下,"文化大革命"结束、粉碎"四人帮"以后,建设社会主义现代化面临最基本的人才缺乏和最基础的科技储备问题。

正是在这严峻的情况下,邓小平才深深忧虑,大声疾呼重视教育,并在第三次复出后,身体力行,亲自分管教育、科技。1977年5月24日,邓小平在和中央两位同志谈话时就谈到教育的重要性,特别是谈到教育同人才培养和科学技术发展的关系:"我们要实现现代化,关键是科学技术要能上去。发展科学技术,不抓教育不行。空讲不能实现现代化,必须有知识,有人才。"①同年9月18日,在同教育部同志谈话时,他说:"不抓科学、教育,四个现代化就没有希望,就成为一句空话。"②1978年3月18日,在全国科学技术大会开幕式上,邓小平再次联系四个现代化的实现,联系科学技术的发展,强调了教育的重要性,"四个现代化,关键是科学技术的现代化",而"科学技术的培养,基础在教育"。正是在这种思想的指导下,1982年,党的十二大把教育列为国民经济发展的战略重点之一;1983年,根据自身对教育的进一步认识和对教育的迫切期望,10月1日,邓小平为北京石景山学校题词:教育要面向现代化,面向世界,面向未来。"三个面向"体现了党对教育事业认识的深化,也体现了党对教育事业的战略构想。随着教育事业的迅速恢复、发展,其对整个社会风气的改变,对整个社会发展的现实推动力也愈加明显。然而,面对我国科学技术飞速发展对教育的推动,面对"四化"建设对大量人才的需求,我国计划经济体制下传统的教育理念、体制、机制却严重束缚了教育的进一步发展。在此境况下,1985年5月,党通过了《中共中央关于教育体制改革的决定》(以下简称《决定》)。在《决定》中,党又一次明确指出:"今后,事情成败的一个重要关键在于人才,而要解决人才问题,就必须使教育事业在经济发展的基础上有一个大的发展。"《决定》进一步指出了教育同我国社会主义建设的关系,"教育必须为社会主义建设服务,社会主义建设必须依靠教育"。《决定》科学分析了我国教育存在的问题,主要是:国家对教育管得太死,地方和学校的积极性得不到调动;学校内部机制僵化,教师、管理人员、后勤人员积极性不高;教育的结构和层次不合理,基础教育薄弱,中等职业教育缺乏;教育思想、内容、手段、方法落后;教育与实践脱离,学生实践能力和创新能力不足等。针对教育存在的不足,党和国家采取了一系列措施,重点是:下放教育权力,调动地方和高校自身的办学积极性;搞活学校内部机制,充分调动高校人员的

---

① 《邓小平文选》(1975—1982),人民出版社,1983年版,第37页。
② 《邓小平文选》(1975—1982),人民出版社,1983年版,第65页。

工作积极性;大力发展基础教育和职业技术学校;学习国内外先进的教学理念、方法;联系实际进行知识传授,注重培养同学的动手能力和适应能力等。随着教育改革在实践中的推动,1986年4月,全国人大六届四次会议通过了《中华人民共和国义务教育法》,从而使我国普及基础教育有了法律依据。到1987年,全国小学学龄儿童的入学率已经达到97.1%,其他各项改革也取得了良好的效果。我国的教育事业获得了蓬勃发展,大力推进了科学技术的发展,为国家各行各业输送了大量人才,有力支持了中国特色社会主义各项事业的发展。"到1992年,全国普通高校已有1053所,在校学生218.4万人,在校研究生9.42万人,招生3.34万,毕业2.57万人;外派留学生0.65万人,毕业回国0.36万人";①"中等职业技术学校在校生685.4万人(含技工学校学生158.2万人)。"②这充分显示了中国教育事业的勃勃生机。

可见,邓小平是紧密联系我国现代化建设的实际需要来看待教育的,并把教育和科学技术、各级人才作为一个有机整体来看。在这个整体中,教育是最基础的部分,也是科学技术发展和人才培养的前提,离开教育,科技和人才就是空中楼阁,而离开科技和人才,我国现代化就是水中月、镜中花。同时,邓小平从我国现代化建设的实际需求出发,放眼全球,以超前的眼光提出了教育要面向现代化、面向世界、面向未来,成为我国教育发展长期的战略思想。而邓小平根据时代发展的要求,对教育提出的一系列改革思想,更是体现了邓小平在教育上的不断实事求是、解放思想、与时俱进,对我们今天发展教育事业仍然有很大的指导意义。

四、邓小平对党的人才思想的继承与发展

邓小平紧密结合中国改革开放的实际,以解放思想、实事求是为思想核心,进一步丰富和发展了党的人才思想,主要体现在以下四个方面。

---

① 《中国统计年鉴1993》,中国统计出版社,1993年版。
② 潘晨光等:《中国人才前沿》,中国科学文献出版社,2006年版,第403页。

(一) 科学阐释脑力劳动,恢复了马克思主义的劳动观

把劳动分为体力劳动和脑力劳动,体力劳动者和脑力劳动者都是劳动者,都是以出卖劳动被资本家剥削的对象,这是马克思主义的观点。按照马克思主义的观点,脑力劳动者主要指知识分子。知识分子是个历史范畴,在原始社会,没有脑力劳动和体力劳动的分工,也就没有知识分子。知识分子的出现,是在生产力发展到一定历史阶段,随着脑力劳动和体力劳动的分工而产生的,是人类社会的伟大进步。

早在1848年,马克思、恩格斯在《共产党宣言》中就把资本主义社会中从事脑力劳动的知识分子归为"雇佣劳动者"。《宣言》指出:"资产阶级抹去了一切向来受人尊崇和令人敬畏的职业的神圣光环。它把医生、律师、教士、诗人和学者变成了它出钱招雇的雇佣劳动者。"马克思把知识分子归为雇佣劳动者,实际上就是把知识分子为主的医生、律师、学者等归为了无产阶级。后来恩格斯进一步把知识分子看成为"脑力劳动无产阶级",1893年恩格斯在给国际社会主义者大学生代表大会的信中指出:"希望你们的努力将成功地使大学生们意识到,正是应该从他们的行列中产生出这样一种脑力劳动无产阶级,他们负有使命同自己从事体力劳动的工人兄弟在一个队伍里肩并肩地在即将来临的革命中发挥重要作用。"后来,马克思进一步论述了教师的无产阶级属性,他说:"在学校中,这些教师对学生来说虽然不是生产工人,但是对雇佣他们的老板来说却是生产工人。老板用他的资本交换教师的劳动能力,通过这个过程使自己发财。戏院、娱乐场所等等的老板也是用这种办法发财致富。在这里,演员对观众说来,是艺术家,但是对自己的企业主说来,是生产工人。"①

新中国成立后,我党制定了正确的知识分子政策,激发了广大知识分子建设新中国的热情,为新生政权的巩固、国民经济的恢复和科教文

---

① 《马克思恩格斯全集》第26卷I,人民出版社,第443页。

卫事业的发展作出了巨大贡献。特别是新中国成立初期，随着钱学森、李四光、钱三强等一批著名科学家的回国，我国在艰难条件下完成了"两弹一星"、"大庆油田"等一批重大科技攻关项目。然而，从1956年开始，由于国际形势的影响，毛泽东对国内形势做了错误的估计，反右斗争扩大化，特别是把知识分子划为资产阶级，甚至当做党和人民的敌人来区别和对待，进行阶级斗争和批判。"文化大革命"期间的"两个估计"否定了新中国成立以来知识分子的所有功绩，"四人帮"更是把知识分子污蔑为"臭老九"，散布"知识越多越反动"的谬论，极大地伤害了广大知识分子的感情，破坏了党的人才队伍，使党的人才政策陷于瘫痪。

1977年5月，尚未恢复工作的邓小平针对"文化大革命"蔑视知识、摧残人才，针锋相对地提出了尊重知识、尊重人才的观点，并明确指出，知识分子是从事脑力劳动的人，也是劳动者。他说："一定要在党内造成一种空气：尊重知识，尊重人才。要反对不尊重知识分子的错误思想。不论脑力劳动，体力劳动，都是劳动。从事脑力劳动的人也是劳动者。将来，脑力劳动和体力劳动更分不开来。发达的资本主义国家有许多工人的工作就是按电钮，一站好几小时，这既是紧张的、聚精会神的脑力劳动，也是辛苦的体力劳动。要重视知识，重视从事脑力劳动的人，要承认这些人是劳动者。"[①]

正是鉴于此，1978年3月18日，邓小平在全国科学大会开幕式上，郑重宣布：在社会主义中，从事体力劳动和脑力劳动的人都是劳动者，只是分工不同，他说：知识分子"与体力劳动者的区别，只是社会分工的不同。从事体力劳动的，从事脑力劳动的，都是社会主义社会的劳动者"。并指出："'四人帮'把今天我们社会脑力劳动与体力劳动的分工歪曲成为阶级对立，正是为了打击迫害知识分子，破坏工人、农民和知识分子的联盟，破坏社会生产力，破坏我们的社会主义革命和社会主义建设。"[②]

可见，邓小平本着马克思主义实事求是的精神，破除了"两个凡是"

---

① 《邓小平文选》第2卷，人民出版社，1994年版，第41页。
② 《邓小平文选》第2卷，人民出版社，1994年版，第89页。

和"两个估计"的错误论断,重新科学阐释了马克思主义的劳动观,从而为知识分子恢复了名誉,为党和国家的人才事业作出了巨大贡献。

(二)科学分析知识分子的阶级属性,提出尊重知识,尊重人才

土地革命战争和第二次国内革命战争期间,由于历史条件的限制,特别是由于王明和张国焘的"左"倾主义错误路线的影响,我党对知识分子采取了关门主义的错误政策。遵义会议确定了毛泽东的领导地位以后,毛泽东一直非常重视知识分子在革命和建设事业中的重要地位。1939年12月1日,毛泽东代表党中央写了《大量吸收知识分子》,提出"没有知识分子的参加,革命的胜利是不可能的"。1945年在《论联合政府》中,毛泽东指出:"中国的人民解放斗争迫切需要知识分子。"新中国成立后,毛泽东同样重视知识分子对建设新中国的重要意义,即使在匈牙利事件发生以后,1957年毛泽东在《关于正确处理人民内部矛盾的问题》和《在中国共产党全国宣传会议上的讲话》中,对知识分子的状况,还是做出了实事求是的分析和充分肯定。在《关于正确处理人民内部矛盾的问题》中,他认为知识分子、工人、农民三者内部和彼此之间的矛盾都是人民内部的矛盾,并认为:"我国知识分子的大多数,在过去七年中已经有了显著的进步。他们表示赞成社会主义制度。他们中间有许多人正在用功学习马克思主义,有一部分人已经成为共产主义者。这部分人目前虽然还是少数,但是正在逐渐增多。当然,知识分子中间有一些人现在仍然怀疑或者不同意社会主义,这部分人只占少数。"同一年,《在中国共产党全国宣传会议上的讲话》中,他同样认为知识分子与工人、农民同为无产阶级,只不过知识分子是脑力劳动者。他说:"在社会主义社会里,主要的社会成员是三部分人,就是工人、农民和知识分子。知识分子是脑力劳动者。他们的工作是为人民服务的,也就是为工人农民服务的。"

然而,随着反右斗争的不断扩大化,毛泽东对知识分子的认识发生了改变,把知识分子划到资产阶级的阵营加以批判和斗争。1966年在

写给林彪的信中,他说:"教育要革命,资产阶级知识分子统治我们学校的现象,再也不能继续下去了。"这个错误又被林彪、江青等借用,形成了"两个估计"的错误论断。在"文化大革命"中,对知识分子的错误批判、打击和斗争达到了顶峰,也把国家推向了崩溃的边缘。

"文化大革命"以后,邓小平一直在努力纠正党在"文化大革命"中的错误,其中对知识分子的平反就是邓小平重点考虑的要事之一。1977年的7月21日,在十届三中全会上,从完整准确理解毛泽东思想的角度,邓小平开始涉及对知识分子的评价和定位问题。他说:"我们要真正地领会毛泽东思想。就一个领域、一个方面的问题来说,也要准确地完整地理解毛泽东思想。比如说,关于知识分子问题,这是一个领域的问题。毛泽东同志历来重视知识分子的作用,同时也非常注意知识分子要好好地改造世界观。这是从爱护出发,是为了更好地调动他们的积极性,发挥他们的作用,使他们能够好好地为社会主义事业服务。'四人帮'把知识分子一概称为'臭老九',并且还说这是毛主席说的。应该承认,毛泽东同志曾经把他们看作是资产阶级的一部分。这样的话我们现在不能继续讲。但是从整个革命和建设过程来看,毛泽东同志是重视知识分子的作用的。"①

同年的8月8日,在科学和教育座谈会上,邓小平明确提出要为知识分子恢复名誉。他说:"'四人帮'创造了一个名词叫'臭老九'。'老九'并不坏,《智取威虎山》里的'老九'杨子荣是好人嘛!错就错在那个'臭'字上。毛泽东同志说,'老九'不能走。这就对了。知识分子的名誉要恢复。"②

1978年3月18日,邓小平在全国科学大会开幕式上,郑重宣布:"在社会主义社会里,工人阶级自己培养的脑力劳动者,与历史上的剥削社会中的知识分子不同了……但总的说来,他们的绝大多数已经是工人阶级和劳动人民自己的知识分子,因此也可以说,已经是工人阶级自己

---

① 《邓小平文选》第2卷,人民出版社,1994年版,第42页。
② 《邓小平文选》第2卷,人民出版社,1994年版,第50—51页。

的一部分。"①

至此,邓小平重新恢复了对知识分子阶级性的正确判断,为知识分子恢复了名誉。然而,"四人帮"鼓吹的"知识无用论"和"知识越多越反动"、"知识分子是臭老九"等错误言论仍然在社会上有一定的影响,人们对知识的尊重不够,对知识分子尊重不够。所以,邓小平在恢复知识分子名誉、重新科学划归知识分子阶级属性的同时,在党内和社会上还积极呼吁和倡导尊重知识,尊重人才。1977年5月24日,在同中央两位领导谈话时,他强调:"一定要在党内造成一种空气:尊重知识,尊重人才。要反对不尊重知识分子的错误思想。"②

在恢复知识分子阶级属性的正确判断基础上,呼吁全党和全社会尊重知识,尊重人才,这是邓小平对党的人才思想和马克思人才理论的一个新发展。

(三)科学阐释又红又专的人才标准,提出干部的"四化"

又红又专的人才标准是毛泽东在20世纪五六十年代提出的,毛泽东提出的又红又专的人才标准,通俗地讲就是德才兼备,红就是德,专就是才。红主要指要树立共产主义道德和马克思主义的世界观和方法论,树立全心全意为人民服务的理念;专主要指完成建设新中国的各项任务的专门知识和技能。应该说毛泽东这一提法是科学的,是比较全面的。但是,随着20世纪50年代后期阶级斗争扩大化和"左"倾主义在党中央的抬头,逐渐形成了一个错误的用人标准,那就是把红与专对立起来而不是结合起来,甚至完全用红代替了专。"四人帮"胡说"知识越多越反动",提出"宁要一个没有文化的劳动者,而不要一个有文化的剥削者","宁要社会主义的草,不要资本主义的苗"。一方面把交白卷的张铁生捧为"红专"典型,另一方面把一大批孜孜不倦的科学教育人士、文化界人士污蔑为"白专"典型。这一度在人民思想上造成很大混乱。

---

① 《邓小平文选》第2卷,人民出版社,1994年版,第89页。
② 《邓小平文选》第2卷,人民出版社,1994年版,第41页。

为了厘清人们在思想上的混乱,也为了重申党的用人标准,邓小平复出以后,立即对人才标准的"红"与"专"问题进行了科学的阐释。

首先,红与专是统一的、相互促进的,而不是割裂的。邓小平认为,红与专不是对立的,而是统一的、互相促进的,致力于社会主义的科学事业,不仅是专的表现也是红的表现。1978年,在全国科学大会开幕式上的讲话中,邓小平集中表达了这一思想。他说:"毛泽东同志提倡知识分子又红又专,鼓励大家改造资产阶级世界观,树立无产阶级世界观。世界观的重要表现是为谁服务。一个人,如果爱我们社会主义祖国,自觉自愿地为社会主义服务,为工农兵服务,应该说这表示他初步确立了无产阶级世界观,按政治标准来说,就不能说他是白,而应该说是红了。我们的科学事业是社会主义事业的一个重要方面。致力于社会主义的科学事业,作出贡献,这固然是专的表现,在一定意义上也可以说是红的表现。"红与专不仅是统一的,而且是可以互相促进的。1978年4月22日,在全国教育工作会议的讲话中,邓小平指出:"把坚定正确的政治方向放在第一位,这不仅不排斥学习科学文化,相反,政治觉悟越是高,为革命学习科学文化就应该越加自觉,越加刻苦。"①

其次,红与专都是具体的,而非抽象的。红与专是统一的,而不是割裂的,这是邓小平首先阐释的观点。另外,邓小平针对"四人帮"动不动就给广大知识分子套上"白专"的帽子,他指出"白"与"红"都是具体的概念和表现,只要不反党、不反社会主义就不是白。同样,红也不是凭空而来的,只有具体投入到党和国家各项事业的奋斗中才是真正的红。他说:"林彪、'四人帮'动不动就用'脱离政治'的罪名来打击科学技术人员,谁要是努力钻研业务,就会被扣上'白专'帽子。白是一个政治概念。只有政治上反动,反党反社会主义的,才能说是白。怎么能把努力钻研业务和白扯到一起呢!……只要不是反党反社会主义的,就不能称为白。我们的科学技术人员,为社会主义的科学事业辛勤劳动,怎么是脱

---

① 《邓小平文选》第2卷,人民出版社,1994年版,第104页。

离政治呢?"①

他同时指出,"红"不是说大话和空话,也需要在实干中体现红。如果有人为了社会主义的崇高事业,在工作岗位上连续奋战七天七夜,这就是"红";如果有人在受到迫害的情况下,在环境极其困难的情形下,没有动摇和放弃对社会主义的信仰和信念,这更是难能可贵的"红"。

再次,专门提出了正确认识知识分子的专与红。"文化大革命"中,"四人帮"污蔑知识分子光搞业务,不重视政治学习那是"白专",要批斗改造。针对"四人帮"这一观点,邓小平专门提出,社会主义事业是有分工的,不同的工作岗位,其"红"的表现方式不一样,只要是在兢兢业业为祖国做贡献都是"红"的具体表现,而不要把"红"喊在口头上。为此,邓小平专门提出要正确看待知识分子的"红",他指出:科学技术人员应该把最大的精力放到科学技术工作上去,而且是保证至少六分之五的时间去搞业务。他进一步指出,不能要求科学技术工作者去开很多与业务无关的会议,去读很多政治理论书籍或参加很多社会活动。各行各业的同志只要在坚持社会主义的政治立场的前提下,努力做好本职工作,就是有社会主义觉悟的表现,就不是脱离政治。

最后,专并不等于红,但是红一定要专。"文化大革命"阶段,"四人帮"把"红"与"专"截然对立起来,而且以"红"来压倒一切,甚至以"红"来代替"专",从而使整个社会都否定知识的重要性,反而空洞地去理解"红",把"红"庸俗化、抽象化、空洞化和口头化。针对这一现实情况,特别是基于当时中国急需各级各类人才的现实情况,他重点提出,"红"一定要"专",这样才能真正指导推动工作,免得外行指导内行。1980年1月16日,在中共中央召集的干部会议上,他说:"无论在什么岗位上,都要有一定的专业知识和专业能力,没有的要学,有的要继续学,实在不能学、不愿学的要调整……专并不等于红,但是红一定要专。不管你搞哪一行,你不专,你不懂,你去瞎指挥,损害了人民的利益,耽误了生产建设

---

① 《邓小平文选》第2卷,人民出版社,1994年版,第94页。

的发展,就谈不上是红。不解决这个问题,不可能实现四个现代化。"

在科学阐释了人才的"专"与"红"之后,邓小平根据时代的发展和党的事业对人才素质的需要,提出了干部"革命化、年轻化、知识化、专业化"的标准。1992年1月18日—2月21日,《在武昌、深圳、珠海、上海等地的谈话要点》中,邓小平谈到党的接班人的培养问题,他指出:"要注意培养人,要按照'革命化、年轻化、知识化、专业化'的标准,选拔德才兼备的人进班子。"①在这里,邓小平在毛泽东又红又专的人才标准基础上,根据时代的要求进一步丰富了党的人才标准。革命化就是通常所说的"红",主要指共产主义的信念和服务人民的理念;知识化和专业化就是通常所说的"专",就是指从事各项事业的基础知识和专门技能,这里邓小平把"专"从一个字扩展为"知识化"和"专业化"六个字,是对"专"这一标准的解释和丰富,"专"首先是有知识的专,有丰富广博的知识,这是基础。"专"还是专业的"专",丰富广博的知识只是基础,在此基础上还要凝练形成自己的专业,这是提升;年轻化是在又红又专的基础上新增的一个标准,这一标准显示了邓小平的战略眼光,即要尽早培养社会主义的接班人,保证社会主义事业的后继有人、长治久安和持续发展。这是对社会主义人才思想的一大丰富。

(四)重视青年接班人的培养,从制度上予以保障

毛泽东非常重视对青年人的培养,并在工作实践中大力落实,但是毛泽东对青年人重视和培养并没有落实到制度的层面,真正落实到制度的层面来重视和培养年轻人的是邓小平。

1955年9月,毛泽东在《〈中山县新平乡第九农业生产合作社的青年突击队〉一文按语》中,用"四个最",对青年的特点做了高度精练的概括:"青年是整个社会力量中的一部分最积极,最有生气的力量。他们最肯学习最少保守思想,在社会主义时代尤其是这样。"正是基于对青年特

---

① 《邓小平文选》第3卷,人民出版社,1993年版,第380页。

点和社会作用的高度评价,1957年,在莫斯科接见我国留学生、实习生时,毛泽东对青年的未来和历史地位做了定论性的评价:"世界是你们的,也是我们的,但是归根结底是你们的。你们青年人朝气蓬勃,正在兴旺时期,好像早晨八、九点钟的太阳,希望寄托在你们身上。""世界是属于你们的,中国的前途是属于你们的。"为了打消党内一些同志对青年人的顾虑,在《青年团的工作要照顾青年的特点》一文中毛泽东说:"要充分相信青年人……青年人不比我们弱。老年人有经验,当然强,但生理机能在逐渐退化,眼睛耳朵不那么灵了,手脚也不如青年敏捷。这是自然规律。"

理论上这么说了,实践中毛泽东更是这样做了。在井冈山、长征时期,毛泽东提拔任用了许多年轻的红军将领,如肖华等由于太年轻被人称为"娃娃将领";抗战时期,延安通过"抗大"培养一大批年轻的革命干部,为抗日战线输送了许多青年抗日骨干;新中国成立后,毛泽东更是强调青年干部要进领导班子,实现领导班子的老中青三结合。并把老中青三结合的原则作为我党一条重要组织工作原则。1953年,中国新民主主义青年团第二次全国代表大会选举中,正是在毛泽东的亲自关心下,把30岁以下青年中央委员由开始的九个增加到了六十几个。

邓小平继承了毛泽东对青年人的培养和重视。1980年,在中共中央政治局扩大会议上的讲话中,他强调:"很多新的人才需要培养,但是目前的主要任务,是善于发现、提拔以至大胆破格提拔中青年优秀干部。这是国家现代化建设事业客观存在的迫切需要,并不是一些老同志心血来潮提出的问题……打破那些关于台阶的过时的观念,创造一些适合新形势新任务的台阶,这才能大胆破格提拔。而且不管新式老式的台阶,总不能老是停留在嘴巴上说。一定要真正把优秀的中青年干部提拔上来,快点提拔上来。提拔干部不能太急,但是太慢了也要误现代化建设的大事。现在就已经误了不少啊!特别优秀的,要给他们搭个比较轻便的梯子,使他们越级上来。"①

在重视青年干部培养和选拔的同时,邓小平同志在完善党的干部制度建设方面取得了明显的进展,从任用机制、监督机制、管理机制等诸多方面总结了宝贵的经验,为党在新时期进一步深化干部制度建设提供了理论和制度依据。主要体现在以下三个方面。

一是建立了离退休制度。

1979年7月29日,邓小平在接见中共海军委员会常委扩大会议全体同志时说:"庙只有那么大,菩萨只能要那么多,老的不退出来,新的进不去。"②为了使老同志能按时退休,邓小平首先做老同志的工作,并通过建立和实施中央顾问委员会、一二线干部制度等来过渡。对于中央顾问委员会,邓小平讲得很清楚,他说:"从某种意义上说,顾问委员会是一种过渡性质的组织形式。我们的国家也好,党也好,最根本的应该是建立退休制度。"③

1980年,在中共中央政治局扩大会议上,邓小平再次强调了领导终身制的弊端和建立离退休制度的迫切性和重要性。他说:"从党和国家的领导制度、干部制度方面来说,主要的弊端就是官僚主义现象,权力过分集中的现象,家长制现象,干部领导职务终身制现象和形形色色的特权现象……要健全干部的选举、招考、任免、考核、弹劾、轮换制度,对各级各类领导干部(包括选举产生、委任和聘用的)职务的任期,以及离休、退休,要按照不同情况,作出适当的、明确的规定。"④

二是实行破格选拔人才制度。

破格选拔人才和建立离退休制度一直是邓小平思考的关于干部制度的两个重要问题,破格选拔干部一是弥补十年"文化大革命"对中国造成的人才断层,二是关系到党的事业的后继有人、持续发展。但是,"文

---

① 《邓小平文选》第2卷,人民出版社,1994年版,第323—324页。
② 《邓小平文选》第2卷,人民出版社,1994年版,第193页。
③ 《邓小平文选》第3卷,人民出版社,1993年版,第5页。
④ 《邓小平文选》第2卷,人民出版社,1994年版,第327、331页。

化大革命"后,一大批老同志被请了回来,担任重要职务,老同志不退休,年轻人就不可能上来,因此邓小平把破格选拔干部和老同志离退休是紧密结合在一起考虑的,他说:"我们将要建立退休制度。但是,最重要的还是选拔培养接班人。"①

当然,邓小平要破格提拔干部还在于搞活干部队伍,把这真正的人才选拔上来,他说:"多少年来,我们对干部就是包下来,能上不能下。现在看来,负作用很大……干部能上不能下的问题现在已经成为我们工作中的障碍,虽然一下子还不能解决,要慢慢来,但是总要逐步地解决。"②从党的十一届三中全会到十二大前后,邓小平提出制定干部队伍革命化、年轻化、知识化、专业化方针,他指出:"组织上,迫切需要大量培养、发现、提拔、使用坚持四项基本原则的、比较年轻的、有专业知识的社会主义现代化建设人才。"③"陈云同志提出,我们选干部,要注意德才兼备。所谓德,最主要的,就是坚持社会主义道路和党的领导。在这个前提下,干部队伍要年轻化、知识化、专业化,并且要对于这种干部的提拔使用制度化。这些意见讲得很好……目前的问题是,现行的组织制度和为数不少的干部的思想方法,不利于选拔和使用四个现代化所急需的人才。希望各级党委和组织部门在这个问题上来个大转变,坚决解放思想,克服重重障碍,打破老框框,勇于改革不合时宜的组织制度、人事制度,大力培养、发现和破格使用优秀人才,坚决同一切压制和摧残人才的现象作斗争。"④

三是实施考试录用制度。

与破格选拔人才制度相适应,邓小平还倡导制定考试录用制度。考试录用制度一是更加公平,二是确实可以破格选拔一批优秀的青年人才。早在1979年11月2日,在中央党政军机关副部级以上干部会上,

---

① 《邓小平文选》第2卷,人民出版社,1994年版,第193页。
② 《邓小平文选》第1卷,人民出版社,1994年版,第328—329页。
③ 《邓小平文选》第2卷,人民出版社,1994年版,第322页。
④ 《邓小平文选》第2卷,人民出版社,1994年版,第326页。

邓小平就指出:"我们就是要建立一套制度,使那些有专业知识的、年富力强的人被选拔到能发挥他们才干的工作岗位上来。"①同时,他还说道:"要改革现行的干部工作制度,建立有利提拔年轻干部的制度。"②可见,邓小平确实是把考试制度和破格选拔年轻干部结合在一起来考虑这个问题的。但客观上,邓小平所提倡的考试制度,促进了干部的规范化和制度化建设,并促进了社会选人的公平,如1978年恢复中断10年的高考制度,进一步促进了国家选拔人才的公平和公正,为国家培养了一大批优秀人才。在当时,除了高考恢复考试录取以外,在高校和研究所等科研单位的科研人员职称晋升上,也实行了部分或全部业务素质考试手段。后来,在国家党政机关干部的选配问题上,也逐步实行了国家的公务员考录制度。

---

① 《邓小平文选》第 2 卷,人民出版社,1994 年版,第 224 页。
② 《邓小平文选》第 2 卷,人民出版社,1994 年版,第 226 页。

第三章
国家间的竞争根本上说是人才的竞争(1992—2002)

1992—2002年,是党的人才思想的转折突破期。社会主义市场经济逐渐建立并深入发展,计划经济体制下的人才观念和政策已经不能满足经济社会发展的需要,党在人才思想上必须随着经济社会的转型而转型,在转型中寻求突破,以取得更大发展。这一时期党的人才思想集中体现在江泽民的人才论述和思想中。

江泽民成为新一届党中央总书记后,市场经济的快速发展导致对人才的需求量日益增长,同时,"冷战"的结束、地球村概念的形成,各国均面临着以科技和劳动者素质为支撑的激烈的国际竞争。重视教育和科技成为全党的共识,党实行了科教兴国战略和人才战略,并积极在世界范围参与人才竞争。

一、江泽民人才思想的时代背景

20世纪90年代,苏联解体,冷战结束,和平与发展成为时代主题,与此同时,知识经济初见端倪。知识经济飞速发展,经济全球化格局进一步形成。知识经济不仅影响一国的经济发展水平、经济结构、综合国力,而且影响一国的文化发展、政治格局和人民的整体生活方式,江泽民的人才思想正是在这样的大背景下产生的,具体来说可分为以下三个方面。

(一) 时代主题的变化与国家竞争重点的转移

"冷战"期间,由于苏联和美国的争霸导致两国不断增加军费投入和军备竞赛逐渐升级,与此相对应,世界也面临着新的世界大战的危险,两大阵营的许多国家也被卷入军备竞争之中。我国虽然在新中国成立后实施了一系列灵活的政策和外交策略,但作为世界上第二大社会主义国家还是当然地被卷入其中。20世纪90年代末期,随着苏联的解体和东欧共产党相继丢掉政权,国际政治格局发生了巨大变化。美苏争霸的两极格局彻底肢解,国际政治格局发生重大变化,美国称霸全球,并随之由美国一支独大逐渐向多极化发展。与此同时,国际政治的主流取向开始由对抗转向对话,由斗争转向合作,爆发大的战争的可能性减小,世界主要国家由积极备战转向争取世界持久和平。在此基础上,随着科技、经济的发展,东西方国家之间的相互开放程度逐渐加大,两种不同制度国家之间求同存异的共识在加强,两种不同意识形态之间在排斥和竞争中又互相融合、渗透和吸收。和平与发展成为新时代的主题,正如江泽民所判断:"在可以预料的较长时间内,我们可以争取到一个和平的国际环境。"①这客观上为我国争取时间加快发展,追赶世界领先国家创造了外部条件。在和平与发展成为时代主题的大背景下,各个国家可以更加集中精力来发展经济与科技,国与国之间的竞争也更多体现为经济和科技为支撑的综合国力的竞争,而非"冷战"时期的军备竞争。而经济与科技为支撑的竞争说白了就是人才的竞争。"发展的优势蕴藏于知识和科技之中,社会财富日益向拥有知识和科技优势的国家和地区聚集,谁在知

---

① 江泽民:《论"三个代表"》,中央文献出版社,2001年版,第28页。

识和科技创新上占优势,谁就在发展上占据主导地位"①。

（二）经济全球化导致国际化人才竞争的日趋激烈

随着信息技术的发展,知识创新、科技发展,人才资源对一国社会经济的发展起着越来越重要的作用。而随着经济的全球化,人才竞争已经突破国家的范畴,变成了国际领域的竞争,国与国之间的竞争归根结底变成了人才的竞争。发达国家特别是美国、德国和日本,利用强大的经济实力和一系列优惠的政策措施大力吸引全球范围内的优秀人才,力争保持其在经济、政治、文化、科技等方面的一贯优势,而广大发展中国家客观上由于受经济发展水平的限制,未能为人才创造更好的工作环境,主观上对知识分子的重要性和尊重还缺乏足够的认识,导致人才的大量流失。我国在 2001 年底正式加入世贸组织以后,面临的一个最大难题就是大量的人才缺乏和巨大的人才流失。2002 年 10 月,联合国公布的移民报告指出:从 1975 年以来,世界移民的数量增加了 1 倍,2000 年已达 1.5 亿人。流动的总体趋势是发展中国家人才外流,发达国家之间人才循环流动。在发展中国家的人才流失中,尤其以亚太地区的人才流失最为严重。就我国来说,人才外流的现象也是比较严重的,"1978—1999 年间,仅出国留学人员就达 40 万人,在外流人才中占很大比例,而且回流率很低,还不到 1/4"。② 我国人才外流的主要国家是美国,"美国国家科学基金会的数字显示,1995 年该国科学和工程项目的工作人员达 12000 万,其中 72% 的人员出生在发展中国家。23% 拥有博士文凭的人出生地不是美国,在计算机行业,这个比例是 40%。法国的报界指出,全世界科技移民总人数的 40% 被吸引到美国。欧洲的一份报告指出,在美国完成硕士学位的欧洲人中,有 50% 在美国居住很长时间,很多人留在了美国"。③ "上海市人才的国际化走在全国前列,截至 2001 年底,

---

① 《江泽民论有中国特色社会主义（专题摘编）》,中央文献出版社,2002 年版,第 234 页。
② 马冰心、李会明:《人才国际流动的动因探讨》,《科学学与科学技术管理》,2004 年第 7 期。
③ 钟昆明:《谁是人才》,重庆大学出版社,2008 年版,第 2 页。

在沪常住外国以及中国港、澳、台地区专家约 4.8 万人,约占全国近四成;管理外国人在上海就业的有关机构提供的数据表明,除了由政府引进的在上海工作的国外专家外,改革开放以来,累计有 10 万外国人在上海工作过。最近 3 年来,外国人在上海就业的人数每年以 10% 的速度增长"①。按照这一增长速度推断,截至 2004 年底,在上海工作的所有外国人不过 10 万人。扩大到全国也最多不过几十万人,而就在 2004 年,我国对外劳务输出就达到 2400 万人,差距之大,反映了人才流失之严重。

(三) 社会主义改革事业进入攻坚阶段,急需大量人才

随着 1992 年党的十四大对社会主义市场经济体制改革目标的确立,我国社会主义市场经济得到深入发展,在取得巨大成就的同时,我国一些深层次的矛盾也逐渐暴露出来,如经济的粗放式发展问题、经济结构的战略性调整问题、地域经济的不平衡问题、经济发展与政治改革和社会发展问题等。可以说整个 20 世纪 90 年代,我国改革事业都处在攻坚和发展的关键阶段,从计划经济到社会主义市场经济,直至建立起比较完善的社会主义市场经济体制、应对加入世界贸易组织后面临的机遇和风险以及处理好改革、发展、稳定关系等诸多问题都直接影响我国的改革与发展。截至 2001 年底,中国社会发展已经初步实现了第二步战略部署,正式进入建设全面小康社会、加快社会主义现代化的新阶段。但是这时的小康还只是低水平的、不全面的、发展很不平衡的小康,人民日益增长的物质文化需要同落后的社会生产力之间的矛盾仍然是我国社会的主要矛盾。生产力和科技、教育还比较落后,实现工业化和现代化还有很长的路要走。

与此同时,由于改革开放以来党对教育、科技的高度重视,对人才培养的持续投入,我国人才事业的规模与效益初步显现,人才资源开发进

---

① 余仲华:《全球化背景下人才管理的战略趋向》,《中国人才战略管理评论》,社会科学文艺出版社,2008 年版,第 44 页。

入黄金时期。20世纪末期,我国人才学研究、人力(人才)资源开发都取得了较大的成就,尤其是人力(人才)资源开发已经从"西洋化"实现了初步"本土化"。且面向国际市场进行人才开发,国际化人才交流与合作日益频繁。高等教育逐渐面向市场,教育已经逐渐形成独立的产业,为国家培养出了各级各类的大量人才,为中国经济的持续增长提供坚实的智力支撑和人才保证。

为了实现我国发展的第三步目标,全面建设和谐的小康社会,尽快解决经济发展、政治改革、社会进步中的诸种难题,党急需大量的各级各类人才,社会对人才的需求进入了一个持续快速增长的时期,我国面临人才资源的迫切要求,人才供给必须要跟上时代发展的步伐。同时,长期的教育发展和人才培养给我国的人才事业奠定了一定的基础,时代的发展又给人才开发提供了难得的机遇和条件。

正是对国际国内形势的准确把握,江泽民认识到跨世纪的时代发展既是对中国严峻的挑战,也是难得的机遇;既可能取得改革、建设的巨大胜利,也随时面临国际国内诸多问题的威胁。在知识经济浪潮下,竞争日趋激烈的国际政治、经济新格局,面对世界各国政治、经济发展取得的经验和遭受的挫折,面对我国三步走发展战略的进一步实施,在科学分析国际、国内格局的基础上,在认真总结世界各国对人才经验教训的启示下,江泽民进一步发展了邓小平的人才思想,从国家间的竞争根本是人才竞争的认识高度,提出了"人才资源是第一资源","尊重知识、尊重人才、尊重劳动、尊重创造","创新是人才的本质属性","在学习和实践中成才"等一系列科学的人才思想,为我国在新的历史条件下发现、培养、使用人才,实现人才强国战略作出了突出贡献。

二、江泽民人才思想的主要内容

(一) 国家间的竞争根本是人才竞争——人才的战略论

毛泽东强调:政治路线确定之后,干部就是决定因素。邓小平也说:

中国的事情能不能办好,社会主义和改革开放能不能坚持,经济能不能快一点发展起来,国家能不能长治久安,从一定意义上说,关键在人。毛泽东是从实现中国革命历史使命的角度提出的,那就是推翻压在人民头上的三座大山,建立新民主主义共和国必须有一批坚定共产主义信仰并愿意为之奋斗牺牲的人;邓小平是从"文化大革命"后建设社会主义的现实出发来认识人才的,认为人才是改革开放、发展经济、社会稳定的关键。

无论是毛泽东还是邓小平,都是从中国自身的革命或建设任务的实际出发来看待人才和干部的,而江泽民所处的时代使得江泽民必须突破中国自身的问题来看待人才。必须立足中国、放眼世界,来看待人才在当今社会的作用和重要性。

江泽民对人才在当今复杂的国际形势中所占据的地位有着非常深刻的认识。2000年6月5日,江泽民同志在中国科学院第十次院士大会和中国工程院第五次院士大会上的讲话中指出:"现在看得越来越清楚,当今和未来世界的竞争,从根本上说是人才的竞争。"①在同月9日的全国党校工作会议上,进一步强调了这一观点。在这里,江泽民已经从世界范围内来审视看待人才问题。2001年5月15日,在亚太经合组织人力资源能力建设高峰会议上的讲话中,他再次强调指出:"当今世界,人才和人的能力建设,在综合国力竞争中越来越具有决定性的意义。"②

江泽民是从世界各国竞争的角度来看待人才的作用和地位的,因为中国在2001年底加入世贸组织后,中国面临人才的国际竞争就更激烈了。2002年2月25日,在中共中央举办的省部级主要领导干部国际形势与世界贸易组织专题研究班上,江泽民强调指出:"做好加入世贸组织后的各项应对工作,人才是关键。在一定意义上说,人才方面的挑战是最严峻的挑战……加强专业人才的培养,特别是要抓紧精通世界贸易组

---

① 江泽民:《论科学技术》,中央文献出版社,2001年版,第197页。
② 《江泽民论有中国特色社会主义(专题摘编)》,中央文献出版社,2002年版,第258页。

织规则的专业人才,包括管理专家、国际贸易专家、法律专家、谈判专家、反倾销调查专家等。随着开放的扩大和外国企业的进入,我们还面临着他们争夺我们现有优秀专业人才的挑战。"①

正是充分认识到人才在一个国家的经济和社会发展中所起到的重要作用,认识到世界各国特别是美国、日本以及欧盟等发达国家对世界人才的争夺,江泽民提出必须顺应潮流,乘势而上,中国要想取得在国际竞争中的优势,就必须大力培养并吸引大量的社会主义建设人才。

(二) 人才资源是第一资源——人才的作用论

"人才资源是第一资源"与"人才是国家间竞争的关键"这一思想是一脉相承的,都是对新时期人才地位的战略认识。

1. 人才资源是第一资源的提出

1996年5月27日,江泽民在中国科学技术协会第五次全国代表大会上首次提出了人才是最宝贵最重要的资源这一重要论断。1997年10月24日,在接见出席第三届中美工程技术研讨会华人专家及会议代表的讲话中,他又一次指出,"人才是科技进步和经济社会发展最重要的资源"。随后针对一些地方对人才使用和培养不够,他再次强调,"人才资源的浪费,是最大的浪费","对人才培养的投入,是收益最大的投入"。②在此基础上,2001年8月7日,在北戴河同国防科技专家和社会科学专家座谈时,江泽民在人才资源是重要资源的基础上进一步阐发了"人才资源是第一资源"的思想,并号召全党要切实更新人才工作的思想观念。他说:"做好人才工作,首先要树立人才资源是第一资源的思想,克服见物不见人和重使用轻培养的倾向。"③

可见,正是从国际范围内把人才看做是国家强盛的最重要力量出发,随着我国改革的进一步深入和信息经济时代人才战略地位的凸显,

---

① 《江泽民文选》第3卷,第454页。
② 《江泽民论有中国特色社会主义(专题摘编)》,中央文献出版社,2002年版,第265页。
③ 《江泽民文选》第3卷,第319页。

江泽民提出了"人才资源是第一资源"的科学论断。

2. 提出人才资源是第一资源的国内外背景

任何科学思想的产生都是社会和时代发展的产物，都是社会实践在人主观世界中的反映。江泽民的"人才资源是第一资源"这一思想的产生，同当时复杂的国际、国内环境是分不开的，是对国际大势和国内大局的科学把握。

在农业经济时代，最重要的是自然资源；在工业经济时代，资本是最重要的资源；到了知识经济时代，掌握知识，拥有各项本领和技能的人成为推动经济社会发展最可贵和重要的资源。在知识经济的背景下，发达资本主义国家都基本上实现了从重视物质、重视资本到重视人的转变。从20世纪80年代开始，全球一体化日益明显，在此基础上，世界的人才状况也发生了很大变化，主要表现为：人才质量不断提高，人才数量大幅增长，人才流动日益增强。特别是经济全球化导致的人才流动成为各国在发展本国事务中异常关注的一个问题，人才竞争趋向激烈。美国不断加大网罗全球人才的力度，通过移民选才、资助留学生留才、重金挖才等一系列手段在全球拉开了人才争夺战，力图以人才优势继续保持其在世界范围内的政治、经济、科技、军事、文化等全面领先地位。与此同时，日本、德国、英国、法国等国家不甘示弱，也在全球范围内展开人才的争夺战，而广大发展中国家，由于历史、经济、文化、政治等多种原因和现实原因的综合，对这场全球范围内没有硝烟的人才争夺战显然准备不足。

就美国和中国之间的人才流动而言，有关数据统计，1985年以来，北京大学、清华大学涉及高科技专业的毕业生分别有76%和82%去了美国；在全世界的留美学生中，有60%的人留在美国；在留下来的人员中，又以中国留学生为多。有资料表明，美国为吸引和争夺优秀人才，专门为高级人才颁发H－IB签证，1990年美国颁发的签证共为6.5万个，1999年就增加到11.5万个，而给中国颁发的签证从1990年的600个猛增到1999年的6000个，短短10年就增加了10倍。改革开放以来出国留学的40多万人员中，到2003年仅有大约13万人回国。

以此同时,据有关数据显示,美国一流科技人才中,有1/4是美籍华人,众所周知的杨振宁、李振道、丁肇中、吴健雄、李远哲、陈省身、丘成桐、贝聿铭等科学家,都是美国人才大军中的突出者。

就在中国人的勤劳和智慧获得世界瞩目的情况下,我国国内所遭受的科技压力和人才压力却随着我国经济社会的全面发展而与日俱增。由全国科技进步统计系统检测课题组提供的数据表明,我国创造单位GDP所需要的科研人员是日本的3.68倍,是美国的4.48倍,换句话说,也就是中国的四五个科研人员才顶得上美国的一个科技人员。世界上有人按科学水平发展程度把各国划为"科学核心国"、"科学强国"、"科学大国"、"科学边缘国"、"科学不发达国"五个阶段,我国目前称"科学大国"都还勉强。国际人才竞争的另一变化就是随着社会的全面进步,人才主要由经济、科技领域内的竞争,转到政治、军事、文化、外交等全方位的竞争,有些国家已明确提出"人才主义"和"人才内阁"。一方面是国际人才的大量发展和国际人才竞争的日趋激烈,另一方面是我国各行各业的人才,特别是高尖端人才和领导人才的紧缺,而这一紧缺又严重影响和制约中华民族发展和复兴的进程;正是在此背景下,党中央怀着巨大的紧迫感提出了"人才资源是第一资源"的科学结论。

1989年春夏之交的"政治风波"刚刚过后,国外一些势力便别有用心地散布种种言论,称中国共产党不重视知识分子、打压知识分子等,产生了不少负面影响,一些海外知识分子也产生困惑。针对这种情况,江泽民本着我党对知识分子一贯的政策,以实事求是的精神表明了态度,他说:"我们一贯相信,广大的留学生和海外知识分子都是爱国的,对祖国有深厚的感情。他们中间许多人对祖国的建设和进步做出过贡献。相信他们今后还会这样做。"①江泽民同时代表党和国家表明,热烈欢迎广大知识分子回国建功立业,党和国家将为他们创造良好环境。江泽民的讲话和表态,说明我党从20世纪80年代开始就已经从世界领域的范

---

① 江泽民:《论社会主义精神文明建设》,中央文献出版社,1999年版,第325页。

围来看待知识分子,就已经有了争夺人才的紧迫理念了。1992年4月24日,在同出席中国科学院第六次学部委员大会的部分政协委员座谈时,江泽民明确指出:振兴科技,最重要的是人才。从这时起,江泽民更明确地把对生产力的关注,转移到对生产力的直接创造者的关注;把对教育的关注,直接转移到对教育的产品的关注;把对先进科学技术的关注,转移到对先进科学技术的创造者和掌握者的关注,总之,人才成了江泽民关注的核心和重点。

3. 人才资源是第一资源与科教兴国、人才强国

江泽民关于"人才资源是第一资源"的科学论断与科教兴国战略和人才强国战略是紧密相连的。就人才资源是第一资源与科教兴国而言,二者的理论来源和思想基础是一致的,都是对邓小平关于"科学技术是第一生产力"的科学观点的继承和发展。1977年8月8日,在《关于科学和教育工作的几点意见》中,邓小平明确提出中国要赶上世界先进水平,必须从科学和教育着手,否则四个现代化就成为一句空话。开始重视大力发展教育和科技,把教育和科技作为实现四个现代化的基础和支撑。

1992年10月12—18日中国共产党第十四次全国代表大会在北京举行,江泽民在报告中指出,必须把经济建设转移到依靠科技进步和提高劳动者素质的轨道上来。1995年5月6日,《中共中央国务院关于加速科学技术进步的决定》颁布,"科教兴国"战略首次提出。1996年,在八届全国人大四次会议上,"科教兴国"成为我们的基本国策。

综合以上论述可知,江泽民倡导的"科教兴国"的基本国策是在对科学技术重要性和教育的基础性地位的进一步认识基础上提出的。而对科技和教育重要性的认识,正是江泽民对知识经济时代"人才资源是第一资源"理论确立的基础。从这一角度来说,科教兴国战略的提出,本身就是与"人才资源是第一资源"密切相关的。正如江泽民所强调的:

"推动科技进步、技术创新,关键是人才。"①因为科技创新说到底还是人才创新能力的问题。江泽民还十分重视教育,提出教育要为我国现代化建设提供人才、智力储备,同时他还指出:"教育是一个系统工程……老师作为'人类灵魂的工程师',不仅要教好书,还要育好人,各个方面都要为人师表。"②这说明,教育培养人才,但同时教育的发展也需要人才。

可见,国家的兴旺发达依靠科技进步和经济的发展,科技进步和经济发展依赖人才的素质,人才需要教育来培养,而教育本身的发展需要人才的推动,所以"人才资源是第一资源"的思想与"科教兴国"是紧密相连和互相推动的。

随着江泽民的"人才资源是第一资源"思想的形成和"科教兴国"基本国策的确立,我国充分发挥地方教育和科技事业对经济的推动作用。1996年,国家科技领导小组成立。1998年5月,国务院办公厅转发了《关于进一步做好教育科技经费预算安排和确保教师工资按时发放的通知》,要求各级政府财政部门保证预算内教育和科技经费拨款的增长幅度高于财政经常性收入增长幅度。同年,国家科技教育领导小组成立。在此背景下,2002年5月,在中共中央、国务院印发的《2002—2005年全国人才队伍建设规划纲要》中,首次明确提出了"人才强国"战略。在此战略中,提出要进一步依靠教育培养和科技进步,努力把我国由人口大国变成人才大国。

(三) 创新是人才的本质属性——人才的标准论

人才的标准是一个政党和社会选拔、培养、使用人才的重要参照系。针对人才的选拔、培养、使用标准,毛泽东根据革命和建设的需要提出又红又专的标准,邓小平根据建设中国特色社会主义的实际继承和发展了毛泽东的人才标准,提出了有理想、有道德、有文化、有纪律的"四有"标准。在知识经济时代,江泽民继承了毛泽东、邓小平的人才标准并进一

---

① 江泽民:《论科学技术》,中央文献出版社,2001版,第155页。
② 《毛泽东邓小平江泽民论青少年和青少年工作》,中央文献出版社,2000年版,第329页。

步发展了他们的人才标准思想,特别是把创新作为人才的一项重要素质。

1. 创新作为人才本质属性的提出

江泽民对人才标准的思想首先是继承了邓小平的"四有"思想。江泽民在全国教育工作会议上的讲话中指出:"只有培养一代又一代有理想、有道德、有文化、有纪律的献身有中国特色社会主义事业的建设者和接班人,才能保证我们国家的长治久安。"① 2001年,在庆祝中国共产党成立八十周年大会上的讲话中,江泽民重申,发展社会主义文化的根本任务,是培养一代又一代有理想、有道德、有文化、有纪律的公民。

在继承邓小平"四有"人才标准的基础上,根据知识经济时代对人才素质的需求,江泽民发展了邓小平的"四有"人才标准,提出了人才的创新素质的重要性。江泽民对人才创新素质的要求是紧紧联系科技进步和国家发展来论述的,1995年,江泽民在全国科学技术大会上指出:创新是一个民族进步的灵魂,是国家兴旺发达的不竭动力,一个民族如果没有创新能力,就很难进入世界先进民族之林。1998年11月24日,他在俄罗斯新西伯利亚科学城的演讲又全面阐述了科技创新论,指出:在面对科学技术突飞猛进和知识经济迅速兴起的挑战中,坚持创新,最为重要。1999年,在全国技术创新大会上,他再次强调了上述观点。

江泽民之所以一再强调创新的重要性,一是由知识经济的特点决定的;二是因为江泽民把能否创新上升到关系国家安危和民族兴旺的高度来看待。1999年8月23日,在全国技术创新大会上,他郑重指出:"我国是一个发展中的社会主义大国,在一些战略性、基础性的重大科技项目上,必须依靠自己,必须拥有自主创新能力和自主知识产权。不能靠别人,别人是靠不住的。如果在这些方面我们不能尽快取得突破,一味依赖别人,一旦发生什么情况,我们就很难维护国家安全。"②

---

① 《毛泽东邓小平江泽民论教育》,中央文献、人民教育、北京师范大学出版社,2002年版,第247页。

② 《江泽民文选》第2卷,第396页。

既然创新对一个国家、民族如此重要,那如何才能创新呢？江泽民指出,创新的关键在人才。1998年6月1日,江泽民同志在会见中国科学院第九次院士大会、中国工程院第四次院士大会的部分院士和外籍院士时指出:"我国要跟上世界科技进步的步伐,必须千方百计加快知识创新,加快高新技术产业化。而创新的关键在人才,必须有一批又一批优秀年轻人才脱颖而出……科学技术的发展,社会各项事业的进步,都要靠不断创新,而创新就要靠人才,特别要靠年轻英才不断涌现出来。"①1999年8月23日,在全国技术创新大会上,他再次指出:"推动科技进步、技术创新,关键是人才。"②

国家的发展、民族的进步急需创新,创新主要依靠人才,所以人才的创新素质即创新的思想和能力成为江泽民人才标准的重要内容和本质属性。在党的十六大报告中,江泽民集中指出:创新是一个民族进步的灵魂,是一个国家兴旺发达的不竭动力,是一个政党永葆生机的源泉。

2. 创新型人才的主要标准:"五个成为"、"五个应该"

创新作为人才的重要标准,其重要内容主要体现在人才的创新精神和创新能力两个方面,"创新精神"是前提,"创新能力"是重点,创造性的劳动是实现途径。"创新精神"是一个人是否具有创新思维、勇于创新的内在精神品质;"创新能力"是一个人是否能够创新的实践指向和在实际工作中的综合体现,是决定一个人能否成为创新型人才的综合素质和实践层面。创新精神指导一个人的创新行动,创新能力决定一个人才社会劳动的价值大小。而不管创新精神还是创新能力,其创造社会价值的唯一途径都是创造性的脑力和体力劳动。

创新型人才的重要标准就是"五个成为"。2001年4月29日,在庆祝清华大学建校90周年大会上,江泽民向在座的大学生提出了"五个成为"的人才标准:成为理想远大、热爱祖国的人;成为追求真理、勇于创新的人;成为德才兼备、全面发展的人;成为视野开阔、胸怀宽广的人;成为

---

① 《江泽民文选》第2卷,第133—135页。
② 《江泽民文选》第2卷,第399页。

知行统一、脚踏实地的人。"五个成为"的人才思想与毛泽东的"又红又专"、邓小平的"三好"、"四有"人才标准是一脉相承的,而且更加清晰地勾勒出新形势下人才培养的目标和标准。从"五个成为"的人才标准来看,不是孤立地来谈"德"或"才",而是在现实生活中具体展现了新时期具备创新素质的德才兼备、全面发展的人才形象。同时,"五个成为"的人才标准也是对过去所有为祖国、人民事业作出过杰出贡献的各行各业人才共有的精神品质的集中概括,这一概括甚至突破了国家的界限,具备新时期世界人才的标准。

创新型人才的另一重要体现就是"五个应该"。江泽民谈"五个应该"是结合对党的高级干部的要求来阐释的,"五个应该"也可以说是党的高级创新人才的重要标准和要求。"五个应该"就是:一是应该具有坚定的政治信念,始终保持清醒的头脑,自觉坚持邓小平理论和党的基本路线,经得起各种风浪的考验;二是应该具有开阔的眼界,熟悉国情,了解世界,解放思想,实事求是,务实创新,开拓前进;三是应该具有宽阔的胸襟,讲党性,顾大局,模范执行民主集中制,公道正派,任人唯贤,善于团结同志一道工作;四是应该具有较强的领导能力,讲究领导艺术,审时度势,驾驭全局,善于协调各方面的力量;五是应该具有优良的作风,廉洁勤政,艰苦奋斗,谦虚谨慎,联系群众,真心诚意为人民谋利益。

与"五个成为"的人才标准一样,"五个应该"的人才标准从本质上来说,与"又红又专"、"三好"、"四有"的人才标准是一脉相承的,不过其表现得更为生动和具体。特别是在第二个应该中,明确把开阔的眼界和创新的精神作为党的高级干部的一条重要标准,体现了新时期知识经济的特点和经济全球化的特征。

3.创新型人才的实质是做到"三个代表"

创新是知识经济的显著特征,是科技进步的重要途径,也是新时期国家发展的不竭动力。创新的主体就是每个社会主义的劳动者和建设者,而创新的实质就是坚持做到"三个代表"。

创新型人才的实质是代表先进生产力的发展要求。创新依靠的是每个具体的人才,只有每个社会主义的建设者真正具备了创新精神和创新能力,并通过具体的创造性劳动切实推动社会生产力的发展,才能真正推动一个国家和社会的进步。社会主义的根本任务就是不断解放生产力、发展生产力,通过解放和发展生产力不断创造更多的物质财富以满足人们不断提高的物质需求。然而,每一次生产力的解放都意味着对旧有观念的突破和落后的生产关系的改革。所以,一个人是否具备创新的精神和能力,一个重要的标准就是他是否具备新思维,是否代表先进生产力的发展方向,而不是观念陈旧,代表落后生产力的发展状况。换句话说,一个人能通过自己的劳动实践不断突破旧有观念和落后生产关系的束缚,不断创造新的理念和思想,推动生产力向前发展,这本身就是一个创新型人才的重要体现。正如江泽民同志指出:"全党同志无论在什么岗位上,都要对自己所从事的工作经常加以检查和总结,看看是不是符合先进生产力的发展要求,符合的就毫不动摇地坚持,不符合的就要实事求是地纠正。"①

可见,考察新时期人才是否具有创新精神的一个重要标准就是看其劳动成果是否有利于社会主义社会生产力的发展。江泽民还指出:"不断提高工人、农民、知识分子和其他劳动群众以及全体人民的思想道德素质和科学文化素质,不断提高他们的劳动技能和创造才能,充分发挥他们的积极性主动性和创造性,始终是我们党代表中国先进生产力发展要求必须履行的第一要务。"②这从另一个角度说明,培养新时期创新人才的重要标准,就是要培养他们代表中国先进的生产力的发展能力。

创新型人才的实质是代表先进文化的前进方向。一个民族和国家的发展不仅仅是物质的发展和丰盛,还包括精神文明的发展和繁荣。特别是中国加入世贸组织以后,伴随着经济的全球化,经济、文化、政治已经日益融为一体,成为综合国力的重要体现。同时,经济与文化互为推动和促进,经济繁荣为文化的发展提供物质基础,文化的发展为经济繁

---

① 江泽民:《论"三个代表"》,中央文献出版社,2001年版,第153页。
② 江泽民:《论"三个代表"》,中央文献出版社,2001年版,第156页。

荣提供智力支撑和正确方向。因此,新时期的创新人才不仅要能够代表先进生产力的发展要求,还要代表先进文化的前进方向。换句话说,一个真正的新时期创新人才必然既代表先进生产力的发展要求,又代表先进文化的前进方向。因为,先进文化与先进生产力是融为一体、不可分割的。没有脱离先进文化的先进生产力,也很少有脱离先进生产力的先进文化。就我国来说,创新人才的实质既然是代表社会主义先进生产力的发展要求,就必然要代表社会主义先进文化的前进方向。文化的实质是价值观,不具有一种先进的价值观,就很难突破固有的观念和思维,也就很难摆脱旧有生产关系的束缚,就谈不上代表先进生产力。同样,作为社会主义劳动者,如果能代表先进文化的前进方向,具备先进的价值观,就能突破旧有观念和思维的束缚,就有可能通过自身的创造性劳动,打破旧有生产关系的束缚,代表先进生产力的发展。

正如江泽民指出:"发展社会主义文化的根本任务,是培养一代又一代有理想、有道德、有文化、有纪律的公民。"[①]这表明,能否培养出合格的"四有新人",是衡量社会主义文化建设是否成功的标志;同时也说明,新时期人才尤其是党员干部争取成为"有理想、有道德、有文化、有纪律"的合格公民,是衡量其是否合格的前提。江泽民提出的"有理想、有道德、有文化、有纪律"的标准同其创新人才的内涵是一致的,"四有"、"五个成为"、"五个应该"都是新时期创新人才的主要内容。江泽民同志的话可以总结为两点:发展社会主义先进文化离不开新时期创新人才;新时期创新人才的标准和实质之一就是代表先进文化的前进方向。

创新型人才的实质是代表最广大人民的根本利益。一个国家和社会发展经济和文化的最终目的不是为了发展而发展,而是为了满足人们日益增长的物质文化需求。我国现在还处于社会主义初级阶段,我国社会的主要矛盾依然是人民日益增长的物质文化需求和社会生产不足的矛盾。我们党作为无产阶级政党,其宗旨就是全心全意为人民服务,而

---

① 江泽民:《论"三个代表"》,中央文献出版社,2001年版,第158—159页。

不能有任何私利。作为社会主义新时期的创新人才,其代表先进生产力的发展要求和先进文化的前进方向的最终落脚点,不是先进生产力和先进文化本身,其最终的实质性目的是为了代表最广大人民群众的根本利益。由于人民群众的物质文化需求是随着时代的发展不断提高的,或者说,正是人民群众不断提高的物质文化需求直接推动了科技、社会的发展和历史的进步。因此,我们党要真正代表百姓的利益,满足人们的需求,就必须不断创造出更丰富的物质和精神财富,必须代表先进生产力和先进文化的发展。同样,作为新时期中国特色社会主义的劳动者和建设者,也必须通过代表先进生产力和先进文化的发展,来最终代表最广大人民的根本利益。

正如江泽民同志在2000年2月20日出席广东省高州市领导干部"三讲"教育会议上所言:"每一个领导干部都应好好想一想,参加革命是为什么?现在当干部应该做什么?将来身后应该留点什么?"他还进一步强调:"所有党员干部必须真正代表人民掌好权、用好权、而绝不允许以权谋私,绝不允许形成既得利益集团。"江泽民是从领导干部的角度来谈新时期的干部标准的,那就要代表最广大人民群众的利益,能代表人民利益的干部就是好干部。代表人民群众的利益不是一句空话,不仅要有服务人民的理念和思想,更要有服务人民的行动和能力,这种能力就必须要用创新的精神和创新的能力,去解决新时期实际工作中诸多纷繁复杂的困难和矛盾。因此,代表广大人民群众的利益,最终还是落在领导干部解决问题所具备的创新精神和创新能力上来,同样领导干部的创新精神和能力最终是要落实在代表最广大人民群众利益上来。对于领导干部如此,对于新时期中国特色社会主义的劳动者和建设者来说,也是一样。

4. 创新型人才的理论体系与"四个尊重"

创新作为知识经济时代人才的本质属性,既是由知识经济时代的特点所决定的,也是知识经济时代国家快速发展和国际激烈竞争所导致的。"创新"作为知识经济时代中国特色社会主义的人才的本质属性并不是一个孤立的概念,而是一个系统的理论体系。

创新作为新时期人才的本质属性,其理论体系的系统性主要表现在党的十六大上江泽民提出的"四个尊重",即"尊重劳动、尊重知识、尊重人才、尊重创造"。就创新型人才来说,创新的主体是人才,创新的动力是知识,创新的途径是劳动,创新的特质是创造。

创新的主体是人才。创新是知识经济的特征和要求,创新也是信息化时代国家发展、国与国竞争的重要途径。特别是科技的创新对一国经济的推动和综合国力的提升有着巨大的推动、引领作用。二战后,无论是美国的快速发展,还是德国、日本的飞速崛起,都与科技的发展和创新有着密不可分的联系,而往往是一个科技问题的突破导致一系列领域的快速推进。然而,再先进的技术都是由人来掌握的,无论是美国还是德国、日本的崛起,说到底都是他们拥有了一大批世界一流的人才。我国目前是人力资源大国,但还远不是人才资源大国,知识经济的到来,依靠科技进步和劳动者素质的提升来发展经济的趋势日益明显。可以说,谁拥有了世界一流的人才,谁就拥有了世界一流的竞争力。这一理念在我们党内逐渐形成了共识,正如江泽民同志所说:"我国要跟上世界科技进步的步伐,必须千方百计加快知识创新,加快高新技术产业化。而创新的关键在人才,必须有一批又一批优秀年轻人才脱颖而出……科学技术的发展,社会各项事业的进步,都要靠不断创新,而创新就要靠人才,特别要靠年轻英才不断涌现出来。"①

正是认识到创新的主体关键是人才,所以我们党对创新型人才的培养高度重视,具体体现为以下五个方面的人才培养。

一是领导干部的培养。江泽民指出:"必须抓紧造就大批高素质的、善于治党治国治军的领导干部和各方面人才。这一点做好了,我们就能'任凭风浪起,稳坐钓鱼船'。"②江泽民强调的领导干部不仅仅只是党委和政府系统中的公务人员,而是一个有机的系统,包括党政干部、企业干

---

① 《江泽民文选》第 2 卷,第 133—135 页。
② 《江泽民论有中国特色社会主义(专题摘编)》,中央文献出版社,2002 年版,第 662 页。

部、科技干部等多个领域。他指出:"我们建设的高素质干部队伍,就是由具有社会主义政治家素质的领导骨干带领的德才兼备的干部队伍。这应当是一支包括党政干部、企业经营管理干部、科学技术干部和其他战线干部组成的宏大队伍。"①

二是青年人才的培养。他说:"我国改革开放和现代化建设正在不断向前发展,继续促进干部队伍和各种专业人才队伍的年轻化十分重要。"②由于领导干部在中国特色社会主义事业中占有重要地位,所以江泽民非常重视青年领导干部的培养,他指出:"一批批优秀中青年领导干部茁壮成长,才能得到充分发挥,我们的事业才有不断成功的把握。"③正是对青年人才的高度重视,所以江泽民多次到北大、清华等高校视察,并发表了许多关于青年成才的重要言论。

三是军事人才的培养。"冷战"结束以后,虽然世界由对抗转为合作,和平与发展成为世界的主题,但是不稳定的因素依然很多,霸权主义和强权政治依然存在,以现代化的军队为中国特色社会主义事业保驾护航依然十分重要。因此,江泽民对现代化军事人才的培养也非常重视。他说:"人才是兴军之本,必须把培养和造就大批高素质人才作为军队现代化建设的根本大计来抓。"④出于现代国防发展的需要,他还强调要培养一大批政治觉悟高、掌握现代军事技术、懂得现代战争的优秀军事人才。

四是自然科学领域人才的培养。1996年5月27日,江泽民在中国科协第五次代表大会上提出,到20世纪末和21世纪初,要在我国理、工、农、医及交叉学科和高新技术领域中,重点培养和造就"三支队伍",即一支能够进入世界科学前沿的科学家队伍,一支具有技术创新能力、能够不断攻克经济建设和社会发展中各种复杂难题的工程技术专家队

---

① 江泽民:《论党的建设》,中央文献出版社,2002年版,第220页。
② 江泽民:《论科学技术》,中央文献出版社,2001年版,第111页。
③ 江泽民:《论"三个代表"》,中央文献出版社,2001年版,第43页。
④ 《江泽民论有中国特色社会主义(专题摘编)》,中央文献出版社,2002年版,第460页。

伍,一支学有所长并具有突出领导才能的科技管理专家队伍,组成我国现代化事业所需要的科学技术大军。江泽民所提出的"三支队伍",构成了一个完整的高端人才体系。2001年6月22日,在中国科协第六次全国代表大会上,江泽民进一步充分肯定了科技人才在祖国建设中的积极作用,并号召在新世纪的征程上,继续高度重视和充分发挥科技工作者的作用,充分发挥科技工作者创造性、主动性和积极性,在祖国现代化建设的舞台上大显身手。他希望广大科技工作者肩负起推进科技进步和创新的历史责任,为把祖国建设成为富强、民主、文明的社会主义现代化国家而不断贡献聪明才智。

五是重视哲学社会科学人才的培养。随着经济的全球化,经济、政治、文化日益融为一体,成为一国综合国力的重要体现。文化更是在经济、军事的硬实力背后,成为一国重要的软实力。江泽民充分认识到,新时期的文化软实力对一国综合国力的重要性,因此,在加强自然科学领域人才培养的同时,同样非常重视社会科学领域人才的培养。他指出:"当今世界,各种学科的综合化趋势日益深入,自然科学和社会科学相互结合、相互促进明显增强。可以说,在认识和改造世界的过程中,哲学社会科学与自然科学同样重要;培养高水平的哲学社会科学家,与培养高水平的自然科学家同样重要。"[①]正是基于这样的认识,江泽民提出要加强三批哲学社会科学人才的建设。一批用马克思主义武装起来、立足中国、面向世界、学贯中西的思想家和理论家;一批是理论功底扎实、勇于开拓创新的学科带头人;还有一批是年富力强、政治和业务素质良好、锐意进取的青年理论骨干。此外,2001年8月7日,江泽民在北戴河同部分国防科技专家及社会科学专家座谈时;2002年4月28日,在考察中国人民大学时;2002年7月16日,在中国社会科学院建院25周年座谈会上,对社会科学的重要性作了多次强调。

创新的动力是知识。2001年6月22日,在中国科协第六次全国代

---

① 《江泽民论有中国特色社会主义(专题摘编)》,中央文献出版社,2002年版,第275页。

表大会上,江泽民提出一要依靠科技创新,实现生产力发展的跨越;二要鼓励原始性创新,努力攀登世界科学高峰。胡锦涛后来把创新又进一步分为原始创新、集成创新和引进消化吸收再创新。创新的主体当然是各级各类人才,然而作为创新主体的人才,其创新源源不断的动力主要来自知识。

知识是人类的认识成果,来自社会实践,又在社会实践的世代延续中不断积累和发展。知识初级形态是经验知识,高级形态是系统科学理论。按其内容可分为自然科学知识、社会科学知识和思维科学知识。哲学知识是关于自然、社会和思维知识的概括和总结。而作为创新型人才,其重要的是获得知识的高级形态——系统的科学理论。知识的获得方式可区分为直接方式和间接方式。而大多数人才在一开始都必须接受间接知识的传授,学习知识的初级形态——经验知识。这种学习最主要的就是学校教育。正是基于此,以江泽民为核心的第三代中央领导集体同样非常重视教育的基础性作用。

1994年6月14日,江泽民在全国教育工作会议上指出:"在我们这样一个有近十二亿人口、资源相对不足、经济文化比较落后的国家,依靠什么来实现社会主义现代化建设的宏伟目标呢?具有决定性意义的一条,就是把经济建设转到依靠科技进步和提高劳动者素质的轨道上来,真正把教育摆在优先发展的战略地位,努力提高全民族的思想道德素质和科学文化素质。这是实现我国现代化的根本大计……只有把教育搞上去,才能从根本上增强我国的综合国力,才能在激烈的国际竞争中取得战略主动地位。"①1995年5月26日,在全国科学技术大会上,江泽民正式提出了"科教兴国"战略。2000年2月1日,在中央政治局常务委员会会议上,江泽民再次强调对教育的重视和青少年的思想教育问题。2002年9月8日,在参加北京师范大学建校100周年大会上,江泽民更加清晰地表达了教育对培养创新型人才和建设创新型国家的重要性。

---

① 《江泽民文选》第1卷,第369—370页。

他说:"各国之间的竞争,说到底,是人才的竞争,是民族创新能力的竞争。教育是培养人才和增强民族创新能力的基础,必须放在现代化建设的全局性战略性重要位置……这是实现中华民族伟大复兴的必然要求,也是我国社会主义教育事业的历史任务。"①

创新的途径是劳动。劳动是人类对外输出劳动量或劳动价值的运动,是创造物质财富和精神财富的活动,劳动也是人维持自我生存和自我发展的唯一手段。按照传统的劳动分类理论,劳动可分为脑力劳动和体力劳动两大类。无论是体力和脑力劳动,人类的一切活动(经济活动、政治活动与文化活动)在本质上都是价值的运动,都是各种不同形式的价值不断转化、不断循环、不断增值的过程。可以说,劳动是创造价值的唯一源泉。从这一意义上来说,不管是何种形式的创新活动都必须通过人的劳动来进行,没有人类的劳动,一切创新都不可能实现。

作为建设中国特色社会主义的各级各类人才,其创造性能力的实践必须通过其创造性的劳动来进行,只有通过其创造性的脑力劳动或创造性的体力劳动才能推动我国科技的进步、经济的繁荣和国家的发展。没有创新型的脑力和体力劳动,新时期创新型人才的作用就无法体现和发挥,就无法转化为现实的生产力和推动力。劳动是创新型人才服务祖国和人民的唯一途径。

然而,由于种种复杂的原因,在整个社会上对劳动曾经有着不科学的认识和看法,一是否认脑力劳动也是劳动,二是看低体力劳动。马克思、恩格斯早就指出,劳动本身就包含体力和脑力两种劳动。然而新中国成立后,特别是中共八大以后,由于对国内阶级斗争的估计过于严重,导致阶级斗争扩大化,否认了脑力劳动也是劳动,认为从事脑力劳动的广大知识分子是资产阶级,应该进行革命,从而导致了十年"文化大革命",大批知识分子遭到批斗和迫害。党的十一届三中全会以后,邓小平推翻了"两个凡是"的错误论断,并消除了"两个估计"的错误认识,重新

---

① 《江泽民文选》第3卷,第499页。

恢复我党的马克思主义劳动观。脑力劳动也是劳动,知识分子是工人阶级的一部分,在整个社会重拾对知识的尊重,对知识分子的尊重,从而调动起广大知识分子建设中国特色社会主义的热情。改革开放以后,随着社会主义市场经济的深入发展,现代企业制度的建立,国有企业的深入改革,一大批工人下岗失业,同时由于城乡二元经济体制的存在,相对于城市的飞速发展,农村、农民、农业的"三农"问题日益严峻。因此,作为曾经引以为自豪的从事体力劳动的工人和农民受到轻视,认为他们的劳动比较低级,社会地位低。

不管是否认知识分子为主的脑力劳动,还是看低工人、农民的体力劳动,这两种观点都是错误的,脑力劳动和体力劳动只有分工不同,没有贵贱之别,更何况在某种程度上来说,体力劳动和脑力劳动是浑然一体、不可分割的。在知识经济时代,创造性的劳动既离不开复杂的脑力劳动,也同样离不开体力劳动,更多的时候是体力劳动和脑力劳动相互配合并融为一体,否则就很难有效进行复杂的创造性劳动。对此,以江泽民为核心的领导集体有着清醒的认识。江泽民曾说:"不论是体力劳动还是脑力劳动,不论是简单劳动还是复杂劳动,一切为我国社会主义现代化建设作出贡献的劳动,都是光荣的,都应该得到承认和尊重。"[①]这显示了我们党在新时期对劳动的科学态度。党的十六大报告进一步指出:一切合法的劳动收入和合法的非劳动收入,都应该得到保护;要放手让一切劳动、知识、技术、管理和资本的活力竞相迸发,让一切创造社会财富的源泉充分涌流。在这里,劳动的内涵被进一步扩大到科技劳动、管理劳动,等等,只要创造了财富,都是社会主义倡导的新型劳动,从而使创造物质、精神财富的途径更加通畅。

创新的特质是创造。创新是以新思维、新发明和新描述为特征的一种概念化过程。它起源于拉丁语,它原意有三层含义:第一,更新;第二,创造新的东西;第三,改变。创新是人类特有的认识能力和实践能力,是

[①]《中共十三届四中全会以来历次全国代表大会中央全会重要文献选编》,中央文献出版社,2002年版,第662页。

人类主观能动性的高级表现形式,是推动民族进步和社会发展的不竭动力。一个民族要想走在时代前列,就一刻也不能没有理论思维,一刻也不能停止理论创新。也就是说,创新既是一个理念的问题,也是一个实践的问题,但主要还是侧重于理念和思维。

创造是指人们运用科学的原理和方法,不断创造出新的适合人类需求的各种精神、物质产品。创造主要指三类:一指发明即制造前所未有的物品;二指制造、建造某种物品;三指创作,如撰写文章或创作文艺作品等。所以,创造本身蕴含有一种创造力!其侧重的就是一种在创新型思维指导下的一种创造性实践。这种创造性实践是创造性理论和思维直接指导的结果,且这一创造性实践在特质上与指导这一创造性实践的创新型理论、思维的特质完全吻合。所以,我们说创新的特质是创造,或者说创造本身用实践体现了创新的特质,是创造用具体的形式和成果来承接了创新的理念。概括来说就是:具体的创造表现了抽象的创新。

我国对创新的重视和研究是随着社会主义市场经济的发展而逐步推进的,其中在 20 世纪 80 年代开展了技术创新方面的研究,当时主要集中应用在经济和企业领域。进入 21 世纪,在信息技术推动下,知识社会的形成及其对技术创新的影响进一步被认识,科学界进一步反思对创新的认识:技术创新是一个科技、经济一体化过程,是技术进步与应用创新"双螺旋结构"(创新双螺旋)共同作用催生的产物,而且知识社会条件下以需求为导向、以人为本的创新 2.0 模式进一步得到关注,人成了创新研究的主体和核心。对此,我们党有着清醒的认识。1998 年 6 月 1 日,江泽民在会见出席中国科学院第九次院士大会、中国工程院第四次院士大会的部分院士和外籍院士时说道:"迎接未来科学技术的挑战,最重要的是要坚持创新,勇于创新……我国要跟上世界科技进步的步伐,必须千方百计加快知识创新,加快高新技术产业化。而创新的关键在人才。"[①]可见,我们党把创新的理念应用于科技领域的技术创新,用科技

---

① 《江泽民文选》第 2 卷,第 132—133 页。

领域的创新技术创造出经济的飞速发展,真正把创新的理念落实到了创新的实践。用科技的进步、经济的发展的生动实践,表现了创新理念对现实生产力的有力推动。同时,随着知识经济的发展,我们党已经把重心从科技的创新转移到对创新人才的培养上来,通过培养大量创新型人才来表现新时期的创新精神和理念,抓住了创新的实质和根本。

(四)尊重劳动、尊重知识、尊重人才、尊重创造——人才的环境论

2001年8月,江泽民提出"人才资源是第一资源",2002年5月,党提出人才强国战略,2002年11月8日至14日,在党的十六大上,江泽民进一步发展了党的人才观,提出了四个尊重,即"尊重劳动、尊重知识、尊重人才、尊重创造"。"四个尊重"是在邓小平关于"尊重知识、尊重人才"论断基础上的进一步发展,为人才的成长、培养和创造性工作提供了良好的社会环境,同时也标志着我党在新形势下对人才观念认识的进一步深化。

1. 人才成长的社会环境进一步优化

"四个尊重"人才思想的提出,进一步发展了邓小平的"两个尊重"的人才思想,为人才的成长、培养,为人才的创造性劳动提供了良好的社会环境。人才成长、培养和创造性劳动的良好社会环境主要体现在两个方面:一是人才成长的社会观念环境;二是人才成长的社会制度环境。

第一,大力营造有利于人才成长的社会观念和氛围。

一个尊重知识、尊重人才的良好社会风气既是激发每一个社会成员成长成才的内在动力,又为每一个社会成员的成长成才创造了良好的社会环境。"文化大革命"期间,对知识分子的打击和迫害,特别是"知识无用论"、"知识越多越反动"、"知识分子是臭老九"等错误言论,确实延误了一代人的成才,并在社会上造成了贬低知识分子、看轻知识的恶劣影响。十一届三中全会以后,在邓小平拨乱反正下,否定"两个估计",提出"尊重知识、尊重人才",并亲自主抓教育和科技。通过一系列的举措,大

大扭转了人们对知识的看法,重新恢复对知识的尊重。然而,随着社会主义市场经济改革的深入,又出现了两种新的倾向,一是看轻工人、农民的体力劳动,二是随着高等教育的扩招和改革,大学毕业生毕业分配制度的取消,社会上看轻知识的观念又有所抬头,特别是在经济落后的农村。

针对以上情况,一方面要在社会上进一步宣传知识的重要性、人才的重要性;另一方面要在提倡创造性劳动的同时,引导人们正确地看待各类劳动者的平等劳动。以江泽民为核心的新一代领导集体正是这么做的。江泽民同志在多种场合大力倡导对知识的尊重,对人才的尊重,对劳动的尊重,对创造的尊重,从而在整个社会形成一个各级各类人才成长的良好社会舆论环境。2001年8月7日,江泽民在北戴河专家座谈会上的讲话指出:"尊重知识,尊重人才,是党的知识分子政策的核心。创造宽松和谐的环境,有利于创新人才的涌现。应针对专业技术人才的成长和工作特点,努力营造一种尊重特点、鼓励创新、信任理解的良好环境。"①他进一步阐释:"形成一个拴心留人的环境,培育一个争先创新的氛围,使优秀人才脱颖而出,发挥才干。"②

可见,江泽民是十分重视人才培养和成长的良好社会氛围和舆论环境的。2002年11月8日,在党的十六大报告中,江泽民完整地阐释了他对劳动的理解以及"四个尊重"的人才思想。他说:"必须尊重劳动、尊重知识、尊重人才、尊重创造,这要作为党和国家的一项重大方针在全社会认真贯彻。不论是体力劳动还是脑力劳动,不论是简单劳动还是复杂劳动,一切为我国社会主义现代化建设作出贡献的劳动,都是光荣的,都应该得到承认和尊重。"从而在整个社会树立了正确的劳动观、人才观。

以江泽民为核心的党中央不仅这样说了,而且在实际工作中做了一系列工作,在整个社会中起到了良好的榜样示范作用。

一是带头尊重人才。1998年以来,党中央、国务院连续四年邀请知

---

① 《江泽民文选》第3卷,第320页。
② 江泽民:《论"三个代表"》,中央文献出版社,2001年版,第68页。

识分子代表到北戴河休假。其中,1998年邀请了20名科学家和34名优秀教育工作者到北戴河休假,江泽民等中央领导同志亲切会见了休假代表。1999年,邀请了51名卫生系统和计划生育系统的知识分子到北戴河休假。2000年,邀请了49名文艺界优秀工作者到北戴河休假,李岚清同志与49名代表进行了座谈,江泽民等中央领导同志与休假代表进行了联欢。2001年,邀请了30名国防科技和20名社会科学专家到北戴河休假,中央领导同志集体会见了他们,江泽民在座谈会上发表了重要的"八七"讲话。这些实际行动充分体现了党对知识分子和人才工作的高度重视,也在党内和社会上形成了良好的风尚和氛围。

二是号召信任人才,宽容失败。江泽民认为,信任是对人才的最大尊重,信任是对人才的最大支持,从而可以激发人才的内在巨大动力。他说:"信任是人才发挥作用、激发创新能力的重要条件。信任是最大的尊重和爱护。"①因此,他号召整个党内和社会用人单位要信任人才,放手让知识分子和各级各类人才大胆开展工作。人才的创新型劳动难免有所失误,很多创新成果正是在一次次失误中创造出来的。因此,江泽民还号召整个社会要宽容失败,为人才的创新型活动提供更大的发展和生存空间。对于一些专业性更强的科技等专业部门,他还专门提出要特殊对待,提供更为宽松的环境。他说:"应针对专业技术人才的成长和工作特点,努力营造一种尊重特点、鼓励创新、信任理解的良好环境。""既要考虑大多数、普遍性的要求,也要考虑重点领域、特殊部门对创新人才成长的要求。"②

三是要求各级党委、政府积极支持人才。以江泽民为核心的党中央深知,人才工作是全国一盘棋,没有各级党委、政府的支持,党的人才思想和政策是无法真正落实的。因此,以江泽民为首的党中央对各级党委和政府关于对人才的支持提出了明确的要求,从而为人才的成长创造了良好的社会环境。他要求:"各级党委和政府都要着眼于党和国家事业

---

① 《江泽民论有中国特色社会主义(专题摘编)》,中央文献出版社,2002年版,第260页。
② 《江泽民论有中国特色社会主义(专题摘编)》,中央文献出版社,2002年版,第260页。

的长远发展和人才的总体需要,紧紧抓住培养人才、吸引人才、用好人才三个环节,大力实施人才战略。"①"为使各类科技人才充分发挥作用,各级党委和政府要始终信任、关心和爱护他们,努力为他们提供适宜的工作条件和生活条件。还要采取有效措施,促进全社会进一步形成尊重科学、尊重知识、尊重人才的良好风尚。"②2002年,在中纪委第七次全体会议上,他再次要求各级领导干部"要有爱才之心,识才之智,容才之量、用才之艺"。

第二,大力建设有利于人才成长的制度环境。

一个社会普遍尊重知识、尊重人才,当然为人才的成长提供良好的氛围和环境。然而理念和思想的重视只是一个良好的前提和基础,一个社会要想真正落实重视人才的思想,必须有一套行之有效的规章制度,以保证重视人才成长的思想在现实社会中得到切实的落实。正如1978年12月13日,邓小平在《解放思想,实事求是,团结一致向前看》一文中指出:为了保障人民民主,必须加强法制。使民主制度化、法律化,使这种制度和法律不因领导人的改变而改变,不因领导人的看法和注意力的改变而改变。新时期干部和人才的培养,也必须制度化、规范化,这样才能真正有利于人才队伍的长期建设。

改革开放初期,对干部的规范化和制度化建设做了大量的工作。如恢复高考的人才选拔制度,恢复教育、科技部门的职称评审制度,实行青年干部选拔制度,实行领导干部退休制等,为当时党的人才规范化建设作出了积极贡献。随着社会主义市场经济的深入发展,随着社会主义民主与法制的不断完善,新的时期江泽民对党的人才和干部工作做了大量的规范化和制度化建设,使党的人才政策走上了更加完善和规范化的道路。2001年8月,在北戴河同国防科技和社会科学专家座谈时,江泽民郑重指出:"要探索更加灵活的工作思路。适应当今人才竞争具有国际化趋势的特点。借鉴国外人才资源开发的有益经验,开拓工作渠道和手

---

① 《江泽民论有中国特色社会主义(专题摘编)》,中央文献出版社,2002年版,第261页。
② 江泽民:《论科学技术》,中央文献出版社,2001年版,第255页。

段,扩大工作覆盖面,形成更为灵活的人才管理体制……加强人才中介机构和科技服务在人才开发中的作用。要完善开放、灵活的人才市场配置机制,打破单位、部门壁垒,鼓励人才合理流动……在发挥市场配置人才资源基础性作用的同时,加强党和政府的宏观调控。"① 可见,江泽民对新时期人才制度的规范和人才机制的建设是紧密联系当时社会经济发展状况的,是为了满足市场经济的人才需求而积极规范、建设的。

在党的十六大报告中,江泽民更是把努力形成广纳群贤、人尽其才、能上能下、充满活力的用人机制视做深化政治体制改革的一项重大任务。他说:"要完善开放、灵活的人才市场配置机制,打破人才部门、单位壁垒,鼓励人才合理流动,培养形成与其他要素市场相贯通的人才市场,建立人才结构调整与经济结构调整相协调的动态机制。"

与上面一系列的思想理论相适应,对党内干部的选拔和考核也进一步规范。1993 年 8 月 14 日,国务院公布《国家公务员暂行条例》,在党中央和国务院的领导下,一个符合中国国情的、具有中国特色的社会主义国家公务员制度诞生了。1995 年颁布的《党政领导干部选拔任用工作暂行条例》,在规范干部选拔任用工作,防止和纠正用人上的不正之风,建设高素质党政领导干部队伍等方面发挥了重要作用。2002 年 7 月 9 日,在《党政领导干部选拔任用工作暂行条例》的基础上修订的《干部任用条例》,进一步贯彻了中央对干部选拔任用工作的新要求,吸收了干部人事制度改革的新成果,特别是注重从源头上对预防和治理用人上的不正之风做了有效规定。《干部任用条例》的颁布和实施,对于建立健全科学的干部选拔任用机制和监督管理机制,推进干部工作的科学化、民主化、制度化,对于形成朝气蓬勃、奋发有为的领导集体,保证党的基本路线的贯彻执行,保证党的事业的兴旺发达和国家的长治久安,起到了十分重要的作用。与《党政领导干部选拔任用条例》同时期颁布的《党政领导干部选拔任用工作监督检查办法》,切实加强和规范了对党政领

---

① 《江泽民文选》第 3 卷,第 320 页。

导干部选拔任用工作的监督检查,对党政领导干部选拔任用工作全过程进行监督,受理有关党政领导干部选拔任用工作的举报、申诉,制止、纠正违反党政领导干部选拔任用工作有关规定的行为,并对有关责任人做出处理或者提出处理意见,坚决防止和纠正选人用人上的不正之风。这一系列规章制度的颁布,对党员领导干部考核制度与方法做了明确的规定,对新时期人才的考核方法、程序做了很好的规范,极大地保障了新时期人才选拔与任用的客观性与公允性,大大提高了新时期人才选拔任用的规范性和制度性,也进一步促进和发展了我党的人才思想和人才工作,为新时期人才的成长提供了良好的制度环境。

2."四个尊重"对党的人才思想的进一步发展

江泽民在邓小平"两个尊重"的基础上,又增加了两个尊重,即尊重劳动,尊重创造。这是对邓小平人才理论的继承和发展,也是在新的历史条件下,对我国人才工作实践的不断总结和发展,具体表现在以下两个方面。

一是对劳动内涵的拓展和对人才外延的扩大。

马克思主义告诉我们,是劳动创造了世界,也是劳动创造了人本身,人是劳动的主体,知识是人类在劳动中的提炼和总结,而创造则是最高层次、最为复杂的劳动,是人类主观能动性的最大限度发挥,其蕴含的价值也高于一般劳动。工人、农民和知识分子由于社会分工的不同而形成了一个社会中各具特点的不同人群。在现代社会,工人、农民和知识分子作为一个社会履行共同责任和义务而存在的公民,不管是从法律角度还是从道义上来说,他们都是平等的。然而,新中国建立后,由于我党对知识分子的性质认识不清,在"左"倾思想不断抬头的情况下,我党一直存在对知识分子不够信任,甚至不断打击的状况,最严重的就是十年"文化大革命"对知识分子的摧残和迫害,知识分子被作为无产阶级革命的对象——资产阶级来看待。于是,同作为一国劳动者的工人、农民与知识分子,地位却有天壤之别。工人阶级和农民阶级享受着较高的政治待遇并对知识分子进行改造,人为地造成我国知识分子和工人、农民相分离,有时甚至对立。即使在工人阶级和农民阶级内部,工人的地位也明显比农民高,一直延续到20世纪90年代初的工人"顶职"(父亲退休,儿子继任)和城市户口,就是工人比农民社会地位优越的证明。这样,三个不同身份的人群在国家和现实生活中的地位是不相同的,特别是知识分子与农民和工人差距最大。十一届三中全会以后,基于社会主义现代化建设的需要和对知识分子的正确认识,邓小平领导了拨乱反正,推翻了"两个估计"对知识分子的错误判断,重新恢复"知识分子是工人阶级一部分"的科学判断,并亲自分管教育、科技,在全社会弘扬"尊重知识,尊重人才"的理念,一大批知识分子重新走上了领导岗位和重要的科研、教学岗位。从十一届三中全会起,知识分子在我国的社会地位逐渐提升,并很快超过了工人和农民。随着我国改革开放的深入、社会主义市场经济的不断完善,特别是世界进入知识经济时代,知识分子的作用日益突出,而伴随着市场竞争的残酷,大批企业倒闭,大量工人失业;与此同时,由于长期支持城市发展工业所形成的剪刀差,造成中国的"三农"问题日益严重,农村落后,农民贫穷,农民和工人成了新时期的弱势群体。虽然在政治地位上,工人、农民和知识分子是平等的,但在经济生活和人们的观念中,知识分子的地位要比工人和农民高得多。于是,又造成了新的不平等,由这种不平等引发了诸多问题。一个明显的现实是:没有工人和农民的积极参与,中国特色社会主义的现代化就不可能完成;不解决工人和农民的贫困问题,我国就不可能真正走向富裕和繁荣。

如何才能打破我国历史上知识分子、农民、工人相互不平等,甚至相对立的怪圈,使知识分子、工人、农民等紧密团结,共同推动国家经济的发展与社会全面进步呢?江泽民尊重劳动的概念就是在这样的背景下提出的。过去,我们把劳动的概念理解得很窄,认为劳动就是工人做工、农民种地,也就是说劳动仅被看做是体力活,苦差事。党的十六大以后,把所有直接地、间接地从事物质生产或精神生产的工作,均看做是劳动,这样就大大扩展了劳动的内涵和范畴。由此可见,不仅知识分子的工作被看做是劳动,一切从事物质或精神生产的工作都是劳动。从这一理解出发,企业家、艺术家、科技工作者、教育工作者、工人、农民以及自由职业者,甚至在我国工作的外国人员,只要是从事有利于我国发展的物质和精神生产活动,都是社会主义的劳动者,都应该获得尊重。正如党的十六大所规定,允许和鼓励一部分人通过诚实劳动和合法经营先富起来,允许和鼓励资本、技术等生产要素按贡献参与分配。

党对劳动内涵的扩大,从另一个角度就是对人才内涵的拓展,因为人才的本质也是通过劳动为社会作出贡献,所以党对劳动内涵的扩大,表明党对人才的关注已不仅仅是知识分子。对于这一点,江泽民有明确表述,他说:"要十分重视从工人、农民和其他劳动者中选拔科技人才和各类专业技术能手","要不断拓宽选拔任用干部的范围和渠道……要放眼于基层,放眼于各方面,尤其要注意从基层干部和群众中选拔优秀人才"。① 只要是通过自己的劳动从事有利于社会主义物质和精神生产的劳动者都将被看做是人才。正如党所强调的,对人才的界定将不唯学历,也不唯资历,在人才开发中,党将企业急需的实用技术人才纳入了开发的范围,是党在实践中对人才概念扩大的具体表现,从而也调动起全国人民共同建设社会主义伟大事业的积极性。

总之,党的"尊重劳动"是不分学历、资历、年龄,不看行业、职业、分工,仅从是否通过自身劳动对人民和社会作出贡献这唯一标准出发,对所有为国家建设作出贡献的劳动者表示尊重。党对劳动内涵的拓展和对人才外延的扩大,是党在新时期面对我国现代化建设的艰巨任务,充分调动各方积极性,共同推进我国现代化建设的战略选择,是我党对人才理解的进一步深化,也是对马克思劳动价值理论的丰富和发展。

二是对人才劳动特征认识的进一步深化和对创造精神的弘扬。

我们知道,不管什么人,都是通过自身的劳动对社会作出贡献的,人才也是一样。人才只有通过具体的精神劳动或物质劳动才能对社会作出贡献。然而,相对于一般人的劳动,人才劳动的最大特征就是创造性,

---

① 《毛泽东邓小平江泽民论人才》,党建读物出版社,2003年版,第29—30页。

也就是说，人才的劳动往往是更高层次的复杂的劳动，比一般劳动更具价值。也正是人才的劳动更具有价值，决定人才劳动的过程比一般劳动更为复杂，人才成长和劳动所需的条件、环境就可能比一般劳动所要求的更高。然而，长期以来，我们对人才劳动的特征认识不清，这直接导致在现实生活中对人才培养和使用的科学性不够。江泽民正是深刻看到了这一点，才明确提出要尊重创造，尊重创造就是要重视人才创造性精神的培养，尊重人才的创造性劳动并力所能及地提供人才创造性劳动得以发挥的环境和平台。对此，江泽民有许多具体的论述。

1998年4月29日，江泽民在视察北京大学时指出："在出人才的问题上，要鼓励和支持冒尖，鼓励和支持当领头雁，鼓励和支持一马当先，这不是提倡搞个人突出、个人英雄主义，而是合乎人才成长规律的必然要求。"①与此相对应，他严厉批评了不准别人脱颖而出，不准别人冒尖，谁冒尖、谁先进就孤立谁、打击谁的错误做法，认为这种做法是扼杀优秀人才，压制了创新意识和能力的培养。2002年，在参加亚太经合组织人力资源能力建设高峰会议时，江泽民进一步指出了创新能力培养的重要性。在此基础上，江泽民逐渐把创新能力从人才的特征上升到一个民族和国家的必备品质，他指出："面对世界上日趋激烈的生存竞争，面对世界科技飞速发展的挑战，我们必须把增强民族创新能力提高到关系中华民族兴衰存亡的高度来认识。"②他进一步指出："创新是一个民族进步的灵魂，是国家兴旺发达的不竭动力。"③

江泽民在邓小平尊重知识、尊重人才的基础上，提出了尊重劳动和尊重创造。尊重劳动通过对劳动内涵的扩大使一切从事物质和精神生产的人的行为都变成了劳动，从劳动的角度把社会主义不同行业、阶层的人统一为社会主义的劳动者，又从人才的本质是通过劳动为社会作贡献的角度把所有社会主义劳动者都看做人才，从而充分调动起全国人民

---

① 江泽民：《江泽民在考察北京大学时的讲话》，人民日报，1998年4月30日，第1版。
② 江泽民：《在全国教育工作会议上的讲话》，人民日报，1999年6月16日，第1版。
③ 江泽民：《论科学技术》，中央文献出版社，2001年版，第51、70页。

共建社会主义的积极性。尊重创造从对人才劳动与一般劳动相区别的角度揭示了人才劳动的本质特征,从而为人才的培养方向、人才的培养环境以及人才的使用等提供了科学的理论支撑,也契合了当前我国经济社会发展对创新精神和创新人才的需要。

(五) 在学习和实践中成为国家、民族之才——人才的培养论

江泽民非常重视对人才的培养,重视用马克思列宁主义、毛泽东思想、邓小平理论教育广大青年,注重通过理论学习和实践锻炼相结合来培养人才,特别注重通过实践磨练来锻炼和培养人才,注重引导广大青少年在服务祖国、奉献人民的伟大事业中成才,使服务祖国和个人价值实现有效结合起来。从而进一步发展了毛泽东、邓小平关于在实践中锻炼成长、在服务人民中实现成才的理论,为广大青少年成才进一步指明了方向。

注重在实践中提高干部的能力,锻炼干部的党性,是我党一贯坚持的做法。毛泽东说:"马克思、恩格斯、列宁之所以做出他们的理论,除了他们的天才条件之外,主要的是他们亲自参加了当时的阶级斗争和科学实验的实践,没有这后一个条件,任何天才也是不能成功的。"[①]可见,毛泽东是非常看重实践的重要性的。对于干部的培养,毛泽东重视文化基础知识的教育、专门知识的学习和科学世界观的武装,但他更注重实际工作的锻炼。1936年12月,在谈到"中国革命战争的战略问题"时,他指出:读书和使用都是学习,而使用是更重要的学习。并强调常常不是先学好了再干,而是干起来再学习,干就是学习。邓小平坚持和发展了马克思主义实践出人才的唯物主义观点,他要求干部"从实践中学"现代化建设所需要的知识,努力成才。1978年6月2日,邓小平在《全军政治工作会议上的讲话》中指出:"毛泽东说,任何英雄豪杰,他的思想、意见、计划、办法,只能是客观世界的反映,其原料或者半成品只能来自人

---

① 《毛泽东选集》第1卷,人民出版社,1991年版,第471页。

民群众的实践中,或者自己的科学试验中,他的头脑只能作为一个加工工厂而起制成完成品的作用,否则是一点用处也没有的。"①邓小平提出的实践出人才的思想主要是指深入群众、熟悉专业、积累经验和经受考验锻炼。江泽民在此基础上进一步发展了人才的成长途径理论,主要体现在三个方面:

一是明确把实践确定为人才成长的根本途径。1996 年 6 月 21 日,在谈到建设高素质干部队伍时,他指出:"在实践中锻炼干部,是我们党培养干部的一条根本途径。""干部成长的规律表明,那些投身实践并且同群众保持密切联系的干部,大都是成长进步比较快的干部。"② 1999 年 6 月 28 日,在谈"三讲"教育时,江泽民进一步深化了实践对人才培养的科学认识,认为不仅要从正确的实践中学习,而且要善于从失败的实践中学习,他指出:"人不是生而知之的,知识、才干和经验都要在工作实践和刻苦学习中获得……不仅要在总结成功的经验中获得提高,而且要在汲取失败的教训中获得进步。"③ 2000 年 2 月 1 日,江泽民在《关于教育问题的谈话》中更是用简洁的语言对实践培养人才的重要性做了高度概括。他指出:"人才的成长最终要在社会的伟大实践和自身的不断努力中来实现。这个观点,要好好地在全社会进行宣传。"④

二是提倡把个人聪明才智融入人民的历史创造中,实现成才。1990 年 5 月 3 日,在首都青年纪念五四报告会上,江泽民指出:"对青年知识分子,我们既要热情关怀,大胆使用,又要严格要求,积极引导。要鼓励他们按照祖国的需要考虑个人的发展,把个人的聪明才智汇入人民的历史创造活动,通过勤奋的努力实现远大的理想。"⑤明确提出了个人成才要同人民群众相结合,使个人价值的实现同服务人民、祖国有机结合起

---

① 《邓小平文选》(1975—1982),人民出版社,1983 年版,第 112 页。
② 江泽民:《论党的建设》,中央文献出版社,2002 年版,第 226 页。
③ 江泽民:《论党的建设》,中央文献出版社,2002 年版,第 354 页。
④ 《江泽民论有中国特色社会主义(专题摘编)》,中央文献出版社,2002 年版,第 257—258 页。
⑤ 《江泽民文选》第 1 卷,第 129 页。

来。1995年5月26日,在《努力实施科教兴国的战略》一文中,针对科技人才的培养,江泽民又明确指出:"广大科技工作者肩负着科教兴国的伟大使命,要为社会主义物质文明和精神文明贡献自己的全部力量。"①可见,江泽民是把科技人才的培养同肩负科教兴国的伟大使命,为社会主义物质文明和精神文明建设作贡献紧密联系在一起的。对党的干部来说,融入人民,服务社会主义的要求往往就成了党性的表现。1992年10月12日,江泽民在《加快改革开放和现代化建设步伐,夺取有中国特色社会主义事业的更大胜利》一文中着重指出:"衡量干部的德和才,主要看在执行党的基本路线中的表现。对坚决执行党的基本路线,有高度革命事业心和为人民服务的强烈责任感,在改革开放和现代化建设中政绩突出、群众信任的干部,要委以重任。"②在一个星期后的《在党的十四届一中全会上的讲话》中,他进一步重申了干部成才的道路就是服务社会主义路线的要求。他指出,对于党的干部来说,主要看两条,其中第一条政治上的要求就是听党的话,坚持党的基本路线,坚定社会主义、共产主义理想信念。

三是提倡把远大理想与脚踏实地结合起来成才。把远大理想与脚踏实地结合起来实现成才,江泽民主要是针对青年大学生所提出的要求,但同时又带有一定的普遍性。

针对当时一部分青年人丧失共产主义远大理想的情况,江泽民认为主要是放松了马克思主义的教育。他指出:"邓小平同志曾经尖锐指出:十年来,我们最大的失误是在教育方面,对青年的政治思想教育抓得不够,教育发展不够。"③因此,他非常重视教育对人的共产主义理想的培养,他强调指出,学校一定要坚持正确的政治方向,把德育放在首位,任何时候都不能放松和削弱思想政治教育。

理想脱离现实生活的奋斗,终归是空谈。因此,在强调树立共产主

---

① 《江泽民文选》第1卷,第436页。
② 《江泽民文选》第1卷,第247页。
③ 《江泽民文选》第1卷,第332页。

义远大理想的同时,江泽民同样十分强调要努力学习知识,要脚踏实地做起。1998年5月4日,江泽民同志在庆祝北京大学建校100周年大会的讲话中,向全国各界青年提出了"四点希望",即"四个统一"。坚持学习科学文化与加强思想修养的统一、坚持学习书本知识与投身社会实践的统一、坚持实现自己价值与服务社会人民的统一、坚持树立远大理想与艰苦奋斗的统一。在这里,江泽民明确号召青年大学生要把远大理想与艰苦奋斗相统一来实现成才。2001年4月29日,在清华大学建校九十周年大会上,江泽民又向全国的大学生提出了"五点希望",在这次讲话中,江泽民还是勉励广大青年大学生既要理想远大,又要脚踏实地。无论是"四点希望",还是"五点希望",都可以看出江泽民既注重培养人才的远大理想,又注重人才脚踏实地,艰苦奋斗。

四是提倡大力发挥教育对人才培养的基础性作用。江泽民非常重视教育在人才培养中的作用,并提出科教兴国的战略,把科教兴国作为我国的国策。关于教育对人才的培养,江泽民有许多论述。

首先,他认为教育的地位是非常重要的。他指出:"发展教育和科学是百年大计,对社会生产力和民族素质的提高具有重大的深远的意义。"[①]"我们必须把教育摆在优先发展的战略地位,努力提高全民族的科学文化水平,这是实现我国现代化的根本大计"。[②]

其次,他认为教育对人才的培养至关重要。2000年2月1日,在中共中央政治局常务委员会上,江泽民专门强调了教育对人才培养和成长的重要性。他说:"正确引导和帮助青少年学生健康成长,使他们能够德、智、体、美全面发展,是一个关系教育发展方向的重大问题。"[③]

在关于教育对人才培养和成长的重要性上,江泽民强调最多的是素质教育和创新教育。他指出,教育必须以提高国民素质为根本宗旨,"各

---

① 《毛泽东邓小平江泽民论教育》,中央文献出版社,人民教育出版社,北京师范大学出版社,2002年版,第203页。
② 同上,第234页。
③ 《江泽民文选》第2卷,第587—588页。

级各类教育都要把全面推进素质教育,提高受教育者的全面素质,作为教育的战略重点。既要重视和不断加强、改进文化知识教育,又要重视和不断加强、改进思想道德教育"。① 在教育对人才创新精神和创新能力的培养方面,江泽民非常重视。他认为:教育是"培养创新精神和创新人才的重要摇篮"②,"教育在培养民族创新精神和培养创造性人才方面,肩负着特殊的使命"③。2002年9月8日,在北京师范大学建校一百周年庆典上,他进一步指出:"不断培养大批合格的有中国特色社会主义的建设者,不断造就大批具有丰富创新能力的高素质人才,不断提高全民族的思想道德素质和科学文化素质。这是实现中华民族伟大复兴的必然要求,也是我国社会主义教育事业的历史任务。要完成这一历史任务,就必须不断推进教育创新。"④

三、江泽民对党的人才思想的新发展

综上所述,江泽民的人才思想是一个完整的体系,主要包括人才的战略论、人才的地位论、人才的标准论、人才的环境论以及人才的成长途径论等诸多方面。江泽民的人才思想是根据时代的特点,紧密结合国内国际的发展要求和实际,在继承毛泽东、邓小平等人才思想的基础上进一步形成的。江泽民的人才思想进一步丰富和发展了马克思主义的人才思想,主要体现在人才的战略思想、人才的标准思想、人才的环境思想等几个方面。

(一) 江泽民对党的人才战略思想的丰富和发展

我们党的历届领导人对人才都高度重视,并结合各自面临的社会现实状况和中国革命、建设事业的具体任务,阐释了一系列的人才思想,实

---

① 《江泽民文选》第2卷,第334页。
② 《江泽民文选》第2卷,第331页。
③ 《江泽民文选》第2卷,第334页。
④ 《江泽民文选》第3卷,第499页。

施了一系列的人才政策。如毛泽东强调政治路线确定以后,关键是干部;邓小平认为中国的事情能不能办好关键在人,这里的人就是指各级各类人才。无论是毛泽东还是邓小平,都是从关系中国革命和建设事业的成败这一高度来看待人才建设的。江泽民面对新的国际国内环境和中国特色社会主义建设的第三步发展目标,进一步继承和发展了党的人才战略思想。主要体现在两个方面。

第一,突破一国内的战略考虑,从世界范围内来考虑人才战略。

毛泽东主要从新民主主义革命成功、实现中华民族独立的角度来考虑人才问题的;邓小平是从能否结合中国的现实国情、走出一条具有中国特色的社会主义的角度来考虑人才问题的。两人关注人才的重点不同,但人才的关注点和着眼点主要在国内。一是实现民族独立,建立新中国;一是建设有中国特色的社会主义。毛泽东、邓小平作为前两代领导集体的最高领导人,并不是不具备国际化的人才视野,其人才的着眼点主要放在国内,是由当时中国最大的现实国情决定的。

在新民主主义革命时期,我们党面临的最大任务就是对外推翻帝国主义压迫的民族革命,求得民族独立;对内推翻封建地主阶级和官僚资产阶级压迫的民主革命,求得人民解放。因此,毛泽东对人才的关注,主要就是完成这一革命任务,实现民族独立、人民解放。邓小平在"文化大革命"以后,面临的最大问题不再是民族独立和人民解放的问题,而是如何结合中国的实际,打破教条主义和经验主义的束缚,走出一条适合中国实际的中国特色社会主义道路,重建国人对社会主义的信心。因此,邓小平关注人才的重点就是如何建设中国特色社会主义。

江泽民成为新一代中共领导集体核心时,国际国内的形势都发生了很大变化。在国内,中国特色社会主义经过十几年的建设,已经显出旺盛的生命力,同时随着改革的逐渐深入,一些深层次矛盾日益显露出来,改革处于攻坚阶段;在国际上,"冷战"结束,和平与发展日益成为时代的主题,随着信息技术的进一步发展、知识经济时代到来,整个世界日益连为一体,信息、资金、人才开始在全球范围流动。国与国的竞争由过去的军事竞争为主逐渐过渡为以科技和人才为主的竞争。发达国家出于发展自己的需要,进一步加大了在全球范围内网罗人才的力度,美国、日本等国家还制定一系列吸引人才的政策。改革开放后,出国留学等造成我国人才流失严重。在这样一个大的背景下,在国内,党需要大批人才来共同解决发展中遇到的一系列难题,以更好地建设中国特色社会主义;在国际上,党面临国与国的竞争以及国际化的人才竞争,在以科技和人才为竞争重点的时代,谁掌握了一流的人才,谁就是一流的国家。正是基于这样的国内国际环境,江泽民才突破建设中国特色社会主义的视野,开始从全球范围来制定人才战略,用好国内的人才,尽量减少流失,同时积极吸引外来人才加入建设中国特色社会主义的行列。江泽民2000年6月5日在中国科学院第十次院士大会和中国工程院第五次院士大会上的讲话中指出:"现在看得越来越清楚,当今和未来世界的竞争,从根本上说是人才的竞争。"①4天后在全国党校工作会议上,他进一步强调:"当今和未来世界的竞争,从根本上说是人才的竞争。"②在这里,江泽民已经从世界范围内来审视看待人才问题了。

从世界范围来看待人才问题有利于我们在世界范围内参与对人才的争夺,以凝聚国内外更多的人才参与中国特色社会主义事业的建设。

第二,人才资源是第一资源更加突出了对人才本身的关注。

江泽民的"人才资源是第一资源"的思想是对邓小平"科学技术是第一生产力"思想的继承和发展。邓小平的"科学技术是第一生产力"思想,在"文化大革命"后的中国社会产生了深刻影响,使我们党和整个社会重拾对知识的尊重和重视,对科技的重视和发展,与此相关的是对从事科技和教育的知识分子的重视,从而大大推进了中国现代化和工业化的步伐,发展了中国特色社会主义。

经济的发展模式主要有两种,一是物本经济,二是人本经济。物本经济主要依靠劳动力和资金、资源的大量投入发展,是一种低水平的发

---

① 江泽民:《论科学技术》,中央文献出版社,2001年版,第197页。
② 江泽民:《论"三个代表"》,中央文献出版社,2001年版,第31页。

展。人本经济主要依靠科技进步和提高劳动者素质来推进发展,是一种高级发展模式。改革开放初期,现实的国情导致我国经济的快速发展主要还是采用依靠劳动力和资金、资源大量投入式的物本经济发展模式。这种低水平、高投入和高损耗、高污染的发展不仅后劲不足,而且对环境和资源造成了很大压力。同时,这种长期的物本经济发展模式还容易导致在发展中只见物不见人的片面观点。改革开放初期,我国一些地方干部一味追求 GDP 增长而忽视百姓切身利益的事例就是见物不见人的典型表现。

"冷战"结束以后,和平与发展成为时代的主题,各国更加注重加快发展。随着信息技术的发展、知识经济的到来,各国的竞争日益变为人才和科技的竞争。与此相对应,我国那种高投入、高损耗、低产出的物本经济发展模式日益不适应时代的要求。我国要实现第三步的发展目标,急需提高我国的劳动者素质和科技水平,正如杨振宁指出:"高技术战场是中国跨越发达国家的主战场,也是最后的战场。"[1]世界银行提出的"国民财富新标准"也认为,目前全世界人力资本、土地资本和货币资本三者的构成约为 64∶20∶16,这就是说,人力资本是全球国民财富中的最大财富,是推动经济社会发展的第一资源。

对此,以江泽民为首的党中央有着清醒的认识。1991年,江泽民在分析生产力中人的因素和物的因素的关系时说:"关于生产力中人的因素和物的因素的关系问题,历史唯物主义认为劳动者是生产力中最活跃最革命的因素,工具在生产力中是重要的,但无论工具怎样复杂,都要由人来制造和运用。有人指出,现在发达资本主义国家由于科技进步,生产发展较快,似乎人的作用不大了。其实,这种发展还是靠掌握了先进科学技术、操纵先进设备的人来实现的。"[2]江泽民的这一论述深刻揭示了人力资源的第一性。

江泽民的"人才资源是第一资源"的思想更明确地把对生产力的关

---

[1] 《人事人才工作的认识与实践》,中国人事出版社,1999年版,第83页。
[2] 江泽民:《在全国党建理论讨论会上的讲话》,《求是》,1991年第12期。

注,转移到对生产力的直接创造者的关注;把对先进科学技术的关注,转移到对先进科学技术的创造者和掌握者的关注。总之,人才成了江泽民关注的核心和重点。在这一思想的推动下,党中央把人才资源开发纳入经济和社会发展的总体规划和布局中。《中华人民共和国国民经济和社会发展第十个五年计划纲要》第一次专门列出"实施人才战略,壮大人才队伍"一章;1993年《跨世纪优秀人才计划》由国家教委开始实施;1995年3月,人事部等部门制定的《关于培养跨世纪学术和技术带头人意见》由国务院办公厅转发,同时"百千万人才工程"启动;1996年"西部之光"人才培养计划由中国科学院启动。进入新世纪之后,在原来相关项目工程的基础上,2002年人事部等部门制定实施了"新世纪百千万人才工程",与此同时,中国科学技术协会制定了《新世纪百千万人才工程实施方案》。这一系列措施大大推进了我国人才工作的开展。

(二) 江泽民对党的人才标准思想的丰富和发展

我党历届领导人对人才的标准都有所论述,毛泽东根据革命事业的需要,提出了"又红又专"的人才标准思想。邓小平根据建设有中国特色社会主义的需要,进一步发展和丰富了毛泽东的人才标准思想,提出了"四化"人才标准思想。江泽民根据时代的发展和进一步推进中国特色社会主义事业的需要,在继承邓小平"四化"的人才标准思想的基础上,丰富和发展了党的人才标准思想,主要体现在以下两个方面。

第一,以劳动为标准来看待一切社会主义劳动者。

关于"劳动"的概念,马克思、恩格斯有着科学的论述,他们认为劳动有体力劳动和脑力劳动的区分,并由此出发得出结论,在资本主义社会,从事脑力劳动的知识分子和科技工作者与工人和农民都是受资产阶级剥削的对象,他们都是劳动者。在我国,由于历史传统和阶级斗争等种种复杂的原因,对"劳动"概念的理解一直存在着偏差。突出表现就是,往往把脑力劳动者和体力劳动者对立起来,这样对人才的评价和判断就会因为从事劳动的方式不同而结果相异,有时甚至截然相反。

从20世纪50年代后期开始,由于阶级斗争扩大化,党内"左"倾思想蔓延。我们开始把知识分子划为资产阶级,否认知识分子的脑力劳动,并对知识分子加以改造和批判,严重挫伤了广大知识分子的积极性。由于"四人帮"对知识分子的迫害和污蔑,"知识分子是臭老九"、"知识越多越反动"等观念在社会上散播,导致社会上轻视知识,轻视知识分子的脑力劳动。反而认为没有知识就是人才,越没知识就越是对党忠诚的社会主义人才,对人才的评价完全由政治出身代替,犯了很大的错误。

邓小平复出以后,亲自主抓教育和科技,推翻了"两个估计"的错误论断,重新恢复了马克思主义的劳动观,认为知识分子的脑力劳动也是劳动,知识分子是工人阶级的一部分。从而用劳动这一标准使知识分子和工人阶级站在了同一标准线上,他们都是社会主义的劳动者和建设者,都是社会主义需要的人才。

然而,随着市场经济的发展,随着我国教育和科技事业的进步,知识分子在党和国家事业中起着越来越重要的作用,全社会都开始认识到知识和科技的重要性。与此相反,一大批工人随着国有企业的改制而下岗,数亿农民因为城乡二元体制的原因,还很贫困。在社会上开始有轻视工人、农民的思想,轻视工人、农民的体力劳动。

江泽民在新的时期重新用"尊重劳动"来衡量和评价一个人才,既可以说是对社会上一部分人轻视体力劳动的纠正,也可以说是对马克思主义科学劳动观的强调。如果说邓小平提倡和号召的"尊重知识",是号召在全社会尊重知识分子的脑力劳动的话。那么,江泽民提倡的"尊重劳动"就是在全社会号召尊重工人和农民的体力劳动。邓小平是在纠正党内和社会上关于劳动的"左"倾思想,江泽民恰恰是努力纠正部分人关于劳动的右倾思想。二者殊途同归,都是在恢复马克思主义科学的劳动观。在不同的时代,都有着积极的现实意义。

第二,以创新为核心突出了新时期人才的时代特征。

邓小平处于当时中国社会对知识的不尊重以及建设社会主义对人才的大量需要,大声疾呼尊重知识、尊重人才,并推行了一系列有效措施,如为知识分子平反、大力发展教育和科技等,确实起到了良好的社会效果,为建设社会主义汇集和培养了大批人才。

然而,随着知识经济的迅速发展,信息和科技对一国经济和综合国力的发展起着绝对支撑的作用。特别是科技的创新对经济社会的发展起着重大的推动作用,一个人要想真正成为新时期的人才,光有知识是不行的,"创新"成为一个时代的代名词。正如江泽民所说的:创新是一个民族进步的灵魂,是一个国家兴旺发达的不竭动力。时代的发展依赖科技,科技的进步依靠不断的发展与创新,而创新源于具备创新精神和创新能力的各类人才,创新的关键是人才。由此可见,江泽民在邓小平尊重知识的基础上,提出了人才更高的标准,新时期的人才光具备知识还是不够的,还必须具备创新精神和创新能力,从而进一步根据时代的特点和要求,发展了党的人才标准思想。

江泽民提出新时期人才应具备的创新能力,是在邓小平提出的人才要有知识的基础上的一大发展。这一人才标准的提出紧密契合了时代发展的必然要求,同时,科学辨析了人才标准中"创新与知识"的关系。

创新与知识是辩证统一的,知识不意味着创新,但创新一定离不开知识的积累和支撑。二者的关系表现为相辅相成的两个方面。

一是创新离不开知识的支撑。创新是一种实践活动,需要多种资源的投入和支撑,其中知识就是创新的一种重要资源。知识是人在实践活动中塑造客体的观念工具,同时也是塑造主体的思想工具,知识具有激励主体的创新精神、增强主体创新能力的功能。比如说启蒙运动,就是知识、科学、理性的复兴与普及的运动,启蒙运动把人们从神学、迷信、封建的传统束缚下解放出来,推动了产业革命的生产创新与社会创新。康德认为:知识是人对世界的经验的记载、解释与重构。可以说,创新必须以一定知识做基础,不同的创新以不同的知识为基础,技术创新是以技术以及相关知识的进步为主导的,社会创新是以社会知识的进步为基础的,正如谁也不能否认马克思主义理论对于20世纪上半叶社会主义实践的重大指导作用。同时,知识的多少制约着一个人的创新层次和水平。

二是知识的多少并不决定创新的最终结果。知识就是力量,但知识不是力量的全部,正如马克思所说,"批判的武器当然不能代替武器的批判"。飞机的发明就是一个典型的事例。19世纪末,世界掀起了研制飞机的热潮。但是一些知识很多的大科学家纷纷表态,认为要制造一种比空气重的装置飞到天上去是不可能的。这些大科学家中就包括法国著名的天文学家勒让德、德国大发明家西门子、德国著名物理学家赫尔姆霍茨、美国天文学家纽康等。然而,1903年,没有上过大学的美国人莱特兄弟首次把飞机送上了天。莱特兄弟虽然知识不及那些科学家,但他们思想活跃,富于创新,不怕失败,勇于探索,从而获得了划时代的成功。可见,知识多与创新成果不一定成正比,创新是一项综合的能力,更多的还需要环境、观念和实践的作用。

江泽民对人才创新能力的要求和阐释,在丰富党的人才标准思想的同时,还进一步推动了整个社会对创新能力的重视与培养,并积极推动了中国素质教育的进展,使我国教育界由重视知识的教育转向重视能力的教育和创新能力的培养。

(三)江泽民对党的人才环境思想的丰富和发展

人才的成长离不开一定的社会环境,一个重视人才的开放、激励、公平、竞争的环境有利于优秀人才的成长和脱颖而出;相反,一个忽视人才的封闭、落后、缺乏激励和公平机制的社会环境不仅不利于人才的成长,而且可能埋没一大批优秀人才。毛泽东、邓小平都对人才成长的环境高度重视,实施了一系列政策,促进优秀人才的成长。江泽民继承了党的这一优良传统,并进一步推动新时期人才成长环境的改进和优化,主要体现在两个方面:一是观念层面,二是制度层面。

第一,观念上树立了人才第一资源和"四个尊重"思想。

人才成长的良好社会环境首先是整个社会都意识到人才的重要性,从而在一个社会中,从上到下都重视人才的成长和培养。"文化大革命"

以后,为了改变"知识无用论"、"知识越多越反动"、"知识分子是臭老九"等错误的社会观念,重新恢复整个社会对知识和人才的尊重和重视,邓小平提出"科学技术是第一生产力",尊重知识、尊重人才等一系列观念。正是在这些正确的观念的主导下,整个社会才逐渐摆脱"四人帮"关于知识和知识分子的错误思想的束缚。在邓小平的主抓下,我国大力发展了教育和科技,为我国"四化"建设和改革开放培养了大批人才。可见,观念是一切工作的基础和前提。

江泽民成为新一代领导核心以后,继承并发展了邓小平关于人才的观念,进一步优化了人才成长的观念环境。在邓小平提出"科学技术是第一生产力"的基础上,江泽民提出了"人才是第一资源"的科学论断;在邓小平提出尊重人才、尊重知识的基础上,提出了"四个尊重",即尊重劳动、尊重知识、尊重人才、尊重创造。

邓小平所提出的"科学技术是第一生产力"和尊重知识、尊重人才是完全统一的思想。科学技术是第一生产力,所以我们要重视科学技术,而对科学技术的重视必然离不开对科学技术的拥有和掌握者——知识分子的重视。所以,邓小平所强调和提倡的尊重知识和知识分子,并不是直接提出的,而是先通过重视科学技术这一角度来提出的,这种先后提法其实是一种策略。因为,一方面当时中国科学技术大大落后的现实状况急需改变,另一方面是"文化大革命"之后,知识分子一直是社会的一个敏感话题,提出给知识分子平反还有不少阻力,开始还难以直接提出重视知识分子。然而,邓小平的这一策略,在改革开放后的一些地方确实被作了片面的理解,那就是在一些地方发展过程中,片面追求GDP,甚至出现了发展中只见物不见人的错误做法。江泽民直接提出"人才资源是第一资源"应该说是很好地理解和把握了邓小平关于"两个尊重"的思想,实质就是,不管什么事情都是人做出来的,科学技术也一样,都是由人发展和掌握的。"人才资源是第一资源"观念的提出,有助于人们对邓小平人才思想的准确理解,有助于纠正一些地方发展中只见物不见人的错误思想。使人们关注的焦点从对科学技术的重视转移到对人才本身的重视,有利于人才的发展和成长。

江泽民"四个尊重"的思想在邓小平"两个尊重"思想的基础上,又增加了"尊重劳动和尊重创造"两个内容。"尊重劳动"思想的提出,从观念上把脑力劳动者和体力劳动者都放在了统一的标准上加以重视,从而既克服了"文化大革命"时期对知识分子脑力劳动的轻视,也避免了改革开放后对农民、工人体力劳动的贬低,有利于一切劳动者的成才成长。"尊重创新"的提出,一方面对人才的标准提出了更高的要求,另一方面也为人才的成长提出了更为宽容、宽松的环境,有利于人才的成长。正如江泽民所说:"科学探索是认识真理的实践过程,出现曲折、失误,甚至失败是难免的。"①对人才的创新型劳动要宽容失败,同时对人才的不同意见、观点甚至行为方式、个性都要宽容,江泽民强调领导干部要有雅量。他说:"中国古语中有'雅量'这个词,就是倡导人们特别是从政为官的人,要有容人容事的大气量……容不得人,容不得不同意见,就会自己把自己封闭起来……成为孤家寡人的危险。"②

第二,制度环境上出台了一系列规范人才培养选拔的文件。

如果说以人才重要性认识为基础的人才观念环境是人才成长的基础和前提的话,那么人才成长的制度环境就是人才成长的现实保障。毛泽东和邓小平都很注重从制度上规范和保障对人才的培养、选拔和考核,特别是邓小平对此做了一系列规范化建设。邓小平认为,制度好可以使坏人无法任意横行,制度不好可以使好人无法充分做好事,甚至会走向反面。1980年,在中央政治局扩大会议上,在《党和国家领导制度的改革》一文中,他强调:"目前的问题是,现行的组织制度和为数不少的干部的思想方法,不利于选拔和使用四个现代化所急需的人才。希望各级党委和组织部门在这个问题上来个大转变,坚决解放思想,克服重重障碍,打破老框框,勇于改革不合时宜的组织制度、人事制度。"③正是基

---

① 《江泽民论有中国特色社会主义(专题摘编)》,中央文献出版社,2002年版,第260页。
② 《江泽民论有中国特色社会主义(专题摘编)》,中央文献出版社,2002年版,第668页。
③ 《邓小平文选》第2卷,人民出版社,1994年版,第326页。

于这样的认识,邓小平对中央领导人的退休制度、科技人才和知识分子的职称制度,以及对工作分工责任制和干部考核激励制都做了很好的探索和规范,有力保障了人才的成长。他说:"必须把分工负责的制度建立起来。集体领导解决重大问题;某一件事、某一方面的事归谁负责,必须由他承担责任,责任要专。"①他同时指出:"要严格考核,赏罚分明……要根据工作成绩的大小、好坏,有赏有罚,有升有降。"②

江泽民继承了邓小平在制度上规范和保障人才成长的思想和做法,并结合实际做了大量制度化和规范化的工作,为促进人才的成长提供了有力的制度保障和制度环境。其中 1995 年颁布的《党政领导干部选拔任用工作暂行条例》和 2002 年 7 月出台的《党政领导干部选拔任用工作条例》、《党政领导干部选拔任用工作监督检查办法》,是我党干部和人才工作必须遵循的基本规章,是党在新时期推进干部和人才工作科学化、民主化、规范化和制度化的重大成果。

在上述《党政领导干部选拔任用工作条例》和《党政领导干部选拔任用工作监督检查办法》中,对干部和人才的考核、选拔、激励等制度都做了科学、明确的规范。在干部考核制度中,对干部的考核评价制度、回避制度、审计制度、罢免制度、追究制度等五个方面,形成了一个科学的体系,五个方面的内容互为联系,互为补充;在干部的选拔制度中,形成了任人唯贤、德才兼备、群众公认、注重实绩、依法进行、民主公开的有效模式;在干部激励制度中,形成了物质激励和精神激励并重,激励手段和激励效果一致,坚持激励和坚持约束结合的良好做法。从而,在新的时期进一步从制度上为人才的培养和成长提供了有力的保障和良好的制度环境。

江泽民对人才制度环境的优化正如他在党的十六大报告中指出的:深化干部人事制度改革,努力形成广纳群贤、人尽其才、能上能下、充满活力的用人机制,把优秀人才集聚到党和国家的各项事业中来。以建立

---

① 《邓小平文选》第 2 卷,人民出版社,1994 年版,第 282 页。
② 《邓小平文选》第 2 卷,人民出版社,1994 年版,第 151 页。

健全选拔任用和管理监督机制为重点,以科学化、民主化和制度化为目标,改革和完善干部人事制度,健全公务员制度。扩大党员和群众对干部选拔任用的知情权、参与权、选择权和监督权。实行党政领导干部职务任期制、辞职制和用人失察失误责任追究制。完善干部职务和职级相结合的制度,建立干部激励和保障机制。探索和完善党政机关、事业单位和企业的干部人事分类管理制度,改革和完善干部双重管理体制,打破选人用人中论资排辈的观念和做法,促进人才合理流动,积极营造各方面优秀人才脱颖而出的良好环境。

第四章
人才是关系党和国家事业发展的关键(2002至今)

党的十六大以后,科学发展观成为指导国民经济与社会发展的重大战略思想,以人为本成为党执政的核心理念,党的人才思想也进入全面发展时期。面临全面建设小康社会的艰巨任务,党提出了人才强国战略,这时期党的人才思想主要集中体现在胡锦涛有关人才工作的论述中。

胡锦涛成为新一届党中央总书记以后,继承和发展了党的人才思想,在江泽民科教兴国和人才战略的基础上,从"人才是关系党和国家事业发展的关键"角度提出了人才强国战略;从"四个不唯",即"不唯学历,不唯职称,不唯资历,不唯身份"出发,把品德、知识、能力、业绩作为人才衡量的主要标准,在人才标准上强调了人才能力本位;从以人为本的角度出发,发展了党的着重培养领导人才、专业技术人才、企业管理人才、军事人才等各类型人才的思想,提出人人都可以成才,人的成才是实现人的发展等观点;在进一步完善和规范各级各类人才的培养和使用基础上,提出了党管人才,加强了对人才工作的领导,同时为人才的成长创造了更有利的环境。

一、胡锦涛人才思想的时代背景

(一) 矛盾凸显期和发展机遇期并存

党的十六大以后,胡锦涛成为新一届党的总书记。与此同时,随着我国经济的快速发展,我国经济进入了一个新的发展阶段,根据国家统计局相关数据的统计,2002年,我国人均GDP达到966美元,接近1000美元;2003年,我国人均GDP首次突破1000美元,达到1090美元。按照国际经验,人均GDP超过1000美元,一国的消费结构和产业结构升级速度将明显加快,这时候既是一国的发展机遇期,同时也是一国的社会矛盾凸显期,处理不好将会极大影响和阻碍一国经济的可持续发展。如1982年拉美的债务危机使拉美许多国家的经济从高速增长迅速跌入长时期的低迷状态,阿根廷等许多国家的经济出现负增长,拉美经济被称为"失去的10年"。我国经济在保持多年的高速增长,特别是人均GDP达到1000美元后,更要注意科学发展,防止跌入拉美同样的陷阱。

在经济学界,人们更多地以人均GDP作为划分经济发展阶段的重要指标。从2002年我国人均GDP基本达到1000美元开始,我国的产业结构、投资和消费结构已进入一个新的发展阶段。产业升级加快,投资需求旺盛,消费结构调整。从2001年到2004年,我国国内生产总值年均增长8.6%,高于"十五"计划中年均增长7%的目标,高于世界经济的平均增速,也高于发达和发展中国家的增长速度,成为世界上经济发展最快的国家之一。与此同时,中国经济和社会发展也面临着一系列的危机和挑战。

就产业结构来说,我国第一、第二、第三产业的结构还存在不少问题,比例不合理。在发达国家GDP构成中,第一产业所占比重一般不超过5%,第二产业一般不超过30%,而第三产业所占比重却是最大的,一般为65%以上。2000年,我国第一产业的比重占GDP15.1%,第二产业的产值比重为45.9%,第三产业的产值比重为39%。到2007年底三产业比重分别为11.7%、49.2%和39.1%。这表明,虽然产业结构得到优化,但产业结构优化的空间依然很大,我国的国民经济还比较多地依赖农业,而服务业相对落后。就我国的投资来说,投资结构没有得到优化。"十五"期间,虽然投资需求旺盛,但主要还是集中在房地产、传统制造业等行业,高新技术产业的投资并不多,投资结构并没有得到优化,经济的增长还是主要依靠低水平、重复建设和高消耗来拉动,一些产业的投资过剩明显,经济发展中还存在诸多问题。如房地产行业重复建设,泡沫较多;传统出口制造业对外依赖明显,受出口国影响较大;一些技术含量低的制造加工业,缺乏竞争力和持续发展能力等,这些都为我国经济的发展留下了很大隐患;就消费结构来说,受收入的影响,两级分布明显,城乡二元经济结构和分配领域的机制不健全,导致收入差距进一步拉大,消费呈现两级化。一部分高收入者热衷于高档消费,如住房和汽车,进一步推动了房价的高涨和汽车业的发展。就汽车消费来说,从"八五"初到"十五"末,15年间中国私人汽车拥有量占汽车保有量的比例从15.8%上升至58.5%。从"十五"期间中国汽车平均增长率看,私人汽车拥有量比汽车保有量快10个百分点。但这些汽车消费基本上还是集中在北京、上海、深圳等大中城市,小城市和农村的汽车消费非常少,这进一步加大了大城市的能源、交通压力,同时污染更加严重。而广大农村的低收入导致的低消费客观上也造成了中国的消费能力不够,影响中国经济的可持续发展,进一步加大中国投资过剩的危机。总的来说,我国的产业结构还不合理,投资结构和消费结构还存在很大风险,如果解决不好,矛盾将集中爆发。

我国产业结构的不合理和在投资、消费结构以及收入差距方面存在的诸多危机,在2008年由美国次贷危机所引发的全球性经济危机中得到了很好的验证。我国房价一度大跌,缺乏科技支撑的传统制造业和对外出口行业受到巨大冲击,工厂纷纷倒闭,工人大量失业。而农村的消费能力缺乏又导致我国经济恢复发展缺乏有效需求和内在支撑的动力。

所以,党和政府一方面大力优化产业结构,加强传统制造业的技术改造升级,发展高新技术产业和服务业,一方面实行消费、出口、投资三驾马车均衡发展,避免过分依赖出口导致经济不稳定。同时注重藏富于民,着力提高广大农民的消费购买能力。

不管是对机遇的把握也好,还是对危机的预防和矛盾的解决也好,我们都越来越迫切需要各级各类的人才,特别是高精尖的人才,人才战略直接影响到新世纪我国经济社会的发展走向,是突破科技、资源的瓶颈继续高速发展,还是重复拉美国家20世纪七八十年代的经济低谷和倒退危机,这是摆在我们党面前异常严峻的问题。

(二) 新的三步走发展战略目标的实现

1987年4月30日,邓小平在会见西班牙社会党副总书记、政府副首相格拉时提出了三步走的战略目标。即:第一步,从1981年到1990年,国民生产总值翻一番,实现温饱;第二步,从1991年到20世纪末,再翻一番,达到小康;第三步,到21世纪中叶,再翻两番,达到中等发达国家水平。在介绍了第一步和第二步的目标之后,邓小平指出:我们制定的目标更重要的还是第三步,在21世纪用30年到50年再翻两番,大体上达到人均4000美元。做到这一步,中国就达到中等发达的水平。

2000年岁末,我们基本实现了前两步走的发展战略,人均GDP达到小康水平,最重要的是实现第三步发展战略,基本实现国家现代化达到中等发达国家的水平。1997年,在党的十五大上,江泽民指出:21世纪我们的目标是,第一个10年实现国民生产总值比2000年翻一番,使人民的小康生活更加宽裕,形成比较完善的社会主义市场经济体制;再经过10年的努力,到建党100年时,使国民经济更加发展,各项制度更加完善;到21世纪中叶新中国成立100年时,基本实现现代化,建成富强民主文明的社会主义国家。这是新的三步走的雏形,在2002年,党的十六大报告中,重申了新世纪三步走发展战略的观点,而且更加细化了每个阶段性的目标。报告指出:要在21世纪头20年,集中力量,全面建设惠及十几亿人口的更高水平的小康社会,使经济更加发展、民主更加健全、科教更加进步、文化更加繁荣、社会更加和谐、人民生活更加殷实。经过这个阶段的建设,再继续奋斗几十年,到21世纪中叶基本实现现代化,把我国建成富强民主文明的社会主义国家。至此,新世纪中国发展的新"三步走"发展战略形成。

在新的三步走发展战略中,指出全面建设小康社会的目标之一就是:"在优化结构和提高效益的基础上,国内生产总值到2020年力争比2000年翻两番,综合国力和国际竞争力明显增强。"力争国内生产总值2020年比2000年翻两番,要达到这个目标,就必须做到国内生产总值每年递增7%以上。而且这种递增还是有区别于过去的粗放式发展,更主要的是集约式的发展,不是单纯的GDP发展,而是全面均衡的发展。这就更需要把我国的劳动力资源切实转化为人才资源,突破技术受限、资源短缺等瓶颈制约,重点依靠科技进步和劳动者素质的提高来实现新发展。

(三) 科学发展面临的现实压力

胡锦涛作为新一届党中央领导集体的总书记,继承并发展了党的关于发展的思想,重点提出了科学发展观。2003年4月,胡锦涛在广东考察工作时提出,要坚持全面的发展观,努力促进社会主义物质文明、政治文明和精神文明协调发展。7月,胡锦涛在全国防治"非典"工作会议上强调,要更好地坚持协调发展、全面发展、可持续发展的发展观。8月28日至9月1日,胡锦涛在江西考察工作时明确使用"科学发展观"概念。同年10月,党的十六届三中全会通过《中共中央关于完善社会主义市场经济体制若干问题的决定》,强调要"坚持以人为本,树立全面、协调、可持续的发展观,促进经济社会和人的全面发展"。

胡锦涛在2004年3月10日的中央人口资源环境工作座谈会,以及9月召开的党的十六届四中全会上通过的《中共中央关于加强党的执政能力建设的决定》中,都把树立和落实科学发展观作为提高党的执政能力的重要内容。2005年10月,党的十六届五中全会通过的《中共中央关于制定国民经济和社会发展第十一个五年规划的建议》强调,要坚定不移地以科学发展观统领经济社会发展全局,坚持以人为本,转变发展观念、创新发展模式、提高发展质量,把经济社会发展切实转入全面协调可持续发展的轨道。2006年12月,胡锦涛在中央经济工作会议上指出,科学发展观是我们推进经济建设、政治建设、文化建设、社会建设必须长期坚持的根本指导方针。2007年10月15日,党的十七大对科学发展观的科学内涵、精神实质、根本要求进行了全面系统深入的阐述,强调指出:"科学发展观,第一要义是发展,核心是以人为本,基本要求是全面协调可持续,根本方法是统筹兼顾。"并把科学发展观写入了党章。

纵观科学发展观的提出,可以说贯穿了新一代领导集体的执政过程和工作的全方位领域。这一方面说明了党对科学发展的高度重视,另一方面也说明我们面临科学发展的障碍还有很多。就发展来说,要科学理解发展的理念、模式、途径,发展最终是人的发展,经济的发展只是实现人的发展的手段,不能以经济的发展来代替人的发展,那是本末倒置的发展,把以经济建设为中心理解为GDP为中心,也是以物为中心的发展理念的具体体现;发展应是全面的发展,不仅是经济的发展,应该是经济、社会、文化、政治、社会等全方位的共同发展。我国的发展就存在经济一条腿长,其他几条腿短的问题;发展应是统筹的发展,要统筹一、二、三产业的合理发展,要统筹城市农村的共同发展,要统筹沿海内地、东西地区的联动和错位发展,我国的发展就存在产业结构不合理、城乡二元经济体制、区域发展不均衡、粗放式发展等问题。在科学发展的同时,我们还要解决好合理分配的问题,防止收入差距进一步拉大,社会两极分化严重,影响稳定,我国的基尼系数已经突破国际警戒线,影响到国内的稳定。这些问题都是科学发展中遇到的障碍和困难,处理不好就会重复拉美国家的老路,跌入拉美陷阱。经济社会畸形发展,不恰当的收入分配和畸形的消费结构,导致社会出现"有增长、无发展",一边是现代化,一边是大多数人享受不到现代化成果的严峻现实,从而影响经济社会持续增长,导致社会动荡和危机。

"拉美陷阱"给人们的经验教训是深刻的,值得我们深省。其深刻启示就是一国在现代化建设中,必须坚持科学的发展观,坚持以人为本,可持续发展,从根本上转变、完善和创新经济增长和社会发展的观念、道路、模式,构建和谐社会。可见,要科学发展才能避免拉美陷阱,要避免拉美陷阱最核心的问题还是如何科学发展的问题,要科学发展首要的问题是要解决发展依靠谁和为了谁的问题,说到底还是解决人的问题。因此,科学发展最终还是落在如何充分发挥人的智慧实现科学发展,以及如何在科学发展中落实人的发展。

二、胡锦涛人才思想的主要内容

(一)人才是关系党和国家事业发展的关键——人才的战略论

我们党历来高度重视人才工作,毛泽东、邓小平、江泽民等几代领导集体对人才工作做了一系列科学的阐释和大量的实际工作,为我国人才队伍的建设和发展作出了积极的贡献,推动了党和国家各项事业的快速发展。早在革命战争时代,毛泽东为党起草《大量吸收知识分子》,就指出没有知识分子的参加,中国革命的胜利是不可能的,体现了党对人才的高度重视。在《中国共产党在民族战争中的地位》中,他强调:政治路线确定之后,干部就是决定因素。十一届三中全会以后,邓小平非常重视人才工作,亲自主抓教育和科技,为知识分子平反。他说:中国的事情能不能办好,社会主义和改革开放能不能坚持,经济能不能快一点发展起来,国家能不能长治久安,从一定意义上说,关键在人。江泽民面对全球日益一体化,面对全球性的人才竞争,对人才在国际竞争中所占据的地位有着非常深刻的认识。2000年6月5日,他在中国科学院第十次院士大会和中国工程院第五次院士大会上的讲话中指出:"现在看得越来越清楚,当今和未来世界的竞争,从根本上说是人才的竞争。"

由于几代党的领导集体对人才工作的高度重视,我国的人才培养和人才队伍建设取得了积极成效。正如2002年5月中共中央办公厅、国务院办公厅在印发《2002—2005年全国人才队伍建设规划纲要》中所做的描述:"新中国成立以来,特别是改革开放以来,以毛泽东、邓小平、江泽民同志为核心的三代中央领导集体高度重视人才工作,提出'尊重知识、尊重人才',实施人才战略,开发人才资源,大批优秀人才脱颖而出、健康成长,在改革开放和现代化建设中发挥了重要作用,人才队伍建设取得显著成绩。我国人才素质不断提高,结构得到改善。到2000年底,我国具有中专及以上学历或专业技术职称的各类人员达到6360万,其中党政干部585.7万,企业经营管理人员780.1万,专业技术人员4100万,其他人员894.2万。干部人事制度改革取得重大进展,市场配置人才资源的格局正在形成,人才环境逐步优化。"

胡锦涛成为新一届党中央领导集体的总书记以后,国际国内形势发生了深刻的变化,党情、世情、国情在变化中又有了新的发展,但总体是知识经济时代的特征愈加明显,公民社会的特征日益显现。就国际上而言,全球一体化进程加快,以经济为基础、科技为主导、人才为支撑的国际竞争日趋激烈;就国内而言,公平和正义日益成为主题,科学发展理念已经逐步达成共识,但分配不公、贪污腐败没有得到有效根治,阻碍科学发展的观念、体制和机制性障碍依然很多,各行各业的人才需求大量增加,高精尖人才日益缺乏;就党内来说,随着经济体制改革的日益深入,政治体制改革日益被提上日程,人们的政治权利意识日益增强,政治民主化进程加快,党的执政为民的理念需在实践中进一步落实,党的执政能力面临新的考验。

在党面临着国际、国内和党内一系列的新任务与新挑战的同时,党还要带领全国各族人民共同建设惠及全民的更高水平的小康社会。无论是解决新时期的一系列挑战和矛盾,还是建设惠及全民的更高水平的小康社会,党都急需各级各类的大量人才,特别是需要解决宏观性策略问题、破解瓶颈性发展问题、突破高新技术难关问题的高尖端人才。正如2003年12月26日《中共中央、国务院关于进一步加强人才工作的决定》指出:"本世纪头20年是我国全面建设小康社会、开创中国特色社会主义事业新局面的重要战略机遇期。小康大业,人才为本。适应国内外形势的发展变化……牢牢掌握加快发展的主动权,关键在人才。"①

也正是在2003年《中共中央、国务院关于进一步加强人才工作的决定》中,开篇就明确指出,人才问题是关系党和国家事业发展的关键。但我国人才的总量、结构和素质等方面还不能适应经济社会发展的需要,特别是我国现代化建设急需的一些高层次、高技能和复合型人才更是短缺,我国人才工作急需进一步整合力量、全面推进。

人才强国战略的提出是对江泽民时期科教兴国和人才战略的继承和发展。1995年5月,江泽民同志在全国科技大会上的讲话中提出了实施科教兴国的战略,确立科技和教育是兴国的手段和基础的方针。2000年,中央经济工作会议首次提出:"要制定和实施人才战略。"同年,党的十五届五中全会提出,要把培养、吸引和用好人才作为一项重大的战略任务切实抓好,努力建设一支宏大的、高素质的人才队伍。2001年发布的《中华人民共和国国民经济和社会发展第十个五年计划纲要》则专章提出"实施人才战略,壮大人才队伍"。我国开始首次将人才战略确立为国家战略,将其纳入经济社会发展的总体规划和布局。2002年,中共中央、国务院制定下发的《2002—2005年全国人才队伍建设规划纲要》,首次提出了"实施人才强国战略",对新时期中国人才队伍建设进行了总体谋划,是对此前提出的国家人才战略的深化和系统展开。2003年下发的《中共中央、国务院关于进一步加强人才工作的决定》是全面贯彻"人才强国战略"的纲领性文件,为人才强国战略提供了全面的理论支撑和政策支持。2007年,人才强国战略作为发展中国特色社会主义的三大基本战略之一,写进了中国共产党党章和党的十七大报告。

认识到人才问题是关系党和国家事业发展的关键,并把人才问题提升到国家战略的层面,实行人才强国战略,深刻揭示了人才工作同国家

---

① 《中共中央、国务院关于进一步加强人才工作的决定》,(新华网 http://news.xinhuanet.com/newscenter/2003—12/31/content_1256311.htm)

富强的内在联系,标志着党的人才思想的进一步发展,标志着党的人才工作进入一个新的发展阶段。

(二) 不唯学历,不唯职称,不唯资历,不唯身份——人才的标准论

任人唯贤和任人唯亲一直是两条截然不同的人才工作路线,我党一直坚持任人唯贤的人才工作路线,为党在革命、建设和改革时期培养、聚集了大批人才,推进党的事业不断前进。任人唯贤还是任人唯亲,关键是看用人的标准是什么,一旦标准确定,两条不同的人才工作路线也就截然分开了。如果用人的标准是看和自己的关系亲疏远近来决定,这就是任人唯亲;如果用人的标准是看人才的真才实学来确定,这就是任人唯贤。

在不同的时代,由于革命、建设、改革面临的任务不同,由于对人才的理解不同,我们党对人才标准的看法也有所不同,并随着时代的发展而发展,逐渐完善和科学。毛泽东时期,出于革命战争的需要,出于无产阶级与资产阶级、封建势力斗争的需要,强调人才的标准是"又红又专",重视人才的革命性和政治性,政治素质往往放在首位;邓小平时期,出于建设中国特色社会主义四个现代化的迫切需要,提出了人才的四化标准,即"革命化、年轻化、知识化、专业化"。在强调革命化的同时,更加注重人才的年轻化和知识专业化,在这里,年轻和业务素质往往更加重要;江泽民时期,经济全球化趋势明显,中国加入WTO之后,与世界各国在经济、政治、文化等方面的交流日益密切,地球村概念开始形成,人才在国际范围内流动,国与国的竞争往往就是高科技和高尖端人才的竞争。针对此种情况,江泽民在继承党的人才标准思想的基础上,特别提出了创新型人才,把创新作为新时期人才的重要特质和标准,因为高新科技往往是科技创新的结果,高尖端人才的重要特质就是具备创新思维和能力,而高新科技和高尖端人才正是新时期国与国竞争的重点。

胡锦涛担任中共中央总书记以后,面临着更加严峻的形势。2002

年,中国人均GDP突破1000美元大关,我国既面临着发展机遇期,又进入社会矛盾凸显期;同时,建设惠及全体民众的更高层次水平的小康社会任重道远。对这些问题的解决最终要依靠科学发展,坚持用发展的眼光解决前进中的问题,然而阻碍科学发展的观念、体制、机制问题多而复杂。解决这些问题,坚持科学发展最终还是落实在人的问题上,突破障碍,实现科学发展需要各级各类人才,科学发展也是为了各级各类人才和广大人民群众,某种程度上说,广大人民群众本身就是各级各类人才。因此,从这一角度来说,坚持科学发展,首先必须解放各级各类人才,通过对人才的培养和解放去打破落后的观念、体制、机制的束缚。2003年12月26日,《中共中央、国务院关于进一步加强人才工作的决定》明确指出,要树立科学的人才观,人才存在于广大人民群众之中。并进一步指出,只要具有一定的知识或技能,通过创造性劳动,为中国特色社会主义伟大事业作出贡献的人,都是党和国家需要的人才。并着重强调,对人才的选拔要不唯学历、不唯职称、不唯资历、不唯身份,不拘一格选人才,把品德、知识、能力和业绩作为衡量人才的主要标准。可见,"品德、知识、能力、业绩"作为人才的四个重要标准,并突出了能力和业绩,"四个不唯"作为反面的说明,进一步支撑了人才的能力和业绩标准。

新一代中央领导集体在坚持德才兼备的原则下,把品德、知识、能力和业绩作为衡量人才的主要标准,并且着重提出了不唯学历、不唯职称、不唯资历、不唯身份,强调和突出了人才的能力和业绩标准,是对党的人才标准思想的进一步发展。把人才的能力和业绩作为衡量人才的突出标准,实际上是把抽象的人才标准具体化和实践化了,强调通过实践来检验人才,实际上是从注重人才的外在名分和形式转而注重人才的内在素质和实践,人才的一切标准开始集中向"能力本位"转移。具体体现在以下几个方面。

一是学历本位向能力本位的转移。党的十一届三中全会之后,随着社会主义市场经济制度的确立和深入发展,人们对人才标准的认识有了质的飞跃。在计划经济时期,我国选人用人标准具有浓厚的政治色彩和时代烙印,政治挂帅的前提下,政治第一,家庭成分第一,是我国选拔人才的重要标准。随着真理标准问题的大讨论,我党开始把工作重心由政治斗争转向经济建设,人们对人才的评判也开始逐渐摒弃政治成分和家庭出身论,在整个社会尊重知识、尊重人才观念逐渐深入人心的情况下,整个社会选人用人主要以"学历和职称"作为主要标准。1982年,在《国务院批转国家计划委员会关于制定长远规划工作安排的通知》中,人才大致可分为两类:一类是具有中专或中专以上学历者;一类是具有相当于技术员以上专业技术职务者。从而进入以"学历和专业技术"为人才标准的阶段,应该说,这一人才标准的确立对于在整个社会重新恢复对知识和知识分子的尊重,为国家"四化"建设培养大批人才都具有重要意义。

然而,随着中国经济社会和现代化建设的深入发展,原有的人才界定标准越来越与社会现实产生不适应性。主要体现在,在以学历和技术职称为导向的人才标准下,容易造成唯学历和唯职称的不良导向,而经过实践检验,这种导向与现实并不完全等同。一方面是学历与职称有时并不代表能力和创造性,更不能与实绩和贡献直接挂钩;另一方面,没有学历和职称不一定就没有能力和创造性,不一定就做不出实绩和贡献。这样就势必压抑了许多不具备学历和职称但同时又为社会作出积极贡献的人。随着整个社会和市场经济的深入发展,学历、职称与能力、贡献之间非直接的、非等同的,而是复杂辩证的关系逐渐为人们所认识。此外,唯学历和职称的人才标准导致现实社会中的"钱学交易"、"权学交易"数量猛增,而饱受人们诟病。

不唯学历的人才标准还有一个重要的意义,就是有效防止了本本主义。一些高学历人才脱离实际、脱离群众、脱离社会,唯理论而理论,闭门造车,曲高和寡。这种脱离实际问题和人民群众的本本主义是要坚决反对的。因此,我国新时期的教育提倡素质教育,提倡动手能力。同样,我国政府鼓励优秀大学毕业生支援西部建设,到乡镇担任村官,一些省份还坚持从高校毕业生中选拔优秀学生到基层任职等,这些都是有效防止高学历人才走向本本主义的有效措施,真正实现了理论与实践相结合,推动实际工作的进展。

二是职称本位向能力本位的转移。职称最初源于职务名称。在理论上,职称是指专业技术人员的专业技术水平、能力,以及成就的等级称号,反映了专业技术人员的学术和技术水平、工作能力和工作成就。就学术而言,它具有学衔的性质;就专业技术水平而言,它具有岗位的性质。专业技术人员拥有何种专业技术职称,表明他具有何种学术水平或从事何种工作,象征着一定的身份。因此,以职称来作为衡量一个人才的标准,对鼓励从事公务员、教师、新闻、科学研究、出版、教练、翻译、艺术系列、律师、公证系列等方面的人才努力工作,积极作贡献有着直接的现实意义。

1982年,在《国务院批转国家计划委员会关于制定长远规划工作安排的通知》中,职称被当做衡量人才的两个标准的其中一条重要标准,当时只要有相当于技术员的职称都是人才。然而,职称虽然反映专业技术人员的学术和技术水平、工作能力和工作成就,但是存在两个方面的问题,一是这种反映是过去式的,无法直接指向现在和未来,特别是取得高级职称以后,容易使人产生懈怠心理,职称并不意味着就称职;二是这种反映有时是间接的而非直接的,并不能与能力直接挂钩,职称并不代表相当的能力。比如说,教师、新闻等一些系列职称的评定除了有时间规定外,主要靠发表理论文章,很难用实践来检验。

不唯职称,注重能力和业绩的人才标准,有效地克服了唯职称论的人才取向,进一步厘清了人才的外在特征和人才的本质内涵之间的关系,更加注重人才评定的实践指向。不唯职称的人才评定标准所暗含的职称并一定就称职的思想,至少有以下两点积极意义:一是即使获得了一定的职称,但职称并不代表一切,还必须在实际工作中取得与自己职称相称的工作业绩,才能真正做到职称与业绩相一致,从而有效摒弃了职称评审中的形式主义,使职称确实代表一个人的实际工作能力和水平,就高校和科研单位来说,有力推动了产学研的合作。二是即使是通过自己的实际工作能力和工作水平、学术水平获得了相应的职称,也不能懈怠自满,停滞不前,因为注重能力和业绩的人才评定,迫使人才必须不断做出新的成绩和贡献,实践无止境,人创造业绩的步伐也无止境。

三是资历本位向能力本位的转移。资历就是指资格和经历,是一种社会地位的反映,是指个人因为工作时间的长短不同而获得的一种社会地位。资历是反映个人工作情况的因素之一,可作为工资、报酬等方面的依据,也可作为提拔重用的参照。资历的计算因部门的不同而有所差别,有的以工龄为依据,有的以在某一岗位或部门的工作时间为标准,有的则以从事某一工作或工种的时间来计算。

资历意味着对某一工作的经验积累,资历也意味着对某一领域的专业化水平和能力的高低。因此,以资历为参照和依据,对人才的层次和标准做出评价是有其积极意义的。然而,在现实社会中一旦实行"唯资历"的人才参照标准的话,弊端就很明显了。在现实社会中确实存在唯资历的人才标准,究其原因主要有以下三点:一是资历确实在一定程度上代表了一个人工作的经验积累和某领域专业化水平、能力的高低;二是受中国传统文化的影响,中国传统文化中的秩序思想和长尊幼卑观念在实际工作中的渗透和体现就是先来者为上,后来者为下;三是在一些领域和人群中容易形成论资排辈现象,在现实社会中,特别是一些专业性不强的领域和部门,很少有通过专业技术突破或创新的举措来脱颖而出的地方,这时资历往往成为判定一个人的重要依据和标准。其次,如果一群人当中,很少有出类拔萃者,大家相差不大,这时资历也往往起到了决定性的作用。

然而,唯资历论的人才判定标准的弊端是明显的,主要表现在以下几个方面:第一,唯资历论容易导致"站、等、靠"的思想,形成工作中的消极怠工和不作为。持唯资历论的思想,不怕没有作为,就怕出错误,从而压抑了人才工作的主动性、积极性和创造性,部门一潭死水,团体缺乏活力,工作停滞不前。政府问责制出台前的许多政府部门都不同程度地存在这样的问题,工作不作为,缺乏创新的思维和方法来推动工作;第二,唯资历论的人才评判标准，很大程度上压抑了年轻人才和创新人才的成长。唯资历论导致大家都在论资排辈，年轻人前面有中年人，中年人前面有老年人，老年人前面还有更老的同志，如按此次序循环排队，不以实际工作业绩和能力来评定人才的价值，就极大地压抑了年轻人的成长。同时，由于缺乏活力，"站、等、靠"的思想明显，人的主观能动性和创造性受到极大压制，也不利于创新型人才的培养和成长。我们党长期注重打破唯资历论的人才现象，无论是毛泽东、邓小平、江泽民，还是胡锦涛，对此都是高度重视，对人才特别是青年人才的培养，对青年人才的脱颖而出都做了大量的工作。江泽民还特别注重人才创新能力的培养，提倡和号召整个社会要更加宽容，允许创新型人才在探索中的失误；第三，唯资历论的人才评判标准，还容易导致经验主义的泛滥。资历就是资格和经历，而资格又往往是通过经历获得的，所以如果说学历本位容易导致本本主义的话，资历本位恰恰又容易导致经验主义。经验主义有其可取之处，其揭示了事物发展的共同性和规律性，然而经验主义的弊端在于对不断变化的实践往往缺乏判断和应变，事物的变化是永恒的，共同是次要的，因此唯经验主义往往滞后于事物的发展，容易僵化和教条。我党在革命战争中"左"倾主义失败的教训早就表明了这一点。

因此，破除唯资历论，突出强调人才的能力和业绩，其实际上是破除对过去实践中获得经验的过分乃至盲目依赖，转而更加注重现在和未来的实践，突出实践第一性，强调参考过去，指向现在和未来。这种人才的标准和价值论，其积极意义是明显的，由于这一标准是指向现在和未来的实践，所以即使资历比较老的同志，也必须继续努力工作，不能懈怠自满。同时，破除唯资历论，转而以能力和业绩作为人才评判的标准，就为人才的脱颖而出创造了机遇和可能，会极大调动起青年人的工作积极性和主动性，以能力和业绩为评判标准和导向，也有利于创新型人才充分发挥他们的聪明才智，有利于创新型人才的成长和培养。此外，打破唯资历论，还有利于很好地破除经验主义的不足和弊端，谨防故步自封、止步不前、生搬硬套、在工作中保守，以免跟不上时代、社会的进步和事业发展的要求。

四是身份本位向能力本位的转移。身份主要指出身和社会地位。身份的本身意义指是谁、是什么样的人。人类社会最初的身份只是指个体成员交往中识别个体差异的标志和象征，这种标志和象征给予社会以秩序和结构。现代社会中，身份是指社群中个体成员的标识和称谓，分为两类。客观是指如原籍、年龄、辈分、性别、职务、职业等。主观是指内含身份认同如内部人和外人、熟人与陌生人等。在我国，身份更主要是强调一种阶序意识，与资历相似，主要指资格、等级级别等。"阶序"是一种比"身份、地位"更细致的区分，不仅存在于不同地位的人之间，在相同身份、地位的人之间，也依据一定标准形成精细的等级阶序。

传统的中国是一个讲究身份的国度，中国人从小到大都在浓郁的身份观念下接受教育。中国人无论是在家族中的伦理生活，还是在家庭外的社会活动所获得的经验，都强调身份规则。身份社会中的规范，很大程度上规范和约束中国人的行为，在中国人的思想意识形态中也形成了有关身份是重要的、讲究身份是对的价值观念。早在隋唐时期，朝廷便发给官员一种类似身份证的"鱼符"，是用木头或者金属精制而成的，上面刻有官员的姓名、任职衙门及官居品级等，金属愈贵重，身份地位就越高。其中凡亲王和三品以上官员所用的鱼符，均以黄金铸制。宋代时，"鱼符"被废除，但仍佩带"鱼袋"。至明代，改用"牙牌"，身份证的用途已经不局限于官员们，并开始向中下阶层方面发展。清代各阶层的身份以帽子上的顶子（帽珠）来证明，帽珠的尊贵显示主人的社会地位，一个秀才，可佩铜顶，一品大员，则佩大红宝石顶子。一般百姓帽上无顶，只能用绸缎打成一个帽结。一些富商、地主为求得高身份，常用数目可观的白银捐得一个顶子，由此而出现了"红顶商人"、"红顶乡绅"。

在讲究身份的传统中国，社会成员的生存资源也主要依据身份及身份之间的关系而配置，这实际上是身份关系中国人的生存与发展的本质和核心。一个人的身份越高，其占用的生存资源和发展资源就越多，换句话说，他和别人在竞争同一件事时，往往就存在不平等的竞争。这也是身份在现代社会中与和谐社会所倡导的"公平、正义"等社会理念相冲突的地方。而最受人诟病的是，如果一个人一出生就身份高于别人的话，则是一个社会不平等的最大体现。在古代中国社会、古代的欧洲都存在这样的社会等级观念和制度。以出身来决定一个人的社会身份，或者一个人的社会身份导致社会生活中的不平等竞争，是一个社会关于身份不平等的两种主要体现方式。

由于中国身份制长时间持续地影响着中国人的日常生活，身份不但成为中国人的社会生活、经济生活及文化生活的核心要素，甚至也成为人生价值观的主导因素。并作为一种文化的结构部分被一代一代传递下来，所以改变中国人的身份情结并不是那么简单的。19世纪下半叶及20世纪初，康梁变法、"五四运动"和辛亥革命所提倡的民主、平等思想开始解体中国的身份制；中国共产党领导的民主主义革命和新民主主义革命，进一步瓦解了身份制度，身份的解放出现了一个大的跃迁。新中国建立后，人民成了新中国的主人，人人平等，消灭了剥削，但是作为一种根深蒂固的社会意识，身份的思想不仅没有完全从中国人的思想意识中消除，还通过社会生活的诸多领域显现出来。即便是今天，当工人阶级、农民阶级和知识分子随着时代的发展已经逐渐演变成多个阶层的时候，阶层仍然是一种社会身份的象征。为了管理的需要，我国把户口分为城镇户口和农村户口，不同的户口往往本身就是社会身份的体现；为了工作性质的区分，我们把工作岗位分为国家公职岗位、事业单位、企业，在企业中又分国有企业、外资企业、中外合资企业等，与此相对应的分别在这些岗位工作的人员，如公务员、事业单位职工、企业员工等也有了传统的身份地位的高低。

正如上文所述，身份决定了一个人社会地位的高低，而社会地位的高低直接决定了一个人参与社会资源分配的不公和社会权利的不平等。我国的城乡二元经济体制就是城市户口和农村户口的区别，随之而来的是就业、教育、社会福利等各方面的不平等机会和待遇。在公务员、事业单位员工与企业职工这三类人员中，不仅社会保障是有区别的，而且顺向流动比较容易,而逆向流动则非常困难,这本身也是身份差别的一种体现。

所有关于身份的论述,说到底,一个社会如果在用人问题上"唯身份"的话,往往就是这个社会不平等的最大体现,虽然有时为了管理的需要,客观上需要对社会中的人群进行分类和界定,但是主观的等级、秩序意识往往超越了客观分类管理的需要,特别是在中国这样一个传统的秩序等级意识比较浓的国家。以胡锦涛为首的党中央提出"不唯身份"的人才观,是党的人才思想的进一步解放,是力图通过改革制度变革社会观念体系,是通过公平、正义的人才思想和政策对和谐社会理念的又一很好的阐释。

(三)人人都可以成才——人才的培养论

人人都可以成才是胡锦涛为总书记的党中央关于人才思想的核心内容,"人人都可以成才"与"不唯学历,不唯职称,不唯资历,不唯身份"的"四不唯"人才思想是完全吻合的,是辩证统一的。如果一个社会的用人政策和标准是唯学历、唯职称、唯资历、唯身份的话,那么这个社会和国家就不可能做到人人均可以成才,相反只是一小部分人成才,而且不一定都是真正的人才。一个社会只有打破唯学历、唯职称、唯资历、唯身份的人才思想束缚,把对人才的评定由注重外在的形式转向注重内在的能力和通过实践取得的业绩,才是真正科学的人才观,才可能出现人人均可成才的良好局面。

"人人都可以成才"作为一种全新的人才观,是胡锦涛同志2003年12月在全国人才工作会议上提出的。胡锦涛指出:"要牢固树立人人都可以成才的观念。中国特色社会主义伟大事业,为每一个人的发展创造了广阔天地。要按照促进人的全面发展的要求,切实实行有利于人才成长的政策措施,大力营造有利于人才成长的体制、机制和环境,把每一个人的潜能和价值都充分发挥出来。"①在随后下发的《中共中央、国务院关于进一步加强人才工作的决定》中,对人人都可以成才做了明确的表述:"树立科学的人才观。人才存在于人民群众之中……鼓励人人都作贡献,人人都能成才。"②人才工作的决定特别把"人人都可以成才"与"不唯学历,不唯职称,不唯资历,不唯身份"的"四不唯"人才思想放在一起集中做了表述,体现了二者人才思想的完全统一性。

人人都可以成才体现了胡锦涛科学人才观的核心内容,具有鲜明的时代特征和丰富的意义内涵,对提倡和鼓励每个人通过"勤奋学习、勇于实践、服务社会"实现个人成才具有巨大的号召力和感召力。

1. 提出人人都可以成才的背景

"人人都可以成才"的提出,是党的人才思想的新发展,体现了党由精英人才观向群众人才观的转变。这一转变有其独特的社会背景,主要体现在两个方面。

一是人人都可以成才是实施人才强国战略的需要。以胡锦涛为总书记的党中央继承了党的科教兴国战略和人才战略,根据党和国家事业发展的需要,提出了人才强国战略。在信息时代和知识经济日益明显的21世纪,一个"强国"的概念已经远远不是"冷战"时代的"军事强国"概念。21世纪的强国,是以经济为基础、科技为支撑、人才为保障的包括军事、政治、经济、文化等各方面都均衡发展的现代化国家,既包括军事、经济等硬实力的强大,也包括文化等软实力的强大。因此,国家对人才的需求是多方面的、多类型的、多层次的,不仅仅需要少数精英人才,而且需要更多的各级各类人才,从而促进国家各个方面的发展。此外,鼓励人人都可以成才,也是以人才数量求人才质量的战略选择。

二是人人都可以成才是全面建设小康社会的需要。2000年,中国人均GDP基本达到1000美元,顺利实现了邓小平制定的三步走的前两步目标,基本实现了小康,但这时的小康还是低水平的、不均衡、不全面

---

① 《十六大以来重要文献选编》(上),中央文献出版社,2005年版,第575页。
② 《十六大以来重要文献选编》(上),中央文献出版社,2005年版,第623页。

的小康。2000年末,全国初步达到小康水平的人口占全国人口75%左右,全国还有近3000万人的温饱问题没有解决,城镇还有近2000万人生活在最低社会保障水平线以下,农村还有几千万人口是低水平的不巩固的温饱。在新的世纪,党要领导全国人民建设惠及全体国民的更高水平的小康社会,要使经济更加发展、民主更加健全、科教更加进步、文化更加繁荣、社会更加和谐、人民生活更加殷实。要努力形成全体人民各尽其能、各得其所而又和谐相处的局面,巩固和发展民主团结、生动活泼、安定和谐的政治局面。概括来说,就是进一步建设社会主义市场经济、社会主义民主政治、社会主义精神文明。

要全面建设小康社会,全面发展社会主义物质文明、精神文明和政治文明,就必须全面展开我国的社会主义现代化建设。因此,我国对各个层次、各个类别的人才需求数量猛增,不仅需要高层次、高技能、复合型人才,大量的实用性技工等人才同样紧缺。我国人才的总量、结构和素质都已经不能适应经济社会发展的需要,我国的人才事业处于需要进一步整合、完善、全面推进阶段。在这样的背景下,必须建立和完善与社会经济发展需要相适应的人才结构,树立与现代人力资源管理理论相契合的能力本位论和实绩评价机制,坚持人才工作的群众路线和群众观点。正如2003年12月《中共中央国务院关于进一步加强人才工作的决定》(以下简称《决定》)所指出:要完成全面建设小康社会的历史任务,实现中华民族的伟大复兴,人才是关键因素,要完成这一历史任务,必须努力造就数以亿计的高素质劳动者和数以千万计的专门人才,特别是一大批拔尖创新人才;要建设规模宏大、结构合理、素质较高的人才队伍;要努力开创人才辈出、人尽其才的崭新局面,把我国由人口大国切实转化为人才资源强国,大力提升国家核心竞争力和综合国力。"人才存在于人民群众中"、"人人成才"成了新时期最响亮的口号,"品德、知识、能力和业绩"四位一体,成为衡量新时期人才的重要标准。从而大大调动起全体人民争相成才的积极性,真正使各方智慧和创造性充分涌流,为全面建设更高水平的小康社会提供了坚实的人才保障和强大的发展动力。

2."人人都可以成才"的科学内涵

"人人都可以成才"是一种开放性、群众性的人才成长观念,有利于大批人才脱颖而出,给社会中的每一个人展现了只要通过努力就可以到达理想彼岸的美好前景。"人人都可以成才"充分体现了我国经济社会发展对人才需求的广泛性和层次性,也适应了我国经济社会发展的不均衡性和多样性的现实状况。这一人才思想还使每一个社会主义建设者明白,只要努力,都可以融入有中国特色社会主义事业的伟大实践中,成为对祖国和人民有用的人。"人人都可以成才"的科学内涵主要表现在以下四个方面。

一是群众性。新的人才观,不仅突破了以家庭出身和政治成分对人的判断,也突破了以知识和职称对人的评定,提出"人才存在于人民群众之中"的理念。按照马克思主义的观点,最广大的人民群众是历史的创造者,是推动社会发展的决定因素,把人才的存在置于广大人民群众之中,使人才产生的源头源源不断,永不枯竭。与此同时,也体现了人才同人民群众的血肉联系,体现了人才、国家、群众利益的高度统一性。

二是平等性。对人才的评价"不唯学历、不唯职称、不唯资历、不唯身份",而是以"是否在建设中国特色社会主义伟大事业中作出了积极贡献"为重要标准,从而摒弃了长期以来我们以人才的某些外在特征来判定人才的片面眼光,使人才的评定有了更强的现实性和指引性。同时,也为广大人才的产生提供了更为广阔的空间,对人才的评价有了更为科学的、平等的标准。由于人才判断标准的统一,使任何一个人可以不论性别、年龄、特长,不分行业、部门、职位,只要真正通过自己的创造性劳动为社会作出贡献,就会得到社会承认。从而为人才施展才华提供了公开、平等和透明的竞争平台。

三是实践性。人才工作会议的《决定》指出:"只要具有一定的知识和技能,能够进行创造性劳动,为推进社会主义物质文明、政治文明、精神文明建设,在建设中国特色社会主义伟大事业中作出积极贡献,都是党和国家需要的人才。"这段话指明了人才所必须具备的三个特征:首先要有一定的知识和技能,这是作为人才的基础和前提;其次要为社会作出积极贡献,这是判断一个人是否为人才的最终标准,是人才最终价值的体现;最后要进行创造性劳动,这是人才实现价值、得到承认的有效和唯一途径,人才只有进行创造性劳动,才可能利用自身的知识、技能为社会作贡献。由此可见,新的人才观中非常注重创造性劳动,也就是实践,注重通过实践实现人才的价值,注重通过实践使理论上的人才成为现实社会发展中的人才,实践性是新的科学人才观的重要特征。

四是过程性。"人人都可以成才"并不意味着人人生来都是人才。成为人才的一个前提和必要条件就是人首先必须掌握一定的专业技能和知识,而专业技能和知识不是与生俱来的,是经过后天的不断努力学习和实践而获得的,这就需要一个过程。由于每个人的先天禀赋和后天学习、实践的环境、机遇不尽相同,又会导致这一过程的各不相同。在掌握一定的知识和技能之后,人只有通过创造性的实践,把自身的知识和技能转化为对社会和人民现实的贡献,人作为人才的价值才能真正得以体现,得到社会的承认,理论意义上的人才才能成为真正现实意义中的人才。然而,由于每个人实践的能力、机遇等诸多不同,又会导致其为社会作贡献的效率、多少不同。综合以上情况来看,人成为人才,成为真正对社会有贡献的人才是需要一个过程的,这一过程会因每个人的具体情况而各不相同。作为社会来说,要尽量为每个人的成才创造良好环境,促使每个人尽快成才,同时对每个人都抱有信心,从长远的角度来看待其成才,而不能用短视的目光,以一时一地的贡献来判断一个人的成才;同样,作为个人来说,要勤奋学习,勇于实践,以争取早日成为对祖国和人民有用的人才,同时也要树立终身成才的目标,通过终身学习、不断实践来为社会持续发展作出贡献。

3.人人都可以成才的现实意义

人人都可以成才是胡锦涛为总书记的党中央人才思想的重要内容,是科学人才观的重要体现,其意义影响深远,最起码有以下两方面现实意义。

一是为每个人提供了平等的成才环境,真正做到不拘一格选拔人才。人人都可以成才突破了以家庭出身和政治成分对人的判断,也突破了以知识和职称对人的评定,纠正了"唯学历、唯职称、唯资历、唯身份"的人才思想的弊端。阐明了人才存在于人民群众之中,坚持人才问题上的群众路线和群众观点。不管一个人的身份地位如何,只要具有一定的知识或技能,能够进行创造性劳动,为推进社会主义物质文明、政治文明、精神文明建设,在建设中国特色社会主义伟大事业中作出积极贡献,都是党和国家需要的人才。从而以科学的宏大视野,以一种更加平等的理念,为任何一个有志于为国家和人民出力的人,提供了成长成才的广阔空间,真正做到了不拘一格、五湖四海选拔人才。鼓励人人都作贡献,努力使一切知识、劳动、管理、技术和资本的活力竞相迸发,使一切创造社会财富的源泉充分涌流。

当然,要真正做到人人均可成才,除了党和政府的鼓励和提倡外,每个人也必须利用当今社会鼓励人人成才的大好环境,奋发努力,有所作为;此外,大力发展教育,落实科教兴国战略,充分发挥教育在人才培养和成长中的基础性作用也很重要。目前我国人均受教育年限为8年,而发达国家为11—14年。因此,在整个社会发展中,确立人力资本优先的理念,重视加大教育投资也很重要;当然,加快体制、机制创新,不断优化人人成才的社会环境,变"闭门相马"为"公开赛马",营造开放、宽松、宽容的社会气氛,形成育才、聚才和用才的良好环境,也是促进人人成才的重要举措。

二是有利于把我国巨大的人口资源变成丰富的人才资源。我国是世界上人口最多的发展中国家。人口众多、资源相对不足、环境承载能力较弱是中国现阶段的基本国情,人口问题是关系中国经济社会发展的关键性因素。统筹解决人口问题始终是中国实现经济发展、社会进步和可持续发展面临的重大而紧迫的战略任务。中国政府坚持人口与发展的综合决策,将人口发展纳入国民经济和社会发展总体规划,努力使人口发展与经济社会发展相协调,与资源利用和环境保护相适应。从20

世纪70年代以来,中国政府坚持不懈地在全国范围内推行计划生育基本国策,经过30年的艰苦努力,有效地控制了人口过快增长,成功地探索了一条具有中国特色综合治理人口问题的道路,有力地促进了中国综合国力的提高、社会的进步和人民生活的改善,对稳定世界人口作出了积极贡献。

然而,人口问题是我国在社会主义初级阶段长期面临的问题,是短时间内难以改变的问题。虽然从20世纪70年代开始,党和政府采取了一系列与经济社会发展相适应的人口政策,并取得了一定成效,但人口问题一直是制约我国经济社会发展的一个重要因素。同时,由于计划生育政策的实施,由此带来中国人口的老龄化和性别失衡问题已经越来越严重,并由此引发了一系列社会问题。可见,仅仅依靠计划生育来控制人口的增长、提高人口的素质并不是一个理想的解决人口过多的方案。

《决定》中特别提出了通过教育来培养人才的战略途径。《决定》指出,要加快构建现代化的国民教育体系,更好地为经济社会全面发展来培养人才。认为教育是培养人才的基础,要按照三个面向(现代化、世界、未来)的要求,坚持教育为社会主义现代化建设和人民群众所需服务。《决定》提出,要统筹城乡教育,全面普及九年义务教育,积极发展高中阶段教育,全面推进素质教育,大力推进职业教育等意见。《决定》还指出,要加快构建终身教育体系,促进学习型社会的形成。由此可见,贯彻实施人人都可以成才思想的基本途径就是通过全方位、多渠道、全过程、立体化的现代国民教育体系和终身教育体系来全面提高国民的综合素质,从而把我国巨大的人口资源变成丰富的人才资源,以满足全面建设小康社会的需要。

(四)人的成才是实现人的发展——人才的目的论

1. 提出人的成才是实现人的发展的时代背景和理论依据

人的成才是实现人的发展,这是新时期以人为本的思想在党的人才思想中的具体体现。科学发展观是"人的成才是实现人的发展"这一思想的理论依据,而科学发展观提出的现实背景,也正是"人的成才是实现人的发展"这一思想的社会背景。

2003年春夏那场席卷全国的"非典事件",至今仍历历在目。非典事件导致了当时北京市市长孟学农引咎辞职,开了改革开放以来,我党部级高官因为公共事件辞职的先河。非典事件表面上触及和暴露了我国经济社会发展、城乡发展的不平衡,农村医疗卫生条件的落后以及党和政府处理社会公共突发事件经验的缺乏。其本质上却是揭示了我国发展理念上存在的问题,即我们还没有很好地解决发展依靠谁、发展为了谁的根本问题。在发展理念上还存在为了发展而发展,片面追求GDP发展,发展中见物不见人等错误思想。这种片面的、不科学的发展观认为,发展就是经济的快速运行,就是国内生产总值(GDP)的高速增长,它忽视甚至损害了人民群众的需要和利益。一方面是经济的快速发展,一方面是对公众生命保护的不力,特别是对农村弱势群体生命保护的不力,使党和政府面临空前的国内、国际压力,高速发展的经济在这些压力面前不仅不能说明和解决问题,反而形成鲜明的对比。

我们党是善于总结经验的党,以胡锦涛为总书记的党中央根据时代的特点和面临的任务,郑重提出一切发展都是为了人民(发展的目的),发展成果由全体人民共享(不仅是城里人和部分人分享)为主要内容的"以人为本"理念。这一理念后来成了科学发展观的核心内容,被写入了党的十七大报告和党章。

科学发展观一经提出,迅速上升为中国特色社会主义的指导思想,也自然成为新时期的党的人才工作的指导思想和理论依据。人的成才是实现人的发展正是科学发展观的核心思想——以人为本在人才思想中的具体体现。以人为本的一个重要思想就是一切发展为了人本身,人是一切发展的根本目的。既然人是发展的目的,那么人自身的成才发展便是发展的最大目的。现实生活中,人要想获得全面自由的发展,就必须获得一定的知识、经验和技能,获得不断认识、改造自然和社会的能力。换句话说,人首先需获得必备的知识和能力,然后才能很好地发展自身。所以,我们说人的成才是为了实现人的发展,成才不是目的,成才是手段,发展自身是目的。以人为本的另一个重要思想就是发展依靠人本身,发展为了人,发展也必须依靠人本身。发展依靠人,是因为发展所需的理念来自人,发展所需的科技和工具为人所掌握,发展依赖的制度保障、物质保障等依靠人来提供。发展的理念越科学,发展的科技越先进,发展的保障越完善,发展的步伐就越快,而科学的理念、先进的科技、完善的保障均需人来提供。所以,人的素质至关重要。因此,为了更好地发展,人必须不断提高自身素质,也就是努力成才,成为中国特色社会主义事业所需的各级各类人才,才能真正推动我国各项事业又好又快地发展。

2. 人的成才是实现人的发展的科学内涵

《决定》明确指出:把促进发展作为人才工作的根本出发点。要围绕发展来确立人才工作的目标任务,要根据发展来制定人才工作的政策措施,要用发展来检验人才工作的成效。由此可见,党明确把人成才的目标归为人的发展。

第一,人成才的目标兼顾社会与人的发展,落脚点还是人的发展。

把人成才的目标归为什么样的发展呢?归为社会的发展?归为具体每个人自身的发展?还是归为集体抽象的人的发展?抑或是其他的发展?《决定》其实已经做了回答,那就是"促进经济社会和人的全面发展"。也就是说,把人的成才归为既促进经济社会的发展,又促进人的发展。那么这两者有没有侧重呢?我们回顾一下党的科学发展观提出的历程,就可以很好地理解这一问题。2003年10月,党的十六届三中全会隆重召开,正是在这次会议上,党正式提出"以人为本、全面协调可持续"的科学发展观,把以人为本放在重要地位。2007年6月25日,胡锦涛同志在中央党校发表重要讲话,重申科学发展观的核心是以人为本。2007年10月,党的十七大胜利召开,科学发展观成了会议的主题,又一次强调"以人为本"是科学发展观的核心,这里的人不再是抽象的人,而是现实生活中的每一个具体的人。由此可见,人的成才虽然是为了促进经济社会和人的共同发展,但重点和核心是促进人的全面发展,是促进一个个具体的人的全面发展。

第二,人的成才是实现人的发展与马克思关于人的发展观完全一致。

马克思在《共产党宣言》里有一句名言:"在那里,每个人的自由发展是一切人的自由发展的条件。"马克思以解放全人类为己任,并穷其一生精力分析研究如何摆脱自然、社会的束缚,实现人的全面自由发展。在马克思、恩格斯的著述中,关于实现人的发展的思想很丰富,但是有两点尤其重要。

一是认为只有通过"人的能力的全面发展"才能实现"人的全面发展"。马克思在《资本论》中指出,所谓"全面发展的个人",也就是"用能够适应极其不同的劳动需求并且在交替变换的职能中只是使自己先天和后天的各种能力得到自由发展的个人来代替局部生产职能的痛苦的承担者"。① 在《政治经济学批判》中,他再次强调:"全面发展的个人——他们的社会关系作为他们自己的共同的关系,也是服从于他们自己的共同的控制的——不是自然的产物,而是历史的产物。要使这种个性成为可能,能力的发展就要达到一定的程度和全面性。"② 由此可见,马克思认为,人的全面发展依赖于人的能力的全面发展,没有能力的全面发展就没有人的全面发展,人的能力的全面发展是人的全面发展的基础和前提。

二是指出了实现人的全面发展的唯一途径是社会实践。在人类思想发展史上,提出实现"人的全面而自由的发展"思想的,马克思并非第一人。在马克思主义哲学产生以前,已经有许多思想家对这一问题进行了不同程度的论述。但是,他们的一个共同缺陷就是轻视社会实践,看不到社会实践是实现"人的全面而自由发展"的必由之路。在人类通向全面自由发展的道路上,根据马克思的观点,有三点必须具备,即生产力

---

① 《马克思恩格斯全集》第42卷,人民出版社,1979版,第561页。
② 《马克思恩格斯全集》第46卷上,人民出版社,1979年版,第108页。

高度发达、消灭旧式分工、消灭私有制。这三点,无论哪一点都不是空想或坐而论道可以实现的,无不是通过人类的实践和斗争实现的。空想社会主义是第一个明确提出"使每个人在肉体、精神上都能得到全面发展"的学派。但空想社会主义者认识不到社会实践在实现人的全面自由发展过程中的重要意义。他们把人间的罪恶归结为穷人的愚昧和富人的不善,把对资本主义的批判和改造主要归结为对穷人的文化教育和对有钱人的道德教化。正因如此,他们受到了马克思、恩格斯的猛烈批判,其观点被称为"空想社会主义"或"伦理社会主义"。在人类思想的发展过程中,马克思对人的全面而自由的发展这一思想的主要贡献就在于认识到社会实践的重要意义,从而为人类真正实现自身的解放,实现全面自由的发展找到了现实的途径和道路。正是在这种意义上,马克思把人类社会的发展看做是"一本打开了的关于人的本质力量的书"①,把人类历史看成是不断地"追求着自己目的的人的活动而已"。②

在马克思关于人的发展观中,无论是通过"人的能力的全面发展"来实现"人的全面发展",还是通过"实践"的途径来实现人的全面发展,都离不开人的成才。因为人才是存在于人民群众之中,具有一定的知识和技能,进行创造性劳动,为推进社会主义物质文明、政治文明、精神文明建设,在建设中国特色社会主义伟大事业中作出积极贡献的人。可见,人才首先是必须具备一定的专业知识和技能,人全面发展所需的能力从哪来,只有从人习得的知识和技能中来;"人才"的概念还告诉我们,人才只有通过创造性劳动为"三个文明"做出实绩,为祖国作出贡献才能成为人才,创造性劳动是什么,就是我们所说的实践。可见,无论是能力还是实践,都是人才必备的条件和特征。而成才又是为了什么呢?是为了社会和人的全面发展,最主要是实现人的全面发展。所以,人的成才是实现人的全面自由发展的前提,人的全面自由发展是人成才的最终目标。同样,由于人的全面发展还指社会全体成员的全面发展,所以人的成才

---

① 马克思:《1844年经济学哲学手稿》,人民出版社,1985年版,第84页。
② 《马克思恩格斯选集》第2卷,人民出版社,1995年版,第118页。

绝不是某个人或某些人成才,而是社会中每个人的成才,这样才能真正既实现每个人的全面发展又实现社会全体成员的全面发展。每个人都成才了,每个人的能力都提高了,通过实践,每个人实现全面发展的可能性就增大了,每个人都实现全面发展了,社会全体也就全面发展了,而整个社会的全面发展必将又反过来推动每个人的全面自由发展。

当然,人的全面发展,不仅指每个人自身的发展,还包含着社会全体成员的全面发展,意味着人类的彻底解放。个人的全面发展与社会的全面发展是互为条件的,但落脚点是以社会的发展促进人的发展。马克思指出:"私有制只有在个人得到全面发展的条件下才能消失"①,共产主义是"以每个人的全面而自由的发展为基本原则的社会形式"②。恩格斯早在《共产主义原理》中就指出:要"使社会全体成员的才能得到全面的发展",恩格斯还在《反杜林论》中指出:"自然,要不是每一个人都得到解放,社会本身也不能得到解放。"③可见,马克思、恩格斯、列宁论及的"个人"与"社会全体成员"并非是彼此无关的。个人是社会中的"个人",社会就是"每一个人",即一切人的集合体。

第三,人的成才是实现人的发展是科学发展观在人才思想中的具体体现。

科学发展观的核心是以人为本,是指对人在社会历史发展中的主体作用与地位的肯定,强调人在社会历史发展中的主体作用与目的地位,强调的是充分尊重每个人的个性、尊严和权利,将人民的利益放在最优先的位置,促进人的全面发展。人的全面发展,按照马克思关于人的发展的含义应该包括三个方面的内容:一是人的发展实际上是人的劳动的发展,就是人的劳动能力和劳动形式的发展。作为类存在物,人是劳动的产物,是劳动的主体。劳动是人区别于动物的根本标志,是人的本质特征。人只有通过劳动,在改造客观世界的同时才能改造自身,在劳动

---

① 《马克思恩格斯全集》第3卷,人民出版社,1995年版,第516页。
② 《马克思恩格斯全集》第23卷,人民出版社,1964年版,第649页。
③ 《马克思恩格斯选集》第3卷,人民出版社,1995年版,第644页。

的发展中获得自身的发展。人的劳动能力是多方面的,包括人为满足需要有效地完成社会劳动所必需的知识、技能和本领。二是人的发展就是人的社会关系的发展,就是人的社会关系的丰富性和人对社会关系的控制程度的发展。人总是在一定的社会关系中生存和发展的,人的发展现实地表现在具体的社会关系的变革中。马克思正是从人的社会关系发展的角度提出了人的发展三阶段理论。三是人的发展实际是人的自由个性的发展,就是人的独立性和自主性的自由发展。

在马克思关于人全面发展的三个具体发展中,无论是人的劳动发展中对劳动能力的获得,人的社会关系发展中对社会关系控制能力的获得,还是人的自由个性发展中个性的形成,都离不开人的学习和实践过程。而学习和实践正是一个人成才的两个必经途径和渠道。因此,人的成才与人的全面发展,二者在一定程度上本质是相同的,人的成才本身就是人的全面发展的一部分,人的成才也是实现人的全面发展的基础和重要途径。可见,人的成才是实现人的发展与科学发展观关于人的发展的思想本质上是完全一致的,是科学发展观中以人为本的思想在党的人才思想中的具体体现。

第四,人的成才和人的发展随着我国综合国力的不断提高而进一步实现。

人的全面而自由发展,是共产主义社会的基本原则,同样也是社会主义的基本原则和价值目标。但是,在社会主义社会发展所处的较长时间内,在社会主义国家中,并没有把人的全面自由发展作为社会的目标和核心。这既与当前社会主义国家大多是在经济文化落后的国度建立起来,生产力落后,客观条件不具备有关,也与我们主观上对社会主义的最终价值认识不清有关。在我国的十年动乱中,更是对人的发展进行了巨大破坏,不少人的生命都得不到保障,更谈不上人的自由而全面发展了。改革开放以来,中国经济总量不断增大,经济和社会的各个领域进行了前所未有的改革和开放,开创了一条具有中国特色的社会主义现代化道路。经过30年波澜壮阔的改革实践和创新探索,我国的经济发展水平大幅提高,综合国力明显增强,人民生活显著改善。就经济实力而言,2000年,人均国民收入基本达到1000美元,自2005年至2007年,中国经济总量已经连续两年位居世界第四。2005年连超法国和英国。2002年,中国国内生产总值120333亿元,2007年达到246619亿元,年平均增加25257亿元。2008年,中国的经济总量已经超越德国,位居世界第三,2010年,中国经济总量达5.879万亿美元,超越日本,位居世界第二。就军事实力而言,中国目前是世界第三军事大国(福布斯排名)。在政治影响力上,中国作为联合国五大常任理事国之一,在世界政治和区域政治中发挥的作用也越来越大。正是在中国经济、政治、文化、军事等各方面综合实力不断增强的情况下,党和国家促进人的全面发展的基础、能力和保障不断得到夯实和提高,人才成长的软环境和硬环境不断得到优化。在此基础上,党更加注重人的自身发展,促进人的全面自由发展,人的成才既是人的发展的具体体现,又是实现人的全面发展的基础、前提和实现途径。随着我国综合国力的进一步提高,物质文明和精神文明的进一步发展,人的成才环境会进一步得到优化,人的全面发展会得到进一步实现。

3. 人的成才是实现人的发展的现实意义

以胡锦涛为总书记的党中央,在新的历史条件下提出了人的成才是实现人的发展这一重要的人才思想,在全面建设更高水平的小康社会实践中具有重要的现实意义。主要表现在三个方面。

第一,进一步克服了发展中见物不见人的错误思想。任何时代和任何社会都不可避免地按照历史前进的规律在发展,任何朝代的统治者也都讲发展,只不过发展的目的和方式不同,发展依靠的力量不同。在封建社会,封建统治者也讲发展,只不过封建社会的发展更多的是维持"家天下"的统治秩序,发展的目的是实现和维护极少数统治者的私利;在资本主义社会,资本家也讲发展,但资本家的发展是在更多剥削无产阶级的基础上,扩大自己的利润空间,满足自己更大的欲望。资本主义国家的政治家也讲发展,由于他们被大资本集团所牢牢掌控,往往言不由衷,很难代表最广大人民的利益;在社会主义的建设初期,我们也犯过错误,片面强调经济发展,而忽视其他发展,片面追求GDP的发展,而忽视对人的权利和利益的维护。这些不同时代、不同国家的发展都有一个共同的特点,就是不管哪个时代、哪个国家的发展,都要依靠一批人才的努力和贡献,才能推动发展。这些不同时代、不同国家的发展中还有一个相似的地方,就是推动国家社会发展的人才都不是国家、社会发展的目的,只是手段和工具。"狡兔死、走狗烹,飞鸟尽、良弓藏,敌国破、谋臣亡",就是对封建社会人才工具论的最好阐释。

人的成才是实现人的发展,将人成才的目标直指人的发展,既克服了封建社会和资本主义社会只把人才作为发展的工具的片面性,也有效纠正了社会主义建设初期,一些地方以GDP为中心的片面发展观和见物不见人的错误思想,使人成为发展的中心和目的。

第二,切实促进了人的自由全面发展。2003年12月,中国共产党历史上第一次人才工作会议在北京召开,随后下发了《中共中央、国务院关于进一步加强人才工作的决定》。《决定》明确提出了人才强国战略,确立科学的人才观,并指出,要把促进发展作为人才工作的根本出发点。树立全面、协调、可持续的发展观,促进经济社会和人的全面发展。由于经济社会的发展最终还是落实和解决人的发展,因此,其中实际上暗含了"人的成才就是实现人的发展"这一科学思想。

为了切实保障人才强国战略的实现,切实通过人人成才来实现人人发展,人才工作会议规定了从制度到机制的一系列保障条件,极大优化了人才成长的舞台和空间,也切实促进了人的全面成才和发展。主要体现在以下六个方面:

一是以能力建设为核心,大力加强人才培养工作。包括把人才资源能力建设作为人才培养的核心;加快构建现代国民教育体系,以更好地为经济社会全面发展培养人才;加快构建终身教育体系,促进学习型社会的形成。

二是坚持改革创新,努力形成科学的人才评价和使用机制。具体包括建立以能力和业绩为导向,科学的社会化的人才评价机制;建立以公开、平等、竞争、择优为导向,有利于优秀人才脱颖而出、充分施展才能的选人用人机制。

三是建立和完善人才市场体系,促进人才合理流动。根据完善社会主义市场经济体制的要求,全面推进机制健全、运行规范、服务周到、指导监督有力的人才市场体系建设,进一步发挥市场在人才资源配置中的基础性作用;促进人才合理流动,进一步消除人才流动中的城乡、区域、部门、行业、身份、所有制等限制,疏通现有人才的三支队伍之间、公有制与非公有制组织之间、不同地区之间的人才流动渠道。

四是以鼓励劳动和创造为根本目的,加大对人才的有效激励和保障。主要包括:完善分配激励机制;完善按劳分配为主体、多种分配方式并存的分配制度,坚持效率优先、兼顾公平,各种生产要素按贡献参与分配;建立规范有效的人才奖励制度。坚持精神奖励和物质奖励相结合的原则,建立以政府奖励为导向、用人单位和社会力量奖励为主体的人才奖励体系,充分发挥经济利益和社会荣誉双重激励作用;建立健全人才保障制度。积极探索机关和事业单位社会保障制度改革,进一步完善企业社会保障制度,为推进人才工作的深入发展提供保障。

五是突出重点,切实加强高层次人才队伍建设。主要措施是:把中高级领导干部、优秀企业家和各领域高级专家等高层次人才队伍建设摆在重要位置;加大吸引留学生和海外高层次人才的工作力度;加强和改进国家重要人才安全工作。

六是推进人才资源整体开发,实现人才工作的协调发展。主要措施有:坚持人力资源开发与经济社会发展相协调,把人才工作作为制定国民经济和社会发展规划的重要内容,建立健全人才资源开发宏观调控体系,不断扩大人才工作覆盖面,实现各类人才队伍建设的协调发展;进一步做好西部和民族地区人才工作;重视非公有制经济组织和社会组织人才工作;加强高技能人才和农村实用人才队伍建设;大力抓好青年人才队伍建设。

七是坚持党管人才原则,努力开创人才工作新局面。主要措施就是坚持党管人才原则,动员和组织全社会力量,加大投入,完善法制,优化人才成长环境。

以上这七个方面,从保障和促进人才成长的体制、机制,人才工作的重点、对象和方法等做了科学的规定,特别是党管人才原则为人才的成长提供良好的组织、社会、制度保障。人的成才是实现人的发展,人的成才本身就是人的全面发展的重要内容和基本途径。因此,党对人的成才的大力保障,客观上就是促进了新时期人的全面自由发展。

第三,切实贯彻落实了科学发展观。科学发展观是中国共产党的重大战略思想,在中国共产党第十七次全国代表大会上写入党章,成为中国共产党的指导思想之一,是指导我国经济社会发展的根本指导思想。科学发展观的第一要务是发展,核心是以人为本,基本要求是全面协调可持续发展,根本方法是统筹兼顾。科学发展观的具体内容包括:以人为本的发展观;全面发展观;协调发展观;可持续发展观。在这四个发展观中,其中以人为本的发展观是统领和核心,全面、协调、可持续的发展观,最终的落脚点就是以人为本的发展观。

全面、协调、可持续的发展主要指政治、经济、文化、社会的四位一体共同发展,城乡、区域的协调发展,人与自然的和谐发展,国内国外的共同发展。而检验这些发展的核心标准就是这些发展最终是否有效促进了人的发展。人的成才促进人的发展,从每个人成才的角度来实现人的发展,是科学发展观在新时期人才思想中的具体体现,是科学发展观中以人为本的核心理念在人才思想中的具体体现。科学发展观是指导我国经济社会发展的根本指导思想。科学发展观的贯彻落实就是依靠中国特色社会主义的各项事业和各行各业紧密结合各自工作的特点和实际加以贯彻实施。新时期党的"人的成才是实现人的发展"的人才思想,正是在党的人才培养这一领域很好地领会和贯彻了科学发展观,很好地落实了以人为本的核心思想,推动了科学发展观在中国特色社会主义各项事业实践中的贯彻落实。

（五）坚持党管人才——人才的环境论

1. 党管人才原则的提出

党管人才要求的实质是服务于实现中华民族伟大复兴的目标，最大限度地发挥各方面人才的作用，集聚优秀人才。2001年，在中国共产党成立八十周年大会上，江泽民根据新形势下党和国家事业发展对各级各类人才的需求，强调要抓紧做好培养、吸引和用好人才工作的各个环节，调动各方面人才的积极性。同年8月，在北戴河会见部分社会科学专家和国防科技专家时，江泽民进一步指出，人才问题关系党和国家的长治久安和兴旺发达，要牢固树立人才资源是第一资源的思想。2002年5月，《2002—2005年全国人才队伍建设规划纲要》出台，第一次提出实施人才强国战略。2002年11月，党的十六大报告进一步指出，要努力形成广纳群贤、人尽其才、能上能下、充满活力的用人机制，把优秀人才集聚到党和国家的各项事业中来。人才资源是第一资源，人才强国战略虽然都没有直接提出党管人才的概念，但是党对人才工作的重视与日俱增，党对人才工作的视野已经从党管干部开始突破，关注到各行各业的所有人才，这些都为后来党管人才原则的提出奠定了基础。

2002年12月召开的全国组织工作会议，明确提出"党管人才"的要求，这是我党根据新世纪面临的新课题，为巩固和扩大党的执政基础，推进人才强国战略，实现全面建设小康社会的目标而提出的又一重要思想。2003年5月23日，在中央政治局会议上，胡锦涛再次指出，实施人才强国战略，要坚持党管人才原则。2003年12月，中国共产党历史上的第一次人才工作会议上，进一步明确提出党管人才的思想。之后，中共中央国务院便下发了《决定》，对党在新时期的人才工作做了全面的部署和规划，共谈了八大点，二十三小点，其中在第八大点专门提出了坚持党管人才原则，努力开创人才工作新局面。《决定》指出：大力实施人才强国战略，必须坚持党管人才原则。并指出之所以坚持党管人才原则，是党适应全面建设小康社会的新任务，是完善社会主义市场经济体制的新要求,是顺应党所处历史方位的新变化,是改革和完善党的领导方式、执政方式、提高执政能力的重大决策,是新时期人才工作沿着正确方向的根本保证。从而在党的正式工作文献中,第一次提出和规定了党管人才的原则。

随着世界多极化与经济全球化的进一步发展,世界各国特别是大国之间的竞争,集中表现为以经济、科技、国防实力与民族凝聚力为主要特征的综合国力的竞争,这种竞争从根本上说就是人才的竞争。当前,对人才的认识、开发、使用已经成为一个国家前途和命运的决定因素。进入新世纪以后,竞争日趋激烈的国际环境和急需加快发展的国内现状,要求我们党必须以长远的目光对人才工作做出科学决策,一要突破传统人才观念,实现从干部到人才的转变;二要突破把人才工作当做一个孤立的工作来抓,把人才工作纳入国家经济和社会发展的总体规划。党管人才原则,正是党中央根据形势发展的需要,在党和国家事业发展的关键时期做出的重大战略决策,意义深远。

2. 党管人才的科学内涵

在《决定》中,对党管人才的科学内涵做了两点非常明确的阐释:一是党管人才主要是管宏观,管政策,管协调,管服务;二是全面贯彻党管人才原则,必须动员和组织全社会力量,加大投入,完善法制,优化环境。

纵观《决定》中所做的两点阐释,党管人才的科学内涵可以用六个字来概括:服务、环境、目标。所谓"服务",就是党和政府要通过一系列措施、手段和途径来服务人才的成长。党管宏观,就是党在人才工作上的宏观调控,是把人才工程纳入党的经济社会发展大局来考虑,不再把人才工作当做一个孤立的工作来对待;党管政策,就是通过修改、制定和完善一系列有利于人才的成长、培养和使用的法律、法规和规章制度,为人才的成长和培养提供政策保障,从政策上推动新时期人才工作的开展;党管协调,就是当党的人才工作需要政策、经济等方面的支持或是管理人事的部门需要其他部门工作的支持时,由党委出面协调,以达到支持人才工作开展的目的。可见,不管是党管宏观、管政策还是管协调,其目的只有一个,那就是服务人才工作的顺利开展,服务人才的顺利成长。所谓"环境",就是党委通过一系列措施和手段努力创造有利于人才成长的环境,有利于凝聚、吸引人才的环境,有利于人才做事创业的环境,有利于调动人才的积极性、主动性、创造性的环境。正如《决定》中所指出:"要用事业造就人才,用环境凝聚人才,用机制激励人才,用法制保障人才,把全社会人才的积极性和创造性引导好、保护好、发挥好。"因此,这里所指的"环境",不是单独指哪一方面的环境,而是一个立体化、多层次的环境,真正做到观念凝聚人,事业吸引人,待遇保障人,机制激励人,法制维护人,环境宜人。所谓"目标",就是党管人才的一切工作紧紧围绕两方面进行。一是一切工作应围绕如何早出人才,多出人才,出好人才进行,围绕如何更好地服务人才的成长这一目标进行;二是所有人才工作的目标应围绕服务于全面建设小康社会的需要,服务于实现中华民族伟大复兴的目标进行。这两个目标是相辅相成的,只有早出人才,多出人才,出好人才,才能满足新时期中国特色社会主义各项事业发展的需要。同时,只有建设更高水平的小康社会,实现中华民族的伟大复兴,才能为每个人才的成长成才创造更好的条件和环境。

可见,党管人才的主要内涵就是通过党的宏观领导为人才的成长和发展创造一个优良的环境,以更好地服务于人才的培养、成长和使用,从而实现个人成才目标的基础上实现中华民族的伟大复兴,以中华民族的复兴进一步推动每个人的全面发展。概括来说,就是一个成才的优良环境,一个服务成才的综合服务体系,实现人的发展和国家发展两个具体而又相辅相成的目标。

3.党管人才的现实意义

一是实现了从"党管干部"到"党管人才"的理念转变。人才是一个具有鲜明时代性的概念。20世纪80年代初,为了在整个社会形成尊重知识、尊重人才的观念,党把人才界定为中专以上学历或初级以上职称的人。随着市场经济的深入发展,这种人才观容易产生"人才等于一定学历"的认识误区。江泽民从"劳动"的角度出发,认为一切通过自身的创造性劳动为社会作出贡献的人都是人才,从而突破学历和职称的框框,扩大了人才的外延。胡锦涛在此基础上,根据变化了的实际,提出人人都可以成才,人才存在于群众之中,从而进一步扩大了人才的内涵。

党管干部的原则,是我党长期坚持的一项重要原则。这一原则是从党的领导原则衍生而来的,是党的组织路线为政治路线服务的一项有力保障。主要是指,各级党委坚持贯彻执行党的干部路线、方针和政策,严格按照党的原则选拔任用干部,并对各级、各类干部进行有效管理和监督。从20世纪50年代初开始,党就提出改革原有的党组织"一揽子"管理干部的方式与体制,建立起在中央及各级党委统一领导下,在中央及各级党委的组织部统一管理下的分部分级管理干部的制度。这一原则虽然随着时代的发展不断修正,这一原则概念一直沿用到党的十六大。十六大报告指出:"党的领导主要是政治、思想和组织领导,通过制定大政方针,提出立法建议,推荐重要干部,进行思想宣传,发挥党组织和党员的作用,坚持依法执政,实施党对国家和社会的领导。"政治领导和思想领导都要通过组织领导来保证。党要实现组织领导,关键就是要坚持党管干部的原则。

2002年12月的组织工作会议上,胡锦涛提出了党管人才的原则,从而实现了我党从党管干部到党管人才的科学转变。党管干部原则的实质是坚持党对干部工作的领导。党管人才要求的实质是服务于实现中华民族伟大复兴的目标,最大限度地发挥各方面人才的作用,集聚优秀人才。党管人才是对党管干部原则的坚持和发展:党管干部原则历经中国革命、建设和改革,需要随着时代的发展和实践的变化,不断充实新内容、赋予新内涵。在经济全球化、政治多极化、文明多样性的深刻影响下,人才的内涵、来源、规模和结构也有了很大变化,人才的流动性大大增加,这对党的活动方式、执政方式提出了新的挑战,需要对党管干部原则在理论上做出新概括。由此,党管人才要求成为中国特色的人力资源建设的必然要求,成为中国共产党组织工作体现时代性的重要特征。党管干部原则与党管人才要求的侧重点不同,但目标一致。党管干部原则强调管好干部手中的权力,管的重要领域是高级干部,是党打牢组织的基础,是实现党领导的组织保证,"管"的重心在"管干部、建队伍"。"党管人才"的基本理念是党聚人才,强调在现代化建设中,为各类人才营造良好的社会工作环境,"管"的重心在"聚人才、创条件"。二者的共同目标是发现、团结、培养使用大批优秀人才,调动一切积极因素,为推进中华民族的伟大复兴而努力奋斗。

二是坚持党管人才是中国由人口大国转化为人才资源强国的重要保证。全面建设小康社会,需要一大批各行各业的人才。诚然,我们的社会蕴藏着千千万万全面建设小康社会所需要的有作为的人才,但是如何发现人才,用其所长,人尽其才,这是一个问题。坚持党管人才原则,就是要充分发挥党的组织优势和政治优势,紧紧抓住发现、培养、吸引、用好人才诸多环节,使各类优秀人才都聚集到党和国家的各项事业中来。可以说,只有坚持党管人才原则,才能使人才真正被发现、培养和正确使用,从而使中国由人口大国转化为人才资源强国,以更好地为全面建设小康社会提供人才保证和智力支持。

三是坚持党管人才是创新人才工作思路,完善人才工作体制的重要保证。我党一贯重视人才,重视对人才的管理、培养和使用。但长期以来,我们按计划经济体制下一套观念、体制来管理和使用人才。随着社会主义市场经济改革的不断深入,社会经济成分、组织形式、就业方式、利益关系和分配方式呈现出多样化的趋势,人才的内涵、来源、规模和结构也有了很大变化,人才的流动性大大增加,原先的人才思路、管理模式都已经不适应今天的人才工作现状,特别是用管理干部的一套做法来管理人才,已经难以适应党对人才宏观管理所应承担的责任,也难以有效地管好用活现在的人才队伍。坚持党管人才原则,就是要充分发挥我们党的领导核心作用,把人才管理从干部管理的传统思维中解放出来,遵循人才成长规律和人才资源开发规律,创新机制、改善环境、提供服务,更好地统筹人才工作,不断提高人才工作水平,使人才工作与我国不断发展的经济文化水平相适应。

四是坚持党管人才是新时期加强人才队伍建设、促进各类人才健康成长的必然要求。当前,中国共产党是全国人民的领导核心,党集中全体人民群众的智慧,带领各族人民共同建设小康社会,开创中国特色社会主义事业新局面。只有党才能为各级各类人才的成长和脱颖而出创造良好的环境,只有党才能为各级各类人才的才华展示提供舞台,也只有党才能通过一系列政策为人才事业的各方面实施提供保证。所以,各级各类人才只有在党的领导下,才能在全面建设小康社会的实践中锻炼提高、健康成长,才能最大限度地发挥自身的作用、实现自身的价值,为社会作出积极贡献。

新的时期需要新的人才,全面建设更高水平的小康社会更需要各级各类的人才。党在新时期明确提出"党管人才"的工作原则,是顺应了中国特色社会主义事业的发展对人才的需要,也顺应了人自身成才与发展的需要。党管人才并不是强调党组织的管制,也不是强调党组织的权力和职能,而是强调党组织的服务和责任。"党管人才主要是管宏观,管政策,管协调,管服务。"从本质上说,党管人才就是党组织爱护人才、兴旺人才、凝聚人才,是通过良好的政策、机制、环境和服务,来提高人才的工作水平,促进各类人才健康成长。党管人才也不是党委及其组织部门包办人才方面的一切工作,而是要形成党委统一领导、组织部门牵头抓总、有关部门各司其职、社会力量广泛参与的人才工作新格局。党管人才也不是要取代市场机制在人才资源配置中的基础性作用,而是要把市场机制的基础性作用与政府、组织的调控作用有机结合起来。一句话,党管人才是为了人才更好地成才,既适应了人才在新时期自身成长、发展的需要,也顺应了党和国家事业发展对人才的需要。

三、胡锦涛对党的人才思想的新发展

党的十六大以来,以胡锦涛为总书记的新一届中央领导集体,以毛泽东思想、邓小平理论和"三个代表"重要思想为指导,贯彻落实科学发展观,解放思想、实事求是、与时俱进,适应国内外不断变化的新形势、新

任务和新要求,继承和发展了毛泽东、邓小平、江泽民的人才思想,提出了科学人才观。

科学人才观在继承党的人才思想的同时,创新和发展了党的人才思想。主要表现在四个方面:一是以科学发展观为指导,提出了科学的人才观,人才工作的指导思想进一步深化;二是在继承科教兴国和人才战略的基础上,进一步提出了人才强国战略,人才工作的重要性进一步突显;三是实现了人才观念的历史性突破,从关注人才的外部特征转向人才的能力本位,人才概念的内涵和外延进一步延伸丰富;四是提出了人才工作的六大机制,首次提出了党管人才原则,人才工作的体制、机制进一步完善。

(一) 方向进一步明确,科学发展观成为人才工作的指导思想

在党的十六届三中全会上,以胡锦涛为总书记的新一届党中央总结社会主义的发展经验,提出了科学发展观。科学发展观的核心是以人为本,基本要求是全面、协调、可持续,根本方法是统筹兼顾。科学发展观是新时期党的重大战略思想,是各项工作的指导方针。科学发展观落实到党的人才思想和人才工作中就是以人为本的科学人才观。在科学发展观的指导下,2003年底的全国人才工作会议明确提出"制订相应的人才资源规划,优化人才资源的配置"工作部署,随后,中央下发了《决定》,明确提出:把促进发展作为人才工作的根本出发点。要围绕发展来确立人才工作的目标任务,要根据发展来制定人才工作的政策措施,要用发展来检验人才工作的成效。这表明党中央从新的实际出发,把科学的人才观与科学的发展观有机结合起来,用科学发展观指导科学人才观,以科学人才观落实科学发展观。

科学发展观是对社会经济发展规律的整体把握,科学人才观是关于人才成长、培养和使用的科学思想,科学人才观是科学发展观的具体组成部分,是对科学发展观这一整体思想的具体展开,体现了科学发展观的基本原则与要求。科学人才观需要科学发展观的指引和导向,科学人

才观的具体实践又会推动和促进科学发展观的落实。同时,二者又都统一于"以人为本"的发展理念之中,科学发展观的核心是以人为本,科学人才观的核心也是以人为本。科学发展观和科学人才观是国家制定社会经济发展战略和人才战略的认识论基础,没有科学的发展观和人才观,就不可能有科学的发展战略和人才战略。

以胡锦涛为首的新一代领导集体把科学发展观作为新时期人才工作的指导思想,提出了科学的人才观,是贯彻落实科学发展观和以人为本思想的具体体现。党的新时期人才工作也因为有科学发展观的正确指导,真正在人才工作中落实了以人为本的理念,从而得到社会各界的认同,有力地推动了新时期的人才工作,大幅度提高了我国人才队伍的质量,推动了中国特色社会主义各项事业的进展。

(二)人才重要性认识进一步提高,提出人才强国战略

毛泽东从中国革命和建设的实际需要出发,一再强调人才的重要性,认为包括党的干部和知识分子在内的各类人才是革命和建设胜利的重要保证,他说:"指导伟大的革命,要有伟大的党,要有许多最好的干部。"①并认为没有一大批有知识、有能力、干实事的干部,中国的革命和建设事业是不可能取得成功的,由此得出了政治路线确定之后,干部就是决定因素的重要观点。邓小平继承了毛泽东重视人才的思想,充分肯定了人才在社会主义现代化建设中的主体地位和主导作用,把人才问题提高到关系社会主义现代化建设事业成败的高度,郑重指出人才问题关系社会主义现代化建设的成败。正如他在1979年指出:"现在我们国家面临的一个严重问题不是四个现代化的路线方针对不对,而是缺少一大批实现这个路线、方针的人才,道理很简单,任何事情都要人干,没有大批的人才,我们的事业就不能成功。"②江泽民根据时代的新变化,再一次把人才问题作为事关我国社会主义现代化建设事业成败的关键所在,

---

① 《毛泽东选集》第1卷,人民出版社,1991年版,第277页。
② 《邓小平文选》第2卷,人民出版社,1994年版,第220页。

认为在社会的各种资源中,人才是最宝贵的资源,提出了人才资源是第一资源的重要论断,并从国际人才竞争的角度,提出了人才是国与国竞争的关键,提倡并实施了人才战略,制定并颁布了《2002—2005年全国人才队伍建设规划纲要》。

党的十六大以后,以胡锦涛为总书记的新一届党中央在继承科教兴国和人才战略思想的基础上,根据国内外形势和全面建设小康社会的需要,把人才工作与国家富强紧密联系在一起,进一步发展了党的人才战略思想,提出大力实施人才强国战略。他指出:人才问题是关系党和国家事业发展的关键问题,全党同志必须从全局和战略的高度,以高度的责任感和历史使命感,把实施人才强国战略作为党和国家的一项重大而紧迫的任务抓紧抓好。这标志着我们党在人才的重要性认识上有了进一步深化。

党的人才强国战略思想最重要的突破,是不再把人才工作当做一项单独的工作来抓,而是把人才工作纳入国家经济和社会发展的总体规划,建立与经济社会发展相适应的动态人才培养机制,大力开发人才资源,走人才强国之路。把人才工作与国家的经济、政治、军事、文化、社会工作的发展统筹在一起考虑,人才工作成为国家整体工作的一部分,是系统工作的一个环节。人才工作同整个经济社会的发展有机结合和协调起来,这样既有利于人才工作的开展,又最大程度地发挥了人才对经济社会发展的智力支撑和推动作用。正如《决定》中指出:要坚持人才资源开发与整个经济社会的发展要求相协调;切实把人才工作纳入国民经济和社会整体发展规划之中,建立并逐步完善人才资源开发的宏观调控体系;根据经济社会发展对人才素质、结构、总量等方面的需求,不断提升人才素质,不断优化和调整人才结构;把人才资源的开发和配置与国家重大发展战略的实施紧密结合起来。

(三)人才标准认识深化,注重能力本位,提出人人都可以成才

中国共产党一贯高度重视人才工作,同时根据时代的特点和革命、

建设事业的需要,对人才素质要求的特点、内容和侧重点也有所不同,从而形成了不同时代在人才标准问题上的差异。总体来说,时代在发展,社会对人才素质的要求在不断提高。因此,通过对人才标准问题的解读可以反映时代发展进步的脉搏。

在新民主主义革命阶段和新中国成立初期,出于革命斗争和建设新中国的需要,毛泽东提出了"又红又专"的人才标准,出于特殊环境下强烈的意识形态斗争形势,毛泽东更把人才的"红"即政治素质放在首位。十一届三中全会以后,党的工作重心从阶级斗争转向经济建设,出于建设中国特色社会主义各项事业的需要,党对人才的标准又有了新的发展和变化。邓小平科学阐释毛泽东关于人才标准又红又专的思想,认为不能把二者割裂开来,专不一定红,但红一定要专,要德才兼备,在实践中进一步丰富了又红又专的人才标准,同时创造性地提出了干部的"四化",即革命化、年轻化、知识化、专业化的人才标准,并且突出了知识化和专业化。为了在整个社会进一步弘扬尊重知识、尊重人才的精神,20世纪80年代,国务院曾专门出台文件把"人才"界定为具有中专以上学历或初级以上职称的人。此后,学历和职称在很长一段时间成为评定人才的主要标准。在新的历史时期,江泽民全面培养和考察人才的经济、政治与文化素质,从政治素质、业务能力、工作作风、工作业绩、遵纪守法等方面对人才选拔标准做了具体的论述。特别是根据知识经济时代的特点,把创新精神和创新能力作为人才的重要标准,进一步提高了对人才标准的要求。

党的十六大以后,以胡锦涛为总书记的党中央根据变化了的党情、国情、世情,根据全面建设更高水平小康社会的需要,运用马克思主义的实践观和群众观,继承和发展了党的人才标准思想,强调衡量人才必须与人的社会实践活动相联系,在实践中检验人才,强调人才来源于广大的人民群众,人才孕育于人民群众之中。2003年人才工作会议之后下发的《决定》明确指出:要坚持德才兼备原则,把品德、能力、知识和业绩作为衡量人才的主要标准,不唯学历、不唯职称、不唯资历、不唯身份,不拘一格选人才。从而把实践指向性很强的能力和业绩作为人才的重要标准,并且打破了长期以来在人才标准上的唯学历、职称、资历和身份的片面观点。

以胡锦涛为总书记的新一届领导集体关于人才标准的思想,最主要的特征是坚持了马克思主义的实践观和群众观,把对人才的学历、资历、职称、身份等外在形式和特征的关注转向对人才能力和实绩等内涵和实质的关注,实现了人才标准从"学历职称本位"向"能力本位"的转变,进一步丰富和发展了党的人才思想。

(四)人才管理进一步完善,建立健全六大机制,提出党管人才

人才管理的体制和机制问题,是一个带有根本性、全局性的问题。人才工作的活力和效果归根到底取决于人才工作体制和机制的完善和健全。只有建立科学合理的人才工作体制和机制,优秀人才才能脱颖而出,人才资源才能充分发挥出"第一资源"的作用。我们党长期以来一直在探讨建立适应我国人才成长、适应我国经济社会发展需要的人才工作的体制和机制。

毛泽东把任人唯贤作为党的用人路线,他指出:"在这个使用干部的问题上我们民族历史中从来就有两个对立的路线:一个是'任人唯贤'的路线,一个是'任人唯亲'的路线,前者是正确的路线,后者是不正确的路线。"[①]同时,在工作中大力提拔年轻干部。邓小平继承并发展了毛泽东的用人思想,提出要克服重重障碍,打破老框框,勇于改革不合时宜的组织制度、人事制度,大力培养、发现和破格使用优秀人才,通过大力发展教育,进行教育、科技体制改革,任用年轻人等做法推动人才工作的进展。邓小平在我国首次建立了干部的任用制度和离退休制度。江泽民进一步深化干部人事制度改革,形成了更为灵活的用人体制,提出要建立能上能下、充满活力、促进优秀人才脱颖而出的用人机制。进一步建

---

① 《毛泽东选集》第2卷,人民出版社,1991年版,第527页。

立和完善了科学的用人制度,减少了用人方面的随意性和盲目性。颁布了《党政领导干部选拔任用工作暂行条例》、《党政领导干部选拔任用工作条例》和《党政领导干部选拔任用工作监督检查办法》等一系列重要的规章制度。

虽然历经历代党的领导集体的共同努力,党的人才工作体制、机制得到不断完善和创新,为人才的成长、培养和使用创造了良好的环境,但是时代在变化发展,党的人才工作体制、机制也需要不断完善、创新。2002年,中共中央办公厅、国务院办公厅印发《2002—2005年全国人才队伍建设规划纲要》明确指出:人才工作的制度和机制不够健全,人才的积极性、主动性、创造性还没有得到充分发挥。以胡锦涛为总书记的新一代中央领导集体根据我国全面建设更高水平小康社会的需要,在继承党的人才工作有益经验的基础上,进一步加强了党的人才工作的体制和机制建设。在人才体制建设上,在尊重人才资源开发规律,坚持市场配置人才资源取向和加强宏观调控的基础上,提出党管人才。在人才工作的机制建设上,在"三个有利于",即是否有利于促进人才的成长、是否有利于促进人才的创新活动、是否有利于促进人才工作同经济社会的协调发展的基础上,建立健全了六大机制:人才培育机制、人才评价机制、人才选拔任用机制、人才合理流动机制、人才激励机制、人才保障机制,从而进一步创新和发展了党的人才管理体制和机制建设。

由党管干部到党管人才管理体制的变化,体现了党的人才工作的进一步深入,人才管理视野的进一步扩大和全民化,人才管理理念从管制到服务的深刻变化,体现了党全心全意为人民服务的宗旨和以人为本的思想理念。六大管理机制的建立健全,切实为人才工作的开展提供了制度保障,有利于调动人才的主动性、积极性和创造性。特别是对不同类别人才评价的区分,如从群众是否认可的角度来评价党政人才,从看重市场和出资人认可的角度来评价企业经营管理人才,而对专业技术人才的评价则主要看社会和同行业内的认可,切实体现了党在人才管理工作上的分类指导和科学管理;把激励制度上升为国家层面的行为,注重发挥经济利益和社会荣誉的双重激励作用,建立国家功勋奖励制度,对为国家和社会发展作出杰出贡献的各类人才给予崇高荣誉并实行重奖。这些充分体现了党的人才管理思想的进一步解放,体现了对人才创造性劳动的进一步尊重。

第五章
党的人才工作现状及对策

一、党的人才工作取得的成绩和面临的挑战

我们党从一建立起就充分重视人才工作,把人才工作同党的革命、建设和改革事业紧密结合起来,同党在不同历史时期的具体任务结合起来,在推动党的革命、建设和改革事业发展的同时,也积累了人才工作的丰富经验,取得了人才工作的巨大成绩。然而,随着时代的发展,随着经济全球化进程的进一步深入,随着建设更高水平小康社会艰巨任务的全面展开,我们党的人才工作同样面临着一系列挑战。

(一) 党的人才工作取得的成绩

1. 初步形成了一套较为完善的中国特色社会主义人才理论体系

中国特色社会主义人才理论体系是包括人才的战略论、人才的标准论、人才的环境论、人才的培养论、人才的选拔使用论、人才的评价激励论、人才的管理论等诸多理论在内并有机联系的一个完整的理论体系。

长期以来,我们党在人才工作的理论和实践中积累了丰富的经验,也取得了深刻教训,总结这正反两方面的经验,我们党在人才问题上逐渐成熟,形成了我们党关于人才工作的一系列思想、观点、方法。如人才问题的战略论,毛泽东认为中国革命和建设事业离开知识分子的参加是不可能成功的;他认为政治路线确定以后,干部就是决定因素。邓小平认为,人才问题是关系党和国家事业兴衰成败的关键。江泽民认为,国与国之间的竞争关键是人才的竞争。胡锦涛把人才问题与国家富强紧密结合起来,提出了人才强国战略。在人才标准问题上,毛泽东提出了又红又专,邓小平提出干部"四化",江泽民强调人才的创新能力,胡锦涛打破了"四唯",提出品德、知识、能力、业绩四个标准。

此外,在人才的培养上,培养谁,如何培养,党的人才思想中都有具体的描述;在人才的选拔上,选拔的程序愈来愈规范、公开、公正、透明;在人才的使用上,坚持五湖四海,任人唯贤;在人才的管理上,制度越来越规范,方法越来越科学,机制越来越健全,形成了一系列较成熟的人才思想。从而使党的人才思想包括人才的战略论、人才的标准论、人才的环境论、人才的培养论、人才的选拔使用论、人才的评价激励论、人才的管理论等诸多理论。这些理论互为联系,形成一个有机联系整体,初步形成了中国特色社会主义人才理论体系。中国特色社会主义人才理论体系是中国特色社会主义理论的有机组成部分,它指导着党的人才工作实践不断发展和完善,同时随着党的人才工作实践的发展而不断发展,进一步丰富了中国特色社会主义理论。

2. 初步形成了一套相对成熟的人才管理体制、机制

党管人才和《中共中央国务院关于进一步加强人才工作的决定》中提出的人才工作六大机制,是我们党人才管理体制和机制的成果总结。

体制取决于性质,机制决定着活力。在长期的人才工作实践中,由于我们党是全国人民的党,决定着我们党始终是人才工作的组织者和领导者,是人才工作的领导核心。随着我国由工人阶级、农民阶级两个阶级和知识分子一个阶层逐渐演变为多个阶层,我们党也由工人阶级的先

锋队演变为中华民族和中国人民的先锋队;随着全面建设更高水平小康社会对各级各类人才的广泛需要,我们党也由党管干部逐渐过渡到党管人才。党作为我国人才工作的领导核心这一管理体制的性质并没有变,但党的人才工作的视野和范围发生了巨大变化,形式的巨大变化导致"管"的性质和方式发生了巨大变化,逐渐由管制向服务发展。

随着管理体制的变化,党的人才工作的机制也随着人才工作实践的发展而不断创新。特别是随着社会主义市场经济的深入发展,生产要素的自由流动逐渐加快,对人才工作机制的活力要求越来越高。2003年颁发的《中共中央国务院关于进一步加强人才工作的决定》(以下简称《人才决定》)中,在对以往人才工作机制总结的基础上,更是提出了人才工作的六大机制:建立以能力和业绩为导向、科学的社会化的人才评价机制;建立以公开、平等、竞争、择优为导向,有利于优秀人才脱颖而出、充分施展才能的选人用人机制;进一步发挥市场在人才资源配置中的基础性作用,建立和完善人才市场机制;进一步消除人才流动中的城乡、区域、部门、行业、身份、所有制等限制,疏通三支队伍之间、公有制与非公有制组织之间、不同地区之间的人才流动机制;针对各类人才的特点,建立健全与社会主义市场经济体制相适应、与工作业绩紧密联系、鼓励人才创新创造的分配制度和激励机制;积极探索机关和事业单位社会保障制度改革,进一步完善企业社会保障制度,为推进人才工作深入开展的社会保障机制。

政策支撑,确保党的人才体制、机制建设有法可依。比如说,"文化大革命"后,在对待知识分子上,1978年4月5日,党中央批准了《关于全部摘掉右派分子帽子的请示报告》,全部摘掉知识分子头上的右派分子帽子,两年左右的时间共改正错划右派54万多人。同年11月3日,中央组织部发出了《关于落实党的知识分子政策的几点建议》。1982年2月,党中央发出了《关于检查一次知识分子工作的通知》,要求进一步消除党内和社会上对知识分子的偏见,要求落实"政治上一视同仁、工作上放手使用、生活上关心照顾"①的知识分子政策。1990年8月14日,中共中央发出《关于进一步加强和改进知识分子工作的通知》,强调要尊重知识,尊重人才。此外,党在科技政策上、在人才管理上、人才发展规划上等,都出台了一系列政策,这些政策的出台,是对党的人才工作有力的推动,也使党的人才工作的体制和机制建设有了较完善的政策支撑。

3. 培养了一大批高素质的合格人才

在党的高度重视和大力培养下,无论是在革命战争年代还是在改革开放时期,我们党都培养和凝聚了大批人才,为推动党的革命、建设和改革事业作出积极的贡献。特别是改革开放30多年以来,更是培养造就了各个领域的大批优秀人才。

以专业技术人才为例,1985年全国有专业技术人员781.7万,到2000年底达到4100万,增长了5倍多。1982年我国每10万人中有大专以上文凭的615人,2000年达到3611人,增长了近5倍;就科技队伍而言,1991年我国从事科技活动的人员只有232.92万人,2002年达到322.2万人,增加了将近90万②。从出国公费留学来看,自1978年到2006年底,我国出国留学总人数达到106.7万人,其中1978年出国留学总数为860人,2006年为13.4万人,29年出国留学规模扩大了155倍。其中,2007年公派留学人员就比2006年的8242人增加了51%,高达12402人,公派留学人数首次过万。2007年,政府开始实施"国家建设高水平大学公派研究生项目",根据该计划,2007—2011年,国家每年将从49所重点高校中选派5000名研究生,有计划、成规模地送往国外一流大学学习③。同时,我国高级人才进一步增加,1955年我国科学院院士只有172人,1980年增加到283人,2001年达到969人。据《科技

---

① 《十一届三中全会以来重要文献选编》,人民出版社,1982年版,第1136页。
② 南京党建网。
③ 王晖余、李楠:《中国公派留学30年 已成重要人才资源》[2008年3月27日]. http://www.sciencenet.cn/htmlnews/2008327145528375204712.html.]

日报》2008年4月30日报道,截至2005年底,我国科技人力资源总量约为4200万人,居世界第1位,成为名副其实的科技人力资源大国,预计到2020年我国人才资源总量将达到1.8亿人。"2006年,中国研发全时人员达150万人次,仅次于美国,居世界第2位。"①

在人才培养工作取得可喜成绩的过程中,项目推动是人才培养和建设的有效途径。如1993年,中国科学院推行了"百人计划";1994年,党中央国务院批准设立了"国家杰出青年科学基金";1994年7月由人事部提出,1995年底由人事部、科技部、教育部、财政部等七部门联合制定实施了"百千万人才工程";1995年,中央提出实施科教兴国战略,围绕这一战略,国家先后启动高等教育的"211工程"、"985工程";1998年,由教育部和香港爱国实业家李嘉诚先生共同筹资设立的专项计划"长江学者计划"启动。这些项目为年轻学术和科技人才的成长提供了重要平台。截至2007年,国家杰出青年基金累计资助1819人;"百人计划"入选者1417人,包括国外杰出人才987人;"长江学者"共聘请1030名,直接从海外聘请233名。②

(二) 党的人才工作存在的问题和面临的挑战

1. 面临的国际竞争日趋激烈

随着经济全球化步伐的加快,特别是我国加入WTO以后,我国与世界经济、文化、政治的联系日益密切,人才作为生产力中最核心的要素也开始在世界范围内迅速流动。而当今国与国之间的竞争对高科技和人才的依赖,也使人才特别是高水平人才越来越成为各国争夺的对象。北京大学兼职教授、欧美同学会副会长王辉耀指出,在国际金融危机爆发前,全球大约有30个国家制定了吸引高层次人才的政策和计划,30个国家中,发达国家达到17个。在国际金融危机爆发后,在各国失业率

---

① 文玲艺:《改革开放30年我国科技人才战略与政策演变》,《科技进步与对策》,2009年第6期。
② 刘波、李萌、李晓轩:《30年来我国科技人才政策回顾》,《科技论坛》,2008年第11期。

普遍上升的情况下,美国、日本和欧洲的一些国家对优秀人才的政策吸引不仅没有收缩,反而放宽了技术移民的条件,加大对高层次人才的引进,其中中国的众多优秀人才一直是发达国家争夺的重点。

长期以来,我国人才流失问题一直比较严重。自改革开放以来,以出国留学为主要方式的人才外流现象非常严重,这种被称为"脑流失"和"智力外流"的现象已经影响中国科技的发展和全面建设小康社会的进程。据《瞭望》周刊1999年第二期报道,1978年至1997年,中国各类出国留学生累计29.3万人,其中国家公派约4.7万人,单位公派约9.2万人,自费留学生约15.4万人,但只有9.6万人回国。这表明,中国留学生有近2/3滞留在外国。虽然党和政府加大了对海外人才的引进力度,留学归国服务的人员也逐年增加,但从1978年到2005年底,我国各类出国留学人员总数为93.34万人,但是到2007年底留学回国人员总数仅为23.29万人,人才外流现象严重。[①] 2007年3月22日,《国际先驱导报》报道了中国社会科学院发布的2007年全球政治与安全报告。报告指出:中国目前已经是全世界人才外流最严重的国家。自20世纪80年代以来,在海外留学的中国人当中,有2/3的人选择不回中国。从2002年后,中国每年留学人数超过10万,但选择学成回国的只有2、3万人。在改革开放后出国的移民中,留学人员、知识型人才占了很大比例。据估计,在海外的中国内地专业人才超过了30万人,许多是受过良好教育的精英,北大有些科系的学生76%移居到了美国。这些由中国付出巨大教育成本培养出的人才,在科、教、研领域,特别是能够创造高附加值的知识经济领域为移居国工作,对急需人才的中国无疑是一种损失。[②]

除了提供优厚的报酬和优良的工作环境之外,许多国家特别是发达国家打造人才优势、参与国际竞争的一条重要经验就是实施人才工程。

---

① 闫建立:《我国出国留学人数去年出现大幅反弹》。(http://goabroad.sohu.com./20070307/n248566886.shtm.l)

② 《党政干部文摘》,2007年第5期。

如美国提出了"面向21世纪的人才竞争力计划",其目标是要"造就21世纪最优秀的科学家和工程师";加拿大大力实施"首席研究员计划",面向全球吸引顶尖研究学者加盟;日本则制定了"创新25战略",提出要大力培养世界顶级研究人员,大力培养确保提升国际竞争力的研究人才,制定了第二个"科学技术基本计划",提出要在今后50年内力争获得30个诺贝尔奖的宏伟目标。

按照世界银行的判断,发展中国家向发达国家的人才外流和由此带来的超国界移民,将会对21世纪世界发展格局产生重要影响。在这样一个大背景下,我国人才发展更要高度重视,积极融入国际范围的人才竞争,一要留得住,二要能吸引外来人才。

2.人才观念有待进一步解放

随着时代和实践的发展,党的人才思想有了很大的解放和发展,如从中专以上学历或初级以上职称的人才标准到品德、知识、能力、业绩的人才标准,体现了人才思想的能力本位主义;从对知识分子的教育改造到尊重知识、尊重人才、尊重创造,体现了党对人才的高度重视;从科学技术是第一生产力到人才资源是第一资源,体现了党对人才本质特征认识的深化;从党管干部到党管人才,体现了党的人才视野的扩大和人才工作中的群众路线。

但是,由于我国长期官本位思想的影响,导致我们对知识分子和人才管得多,服务得少;我国地区之间的发展不平衡和综合差异导致了对人才的认识和政策还不一致,如我国的上海、北京等地已经把人才工作纳入政府工作的一揽子计划,制定了一系列优惠的政策措施来吸引人才,特别是吸引高级人才前来就业、创业,而其他一些省份则要么争夺人才的意识不强,要么政策不实、不配套。这些都影响了人才资源是第一资源在工作实践中的落实,人才的工作体制和机制还不够开放和灵活,限制了人才的发展和人才强国战略的实现。在具体人才工作中的表现就是对人才尊重不够,对人才工作投入不够,对人才工作的优先发展不够。

中国人力资源开发研究会会长、国家发改委宏观经济研究院原副院长刘福垣等认为,与欧美等发达国家相比,我国人力资本的投入水平是比较低的。就我国目前的情况来看,见物不见人的错误理念仍然存在,一些地方政府仍存在发展的短视行为,重物质投入轻人才投入、热衷资源开发忽视人才开发、看重项目引进而轻视人才吸引。当下,要进一步解放人才思想就是充分认识到人才资源是第一资源的深刻意义,要优先开发人才资源;要切实尊重人才;要加大对人才工作的投入,形成政府、用人单位、个人和社会共同投资进行人才资源开发的多元化人才投入机制;要大力发展教育在人才培养中的基础性作用。正如北京师范大学校长钟秉林指出:"人才资源要优先开发,一定意义上就是要优先发展好教育,充分发挥教育对人才培养的基础性、决定性作用。"①

3. 人才结构需要进一步优化

随着知识经济的深入发展,随着一、二、三产业的不断协调发展,对我国的人才结构也提出了更高的要求。面对深入发展的市场经济,长期在计划经济体制下培养的人才还面临着许多结构性的矛盾。主要体现在以下几个方面:

一是人才的素质结构、层次机构不合理。长期的计划经济体制下,我国教育半封闭式的人才培养使毕业生普遍存在眼高手低的现象,在实际就业中,不少毕业生存在理论水平与实践能力相脱节的现象。在人才的层次结构中,高层次人才比例偏低,具有大学本科及以上学历的仅占专业技术人员总数的17.5%,高级人才仅占5.5%。这种人才结构不适应经济发展的需要,也不利于培养造就高素质的创新人才队伍。

二是专业结构不合理。现今,高校办学的类型化和雷同化趋向已经使高校毕业生很难适应社会专业分工日益细致的需要。教育、卫生、经济、会计等四类专业技术人员占了全国专业技术人员总数的70%,而新材料、新能源、生物技术、现代医药、环保等工程类专业技术人员远远不

---

① 盛若蔚:《中央组织专家议〈国家中长期人才发展规划纲要〉》,人民日报,2009年10月13日。(http://www.chinanews.com.cn/cj/news/2009/10-13/1906946.shtml)

能满足需要,特别是高新技术和复合型创新人才整体性短缺。

三是人才的产业结构分布不合理。在我国人才的产业分布结构是不合理的,总体是第一产业即农业的人口分布过多,第二和第三产业人口过少。国内有的学者和相关单位做了预测,按照现在中国产业经济的发展趋势,未来十几年左右的时间,我国第二产业的人才总缺口将会达到1200多万人;我国第三产业中的同声传译、物流、涉外会计等高端涉外人才缺口将在320万人左右;汽车服务人才和民航业人才将全面紧缺。在同一产业中,不同所有制之间,人才分布也是不合理的,公有制多、私有制少,全国专业技术人员总量的85%集中在国有单位。人才产业结构分布的不合理为下一步国家调整产业结构带来了现实困难。中国农科院人事局局长贾连奇指出:"实施人才结构调整,要适应产业结构发展变化,重点推进人才在三次产业中的合理分布,支持人才流向装备制造业、高新技术产业、现代服务业、基础产业、现代农业等领域。"①

四是人才的地域分布结构不合理。由于我国生产力发展的不平衡,再加上我国改革开放初期实行的先富带动后富政策,我国地域之间的经济水平差距很大,从而导致了人才向经济较发达的沿海和东部地区聚集,而相对落后的内地和西北地区却存在严重的人才短缺现象。据统计,我国高级人才有85%集中在东中部地区。这种人才的不合理分布进一步使地域经济差距拉大,导致地域发展不平衡。当前,党和国家要根据区域协调发展和主体功能区建设的需要,加大政策力度,切实引导广大人才向基层、向农村、向西部、向落后和边远地区流动。

4. 高新技术和特殊领域人才紧缺

改革开放以来,在党对教育和科技的高度重视下,虽然在人才工作上取得了巨大成就,但是由于基础比较弱和人才流失严重,我国在高新技术领域的人才一直比较缺乏,这制约了我国经济水平的进一步发展,也影响了我国创新型国家的建设,降低了我国的国际综合竞争力。同

---

① 盛若蔚:《中央组织专家议〈国家中长期人才发展规划纲要〉》,人民日报,2009年10月13日。(http://www.chinanews.com.cn/cj/news/2009/10-13/1906946.shtml)

时,由于科技飞速发展导致社会分工的深入和新行业新领域的不断产生,对我国人才培养的结构化布局和调整也带来了很大挑战,目前一些新兴领域和特殊领域人才的缺乏已经影响到我国经济的协调发展,成为我国人才培养急需弥补的一项重要工作。

当前,我国拔尖人才和领军人才严重不足,国家创新型科技人才的总体状况令人担忧。据统计,目前在158个国际一级科学组织和其下设的1566个主要二级组织的领导层中,我国科学家仅占总数的2.26%。据科技部最新统计,我国高层次科技创新人才全国仅有1万名左右,在全部创业人才中高层次自主创业人才仅占20%;而根据我国经济的发展来看,到2020年我国总体需要的高层次创新人才至少要达到3万—4.5万人,才能基本满足建设创新型国家的需要,要完成这一任务,挑战相当艰巨。①

除了创新型高级人才缺乏,一些新兴领域和特殊领域的人才缺口也比较大。如涉外会计、同声传译、物流等高端涉外人才,汽车服务行业、民航业等人才也相当缺乏,海洋高效技术研发和产业化人才、海洋基础学科领军人才和海洋环境保护人才、极地科研人才和大洋勘探人才等,缺口也比较大。

5. 人才的管理体制、机制有待进一步完善

改革开放以来,随着时代对人才需求的不断提高,随着市场经济对人才的流动性要求越来越强,党对人才的管理体制和机制也在不断完善和发展,以最大程度地服务人才的成长,调动人才参与国家建设的积极性。如从党管干部到党管人才就是我党人才工作管理体制的一个深刻变化。然而,相对于快速发展的社会主义市场经济,面对深刻变化的社会结构和经济结构,我国人才的管理体制、机制建设还有待于进一步完善。具体表现为以下几个方面:

一是市场在人才资源配置上的基础性作用还未能很好发挥。在人

---

① 盛若蔚:《中央组织专家议〈国家中长期人才发展规划纲要〉》,人民日报,2009年10月13日。(http://www.chinanews.com.cn/cj/news/2009/10-13/1906946.shtml)

才的管理和配置上,政府的作用还远远大于市场的作用,政府在人才管理上的微观管理权没有完全放还给市场,人才管理上的行政化、官本位问题依然存在。因此,要厘清政府人才管理的职责关系,强化宏观管理职能,弱化微观管理职能,发挥市场作用,落实用人单位主体地位和人才自主权,充分调动起用人单位和人才自身的主动性。此外,我国人才市场体系建设和市场服务体系建设滞后,跟不上经济的发展,满足不了经济发展的要求。身份、户籍、所有制等诸种限制依然存在,档案管理和社会保险接续等政策障碍未能有效建立,所有这一切都给市场经济下的人才流动造成了很大限制。

二是人才的评价机制还不够完善和科学。人才的评价还没有完全交给社会、市场和用人单位,行政化的人才评价还有较大的影响。人才评价发现机制中的人才评价标准、评价方式、评价渠道等方面还存在不科学、不民主以及社会化程度低等一系列问题。对于关系几千万专业技术人才切身利益的职称制度问题,由于行政化和学术造假等问题近年来饱受社会诟病。北京大学人力资源开发与管理中心主任萧鸣政认为,当前,我国还没有真正建立起体现业内和社会认可的专业技术人才评价机制。

三是人才的激励机制还没有落实和搞活。2003年12月,《中共中央国务院关于进一步加强人才工作的决定》明确指出,要完善人才的分配激励机制。提出:"完善按劳分配为主体、多种分配方式并存的分配制度,坚持效率优先、兼顾公平,各种生产要素按贡献参与分配。针对各类人才的特点,建立健全与社会主义市场经济体制相适应、与工作业绩紧密联系、鼓励人才创新创造的分配制度和激励机制。"还特别提出:"对国家机关特殊专门人才,实行特殊的工资、津贴政策。""将经营者薪酬与其责任、风险和经营业绩直接挂钩。不断改善收入结构,逐步建立与市场价格接轨、合理有效的激励机制。""建立健全现代产权制度,探索产权激励机制。"

上面这些提法确实符合我国人才工作发展的实际,然而在实际落实的过程中,却存在落实不力或没有落实的情况。如对人才的产权激励制度,包括知识、技术、管理、技能等生产要素按贡献参与分配的办法,已经提了多年,仍没有出台可操作的具体措施;对涉及国家重大安全领域的人才和关系国民经济命脉的重要人才,还存在关心不够、保障不足的情况。

二、解决我国人才问题的思路与途径

(一) 党的人才工作必须坚持以人为本,促进科学发展

科学发展观是我党的重大战略思想,是指导经济社会建设的指导思想,也是指导新时期人才工作的指导思想。2003年颁布的《中共中央国务院关于进一步加强人才工作的决定》中明确指出:把促进发展作为人才工作的根本出发点。树立全面、协调、可持续的发展观,促进经济社会和人的全面发展。人才工作的目标任务要围绕发展来确立,人才工作的政策措施要根据发展来制定,人才工作的成效要用发展来检验。

在新的时期,人才工作的落脚点和根本出发点就是促进经济社会和人的全面发展。人的全面发展会进一步推动经济社会的全面科学发展,经济社会的科学发展最终还是为了实现人的全面发展。因此,新时期科学人才观的本质与核心是以人为本,促进人的全面发展。所以,新时期党的一切关于人才的工作都应该紧紧围绕这一本质和核心来开展,坚持做到以人为本。只有我们真正做到了以人为本,处处从人才需求的角度出发来考虑人才问题,才是关于人才的科学发展观,我们所有的问题才会迎刃而解。有关人才的思想会进一步解放,有关人才管理的体制、机制会进一步搞活,有关人才成长、使用的环境会进一步优化。当然,也只有在人才工作中真正落实了以人为本,上述问题才能够得到有效解决。

人才工作中有关人才的观念、看法,有关人才的体制、机制,有关人才的成长环境等一系列问题的有机解决,必然极大推动我国人才资源的整体开发,调动起亿万人才的主动性、积极性和创造性,投身全面建设中

国特色社会主义的实践。从而,推动更高水平小康社会目标的实现,实现科学发展。

可见,推动当前我国人才资源的整体开发,必须坚持科学发展,做到以人为本;坚持人才工作的以人为本必然会进一步调动起亿万人才投身全面建设小康社会的热情,推动经济社会的科学发展。二者是相辅相成、互为促进的。

(二) 党的人才工作必须紧紧围绕党的中心任务开展

科学发展观的第一要义是发展,发展是我们党执政兴国的第一要务。人才工作的目标任务要围绕发展来确立,人才工作的政策措施要根据发展来制定,人才工作的成效要用发展来检验。人才工作所强调的发展既包括人的发展,又包括经济社会的发展,而且后者的发展是促进人的发展的基础和前提,没有经济社会的全面发展就不可能为人的发展提供必要的物质基础和社会环境保障。

把党的人才工作紧紧围绕党的中心任务来开展,就是使党的人才工作紧紧围绕"发展"这一党执政兴国的第一要务,使党的人才工作为发展提供智力支撑和人才保障,实现人才强国战略。把党的人才工作紧紧围绕党的中心任务来开展,主要有以下几点益处:

一是进一步提高了人才工作的实效性、针对性和目标性。人才工作紧紧围绕党的中心任务来开展,就避免了孤立地来看待和开展人才工作,而是把人才工作与党的其他重要工作结合起来考虑,把人才工作纳入经济社会发展的整体规划,从而避免了人才工作的盲目性以及人才资源的错位培养和浪费,有效提高了人才资源的利用率,提高了人才工作的实效性、针对性和目标性。

二是有力推动中国特色社会主义各项事业的进展。由于把党的人才工作同党的中心任务紧紧结合起来,提高了人才资源使用的效率,提高了人才工作的实效性、针对性和目标性,从而使党的各项中心工作因为有了人才的智力支撑而获得源源不断的原动力,必将有力促进各项事业的进展,实现业以才兴。而中国特色社会主义各项事业的良好进展必然又为人才工作的开展提供更加丰裕的物质基础和更加和谐的社会环境。

三是为人才工作的顺利开展赢得更加良好的社会环境。由于人才工作同党的中心任务紧密结合起来,随着党的人才工作的不断进展,必将进一步推进党的各项事业的发展,人才的社会效应和发展能力必将进一步显现,从而在整个社会进一步树立人才资源是第一资源的理念。人才资源是第一资源的理念在社会的广泛认同,将有利于全国各行各业,各层级自觉地把人才工作当做优先发展目标,自觉地为人才工作创造更加宽松、和谐的社会环境,从而进一步推进人才工作的顺利开展。

(三) 党的人才工作必须坚持宏观调控,搞活机制创新

在我国的人才管理工作中,由于受计划经济时代传统管理模式的影响,对人才管得过死、过多;沿袭官本位思想,对人才侧重管制,轻于服务。从而使人才管理体制和机制不能适应市场经济的深入发展对人才工作的要求。当前,要切实从转变政府管理职能入手,由管制型政府向服务型政府转变,真正实行政企分开、政事分开、政社分开,逐渐建立与经济社会发展相适应的人才工作机制,实现人才为经济社会发展服务。

要建立与经济社会发展相适应的人才管理体制和机制,就是要发挥市场在人才资源配置中的基础性作用。政府对人才的管理主要是管宏观,管政策,管协调,管服务,要由管理向服务转变;要动员和组织全社会力量,加大投入,完善法制,优化人才工作环境。要搞活人才工作的体制机制,坚持改革创新,努力形成科学的人才评价和使用机制;建立和完善人才市场体系,促进人才合理流动;以鼓励劳动和创造为根本目的,加大对人才的有效激励和保障力度。

要切实做到遵循人才资源开发规律,坚持市场配置人才资源的改革取向,加强和改善宏观调控,建立充满生机与活力的人才工作机制。着力营造有利于优秀人才大量涌现、健康成长的良好氛围,形成鼓励人才

干事业、支持人才干成事业、帮助人才干好事业的社会环境。

（四）党的人才工作必须坚持重点论与两点论的统一

2005年10月，胡锦涛同志在党的十六届五中全会上，明确提出了建设创新型国家的重大战略思想；2006年1月，他又在全国科学技术大会上指出，要坚持走中国特色自主创新道路，用15年左右的时间把我国建设成为创新型国家。目前世界上公认的创新型国家有美国、日本、芬兰、韩国等。这些国家的共同特征大致体现在四个方面：创新综合指数明显高于其他国家，科技进步贡献率在70%以上，研发投入占GDP的比例一般在2%以上，对外技术依存度指标一般在30%以下，创新产出高，发明专利多。中国科技创新的同期指标是，科技进步贡献率为39%，全社会的研发投入占GDP 1.35%，对外技术依存度50%以上。可见，我国科技创新能力较弱，根据有关研究报告，2004年我国科技创新能力在49个主要国家（占世界GDP的92%）中位居第24位，处于中等水平。可见，无论是出于国与国科技和综合实力竞争的现实需要，还是实现建设创新型国家的战略目标，高级创新型人才都是我国当前人才建设中急需的人才。

2003年，《人才决定》中也明确提出要突出重点，切实加强高层次人才队伍建设，要把高层次人才队伍建设摆上重要位置，其中中高级领导干部、优秀企业家和各领域高级专家等高层次人才，是人才队伍建设的重点。除了科技、国防等重要部门和领域的高级重点人才的缺乏外，我国经济落后的广大西部及少数民族居住地区，非经济组织和社会组织中，广大农村等都缺乏各行各业、各级各类人才。而由美国次贷危机引发的横扫全球的经济危机过后，我国沿海工厂一线技术工人的大量缺乏则说明了工人队伍中的高级技工的缺乏。

全面建设更高水平的小康社会，我们需要一批高级人才的带动和突破，但同样少不了各行各业的各级各类人才的奉献和支撑。所以在当前的人才建设工作中，要切实实行两手抓，坚持重点论与两点论的统一，一方面坚持抓关键领域的高级人才开发,形成突破和带动,另一方面要抓好各行各业、各级各类人才的开发,形成人才开发的整体效应。

三、十七大前后,我国人才工作的新特征

党的十七大报告对党的人才工作做了许多重要的阐释,提出了一些新认识、新观点、新思路、新举措。首次将人才强国战略与科教兴国战略、可持续发展战略并列提出;首次提出培养世界一流的科学家和科技领军人才;首次提出要推动我国哲学社会科学优秀人才走向世界。此外还提出要注重培养一线创新人才,加紧培养大批高素质新型军事人才以及抓好以高层次人才和高技能人才为重点的各类人才队伍建设。党的十七届二中全会就转变政府执政理念、打造服务型政府、加大领导干部队伍建设做了专门论述;党的十七届三中全会就农村党员干部和人才建设做了专门论述;党的十七届四中全会对党的人才标准、人才选拔、人才使用和人才管理又做了强调论述;十七届五中全会进一步强调深入实施科教兴国战略和人才强国战略,加快教育改革发展,建设人才强国,建设创新型国家。人才工作成为十七大以后贯彻党的中心工作的一条主线。纵观十七大以后,党的人才思想和人才工作实践,主要体现了以下几个主要特征。

(一)人才工作与经济社会工作日趋融合,成为国家优先发展战略

随着知识经济和信息时代的深入发展,人才在国家发展和国际综合国力的竞争中愈来愈显示出突出作用。与此同时,我国人才资源结构现状与经济社会发展对人才需要的结构性矛盾也日益明显。孤立地看待人才和孤立的人才工程建设已经不能适应当前我国经济社会发展对人才的需求,把人才工作纳入国家经济社会发展的总体规划,加大国家的宏观调控力度,实现市场对人才资源的基础性配置,优先发展人才已成为一种必然的趋势。

2001年,"十五"规划中第三章首次对人才工作做了专章论述;2002年,中央提出党管人才原则,把人才工作和组织工作、干部工作紧密结合到推进中国特色社会主义伟大事业中;2003年底,党中央、国务院召开了新中国历史上第一次全国人才工作会议,会后印发的《人才决定》成为新世纪新阶段人才工作的行动纲领。《决定》明确指出,必须把人才工作纳入国家经济和社会发展的总体规划,大力开发人才资源,走人才强国之路;2006年,"十一五"规划第七篇:实施科教兴国战略和人才强国战略,把人才强国战略作为专章列入国民经济和社会发展,并提出优先发展教育;2007年,人才强国战略写入党的十七大报告和新党章,进一步提升了人才强国战略在党和国家战略布局中的地位。

党的十七大以后,人才工作在国家全盘工作中的优先发展战略得到进一步的落实,人才工作与经济社会日趋融合的趋势日益明显。国家对人才优先发展的战略主要体现在以下三个方面:

一是紧锣密鼓制定《国家中长期人才发展规划纲要(2009—2020年)》(以下简称《人才纲要》)。编制国家中长期人才发展规划纲要,是贯彻落实党的十七大提出的更好实施人才强国战略的一项重大举措,是一件具有全局性和战略性的大事。编制好国家中长期人才发展规划,就是抓国家的长远建设和根本性建设,充分体现了党和国家对人才的优先发展战略。

国家中长期人才发展规划从2008年3月开始,在一年多的时间内,据不完全统计,有关部门和专家已经开展了23个战略专题、14个重点领域人才队伍建设战略专题和5个规划纲要重点专题的研究,形成了42个专题研究报告及161个子课题研究报告。① 截至2009年10月底,起草小组共召开各类会议100余场,听取了中央人才工作协调小组各成员单位,以及数百位专家和领导的意见、建议。数易其稿后,又通过组织程序发放各省区市、中央、国家机关各部门,高校、科研院所,中央企业,

---

① 盛若蔚:《中央组织专家议〈国家中长期人才发展规划纲要〉》,人民日报,2009年10月13日。(http://www.chinanews.com.cn/cj/news/2009/10-13/1906946.shtml)

进一步征求意见。2010年6月6日,《人才纲要》经党中央、国务院审定后正式对外公布。

二是迅速启动《国家中长期教育改革和发展规划纲要(2010—2020年)》(以下简称《教育规划纲要》),全面推进教育改革。教育一直是一国培养人才的重要渠道,在人才培养中起着基础性和持续性的作用。在经济社会全面发展的今天,教育已经不能满足我国经济社会发展的需要,不能满足人民群众对教育发展的需要。因此,必须加大教育改革,提高教育质量,科学教育规划,加大教育投入,优先发展教育,以切实充分发挥教育在人才培养中的基础性作用。

在此前已经进行过一次公开征求意见的基础上,2008年8月备受关注的《教育规划纲要》正式启动。经过一年多的酝酿和反复的科学论证,征求意见稿于2010年2月28正式发布,并向全社会公开征求意见。征求意见历时一个月,截止时间为3月28日。这是一份未来十年中国教育改革的路线图和时间表。这份66页的征求意见稿包括序言、总体战略、发展任务、体制改革、保障措施以及实施,而且此次纲要在一些关键问题上,起草者专门给予了有关解释。2010年7月29日,《教育规划纲要》正式颁布。

《教育规划纲要》对未来中国教育的战略目标是:到2020年,基本实现教育现代化,基本建成学习型社会,进入人力资源强国行列。到时,中国将会有惠及全民的、更高水平的、更加公平的普及教育,而具有大学学历的人口将达到2亿人。纲要对教育工作的方针做了明确规定,那就是优先发展,育人为本,改革创新,促进公平,提高质量。纲要还对未来十年教育的任务做了更加明确、翔实的规定。对教育的规划和优先发展进一步体现了国家的人才优先发展战略。

三是《国家中长期科学和技术发展规划纲要(2006—2020年)》(以下简称《科技规划纲要》)、《全民科学素质行动计划纲要(2006—2010—2020)》稳步推进。2006年2月9日,国务院发布了《国家中长期科学和技术发展规划纲要》(国发〔2005〕44号)。纲要立足国情,面向世界,以增强自主创新能力为主线,提出了建设创新型国家的奋斗目标,并对我国未来15年科学和技术发展做出了全面规划和部署。纲要中对人才队伍做了专门论述,提出了五点:一是加快培养造就一批具有世界前沿水平的高级专家;二是充分发挥教育在创新人才培养中的重要作用;三是支持企业培养和吸引科技人才;四是加大吸引留学和海外高层次人才工作的力度;五是构建有利于创新人才成长的文化环境。随后,国务院又实施了《科技规划纲要》若干配套政策。在配套政策中共谈了十点,第一点强调增加科技投入,第七点强调加大人才队伍建设,第八点强调教育与科普的关系。在此基础上,2006年3月21日,党和国家又制定并实施了《全民科学素质行动计划纲要(2006—2010—2020)》(以下简称《科学素质纲要》)。《科学素质纲要》指出,科学素质是公民素质的重要组成部分。提高公民科学素质,对于增强公民获取和运用科技知识的能力、改善生活质量、实现全面发展,对于提高国家自主创新能力,建设创新型国家,构建社会主义和谐社会,都具有十分重要的意义。《科技纲要》与《科学素质纲要》的稳步实施,是党在十七大以后人才优先发展的又一体现。

综观十七大以后党的人才政策,《人才纲要》和《教育规划纲要》的迅速启动,《科技规划纲要》与《科学素质纲要》的稳步实施,实际上在体现党的人才优先发展战略的同时,也体现了党的人才政策的系统性,体现了党的人才政策日益与国家经济社会发展融为一体,成为推动国家经济社会发展的核心和支撑力量。人才规划为统领,教育规划为基础,科技规划为突破,人才素质规划为支撑,共同形成一个执政党的人才工作的有机体系,它将迅速推动中国经济社会和谐发展。

(二)人才工作的区域化和地方化日趋深入,区域性人才战略凸显

党的十七大以后,随着人才强国战略的深入实施,特别是随着《科技纲要》与《科学素质纲要》的逐步开展和《人才纲要》、《教育规划纲要》的

迅速启动,人才资源是第一资源的理念更加深入人心,开发人力资源是最大的开发,人力投资是回报最大的投资等观念逐渐在社会各界达成共识。

随着国内人才管理体制、机制的不断完善,市场对人才资源的配置作用日趋明显,地域、行业、身份等对人才的限制作用越来越小,人才在全国范围内更加迅速的流动。与此同时,随着东北老工业基地的振兴、中部的崛起、西部大开发等战略的深入实施,这些地方与沿海等经济较发达地区的人才争夺战日趋激烈。各个地方政府通过几十年的实践都充分认识到"业以才兴"的深刻道理,从而加紧了对人才的吸引、培养和争夺。在此情形下,我国人才工作的区域化和地方化趋势日益明显。在地方性的人才争夺中,逐渐划分成了沿海和内地两大区域,沿海区域又以京津地区、长江三角洲和珠江三角洲最为突出,内地又分为东北区域、中部区域和西部区域,为了进一步实现人才的合理流动,降低人才流动的门槛,一些区域内的省市开始实行一些共同的人才准入政策和人才认定标准,人才的区域性特征开始形成。

在各地人才争夺和区域化人才战略日益明显的情形下,各地的人才战略主要表现出了以下几个特点:

一是关于人才的观念进一步解放,高层次人才依旧是各地争夺的重点。人才观念的解放,在各地的人才争夺战中更多的是认识到人才的价值,特别是高尖端人才的价值,对于人人都可以成才的理念,贯彻落实得并不深,这也是集中力量,实现高精尖人才的突破和示范的战略选择。如北京、上海等地近年来新增的人才政策中,基本都是关于高级人才和大学生的。如北京市在2005年3月和6月就分别下发了《北京市吸引高级人才奖励管理规定》、《北京市吸引高级人才奖励管理规定实施办法》,同年11月、12月两个月的时间内,为充实北京基层的人才力量,又下发了关于促进大学生到基层和农村就业的两份文件:《关于引导和鼓励高校毕业生面向基层就业的实施意见》、《关于引导和鼓励高校毕业生到农村基层就业创业实现村村有大学生目标的实施方案》。

二是纷纷把人才工作纳入当地经济社会发展全局。在国家把人才工作纳入国民经济社会发展全局之后,北京、上海、深圳等地纷纷响应,制定了本地的人才发展战略,并把人才工作纳入"十一五"规划和当地的经济社会发展全局中,使人才工作紧密围绕当地的中心任务进行。中部崛起和西部大开发战略的实行,使中部和西部的许多省份也逐渐把人才工作纳入当地的经济社会发展全局。

三是人才管理体制、机制纷纷完善,各显神通,吸引人才。各地结合当地经济社会发展的实际需要,大力解放思想,出台了一系列有利于人才发展和吸引人才的措施。如在2005年,第八届中国留学人员广州科技交流会上,各省就各出奇招,争相招揽海外留学人才。广州实行"领到'绿卡'即享本地人待遇"的优惠政策;上海实行"夫妻海归二胎也可入沪户"政策;北京实行"入京创业可买经济适用房"政策;厦门实行"3万元资金即可注册公司"优惠政策;武汉实行"子女父母随迁可免费入户";安徽则实行"来去自由简化出境手续"来吸引人才。人才的争夺战可谓硝烟弥漫,各显神通。这些政策的背后凸显了各地对人才的渴望和灵活的用人机制。[①]

四是充分利用网络等现代信息平台招揽人才。在各地的人才争夺战中,各地政府和社会机构纷纷利用信息时代的网络平台,加大对本地优势的宣传力度和完善对人才的招聘政策,形成了网络平台中的人才竞争大战,这种竞争丝毫不亚于现实生活中人才的实际争夺。这种网络化的人才竞争,既体现了信息时代人才流动方便快捷的特点,又降低了人才使用的成本,成为用人单位和人才都认同的一种人才选聘方式。据最近由大中华网统计公布的数据,现在我国各地有关人才工作的专门网站达数百个,这种网站的数量分布一定程度上反映了各地的经济社会发展水平。其中经济比较发达的广东、浙江,人才工作网站最多,广东近60家,浙江近50家;经济比较落后的西部地区,人才网站要少得多,贵州、甘肃6家,青海、宁夏回族自治区、新疆维吾尔自治区7家,山西、内蒙古

---

① 何达志、陈玉和:《南方都市报》,2005年12月28日。(http://gd.news.sina.com.cn)

8家;其中北京作为全国的政治文化中心,专门人才网站高达50家;上海市作为已经形成人才规模效应和人才高地的城市,人才网站并不多,只有20家。福建近40家。①

五是注重人才理论研究和经验的积累。在人才的地域争夺越来越激烈的国际国内环境下,我国地域人才争夺呈现出了另外一个特点:注重人才理论研究特别是区域性人才理论研究,并注重本地区人才工作的经验积累。以北京市为例,由于其占据了理论研究的独特的丰厚资源,所以其理论研究一直走在全国前列,有中国人事科学研究院的王通讯、余仲华及社科院的潘晨光等一批优秀人才学的研究专家,近年来出了一批有价值的研究成果,如《中国人才发展报告》系列丛书、《中国人才前沿》系列丛书、《中国人才战略管理评论》系列丛书等。北京市还从2003年开始,每年都编写出版《北京人才发展蓝皮书》,蓝皮书由政府人事部门汇集北京市一年来人事人才工作的理论文章、调研成果、科研成果、新出台的规章政策和人才开发目录等有用资料。这些资料对推动北京市人才理论与实践工作有着巨大现实意义,有着很强的权威性和代表性。除了北京之外,上海、浙江、重庆、湖南、安徽、四川、云南、宁夏等许多地方,都对本地的人才理论和实践工作进行了总结和归纳并结集成册。除此之外,一些区域性的人才研究成果也开始陆续出版,2005年,湖北教育出版社出版了王会昌等著的《长江流域人才地理》;2006年,中国人口出版社出版了郭庆松、赵建平著的《长三角人才共享研究》;2009年,暨南大学出版社出版了陈淑妮著的《泛珠三角合作中技能人才整合策略与激励机制研究》。这些研究成果进一步推动了人才地区域化特征的形成。

(三)人才的管理体制日趋完善,突出以人为本,科学发展

2003年,在党的人才工作决定中,提出要把促进发展作为人才工作的根本出发点,促进经济社会和人的全面发展。党的十七大报告指出,

---

① http://www.job110.cn/AspxPub/InfoSingle.aspx? Key=10887.

科学发展观是我国经济社会发展的重要指导方针,是发展中国特色社会主义必须坚持和贯彻的重大战略思想。科学发展观的核心是以人为本。可见,新时期党的人才工作必须坚持科学发展观,坚持科学发展观对人才工作的指导,其核心就是在人才工作中贯彻以人为本的指导思想。

十七大以后,党的人才工作贯彻落实科学发展观,坚持人才工作的以人为本思想,具体表现在以下几个方面:

一是转变政府职能,成立人力资源和社会保障部,在人才管理上坚持以人为本。2008年7月12日,根据第十一届全国人民代表大会第一次会议批准的国务院机构改革方案和《国务院关于机构设置的通知》(国发[2008]11号),人事部、劳动和社会保障部撤销,重新组建人力资源和社会保障部,同时成立国家公务员局、保留国家外国专家局,由人力资源和社会保障部管理。从而拉开了党的十七大以后大部制改革的序幕。

国家实行大部制改革,撤销人事部、劳动和社会保障部,成立人力资源和社会保障部是适应我国社会主义市场经济深入发展情境下,劳动力自由流动越来越强的需要。全面建设小康社会,仅仅依靠一部分领导干部是远远不够的,所以我们党根据时代发展的要求,实现了由党管干部到党管人才的转变,以调动起各行各业、各级各类人才参与建设国家的热情。计划经济体制下,我们强调的对干部的管制方式已经不适应当前人才流动的高速度、高效应,因此党必须转变政府职能,实现管制型政府向服务型政府的转变,党管宏观、管政策、管服务。成立人力资源和社会保障部正是我们党转变政府职能,强调对人才的服务职能的具体举措,体现了党在人才管理上的以人为本思想。

二是加大教育改革,制定《教育规划纲要》,实现人才培养上的以人为本。一国的教育对人才的培养至关重要,对人才的培养起着基础性作用。新中国成立后,我国教育体系的建立,包括高等教育的学科设立,很大程度上是沿袭苏联的计划经济模式,采用的是灌输式教育,忽视学生的个性和实际需要。随着社会主义市场经济的深入发展,我国的教育越来越不能适应我国经济社会发展的需要。虽然在教育发展和改革上采取了一系列措施,1985年中央下发了《关于教育体制改革的决定》,提出普及九年义务教育的目标;1993年中央下发《中国教育改革和发展纲要》;1995年中央提出实施科教兴国战略。然而,教育改革的步伐还是落后于经济社会发展的需要。现任教育部部长袁贵仁表示,当前教育一是不能满足经济社会发展的需要,二是不能满足人民群众的需要。教育的改革势在必行,教育的改革一是要转变教育观念,二是改变人才培养模式。转变教育观念,说到底就是教育要坚持以学生为本,改变人才培养模式,就是如何培养人,培养什么样的人,其本质就是以学生成才为本。

《教育规划纲要》草案的制定,以及面向全国公开征求意见就是落实教育在人才培养中的以人为本思想,实现科教兴国、人才强国。

三是在人才使用上,重能力、业绩和专业,坚持公信度,实现人才使用上的以人为本。以人为本的本质内涵就是发展为了人民,发展依靠人民。党的十七大前后,对干部的使用更加注重能力、业绩和专业,注重群众公认。一个干部只有坚持发展为了人民,才能俯下身子做出人民满意的业绩;同样,一个干部只有做出人民满意的业绩才能获得人民群众的公认和信服,从而带领并调动起人民的积极性,真正依靠人民去发展。可见,坚持人才使用上的能力本位主义,注重人才使用上的公信力,其本质就是坚持发展为了人民,发展依靠人民,就是坚持人才使用上的以人为本。

2009年11月30日傍晚,新华社发出电讯:河南、福建、辽宁、吉林和内蒙古5省区党委书记易人,卢展工、孙春兰、王珉、孙政才、胡春华分别履新。被替换的5人中,原中共吉林省委书记王珉调往辽宁,原福建省委书记卢展工调往河南,原河南省委书记徐光春、原辽宁省委书记张文岳、原内蒙古自治区党委书记储波均已到达正省部级干部担任实职的年龄上限——65岁。在这一轮的干部任用中,虽然也注重选拔年轻干部,但年龄不是决定因素,能力、业绩和公信度被当做是干部任用的主要标准。正如全国政协委员、中国人事科学研究院院长吴江说:十七届四中全会之后,公信度是选拔干部的首要条件。

此外,在干部任用时注重专业性也是以人为本理念在人才使用中的体现。把具有较强专业能力和素养的人才放在对口的工作岗位上,既是对人才的充分使用,又有利于推动工作的进展,对实现个人发展和推动经济社会发展都很有裨益。2009年10月31日第十一届全国人大常委会第十一次会议表决通过,任命袁贵仁为教育部部长;2009年12月26日,中华人民共和国第十一届全国人民代表大会常务委员会第十二次会议决定任命韩长赋为农业部部长。这两位部长是典型的专业型人才。袁贵仁的职业生涯从未离开过教育领域,从19岁起担任中学教师,1984年起在北京师范大学任教,此后历任该校社科处处长、副教务长、副校长、党委书记、校长。韩长赋毕业于中国人民大学农业经济系,曾任共青团中央青农部部长、中央财经领导小组办公室农业组副组长、农业部常务副部长、国务院研究室副主任等职;长期致力于国家宏观经济运行及农村发展等方面的研究和实际工作,在国民经济宏观运行、优势农产品区域布局、土地制度、农民工问题、小城镇建设等方面有深入系统的研究,形成了一系列系统的观点和思路。二人的任用体现了人才使用上的专业对口性。专业性、公信度、能力和业绩成为十七大前后人才使用中以人为本思想的具体体现。此外,年轻化和高学历同样是人才选拔的重要导向。

四是在人才评价监督上,坚持科学的政绩观和加大反腐并重,做到人才评价监督上的以人为本。在改革开放初期,一些地方片面强调经济发展而忽视了对资源的节约和环境的保护,一些地方经济这一条腿长,而文化、社会等方面建设薄弱,一些地方误以为经济为中心就是片面强调GDP增长,这些都是不科学的发展观。党的十七大正式把科学发展观写入党章,作为我国经济社会发展的指导方针。

要避免地方上的片面发展观和短期发展行为,就必须在全国树立科学的政绩评价机制,从而在根本上杜绝一切不科学的发展观念和行为。十七大以后,党坚持树立科学的政绩观,突出以人为本,坚持从经济、政治、文化、社会、民生等方面衡量一个地方的发展,用科学的政绩评价引导科学发展的确立。如中央政治局委员、重庆市委书记薄熙来主政重庆以后,一边发展经济,一边迎难而上,坚持打黑。对黑势力的打击就是对百姓的保护,营造公平、正义的社会环境,让百姓过上安定的生活,就是坚持以人为本,就是坚持科学发展。现为中共云南省省委常委、昆明市市委书记仇和,他主政宿迁时,由于实行一系列超常规的激进改革和多次施行让人惊讶的政治举措,被舆论称作"最具争议的市委书记"。然而由于仇和的改革最终实现了当地经济的超越发展,人民生活水平大幅提高,所以他仍然受到好评。对人才不求全责备,坚持从百姓是否满意的角度来评价人才,是科学政绩评价机制的重要内容,是以人为本思想在人才评价机制中的具体体现。

此外,在对人才的监督机制中,特别在党的干部中,加大反腐败的打击力度也是坚持以人为本、实现科学发展的重要举措。对腐败分子的打击和惩治就是对国家和百姓利益的维护,就是坚持以人为本;对腐败分子的惩治为经济的发展创造了更加健康的发展环境,有利于进一步坚持科学发展。十七大以来,党进一步加大了反腐力度,惩治腐败分子的数量和级别前所未有,充分显示了党反腐的决心。

2010年1月初,中纪委监察部召开纪检监察机关查办案件工作情况新闻通气会,通报了2009年全国纪检监察机关查办案件情况。据介绍,2009年1—11月,各级纪检监察机关接受信访举报案件1318362件(次),初步核实违纪线索140828件,立案115420件,结案101893件,处分106626人。在受处分人员中,给予党纪处分85353人,政纪处分29718人。通过查办案件,为国家挽回经济损失44.4亿元。其中尤其引人注目的是,在严肃查办领导机关和领导干部的腐败案件中,处分县处级以上干部3743人,移送司法机关的县处级以上干部764人。此外,2009年是我国高层贪官密集落马的一年,共有17名副部级以上高官被依法处理或立案追查,这一数字创改革开放31年来高级官员落马的年度最高纪录。据公开资料统计,2003年至2007年的5年间,共有35名副部级以上高官落马,年均 7 人。①

反腐败的坚决推进进一步优化了发展的环境,保护了人民和国家的财产,是坚持以人为本(以百姓利益为本)、坚持科学发展的重要举措,也是人才工作不可缺少的一环。

---

① http://blog.sina.com.cn/h5578725.

结　语
党的人才思想史就是一部人的发展史

1848年,马克思和恩格斯在《共产党宣言中》郑重提出,要消灭私有制,建立人人平等的联合体,实现每个人全面自由的发展。中国共产党从成立之初就明确自己的宗旨是全心全意为人民服务,消灭剥削和压迫,实现人民的解放和发展。一部党的人才思想史真实记载并反映了党为实现人民的解放和发展所做的努力和贡献。

消除阶级压迫,实现阶级平等是实现人的解放与发展的基本社会条件。在中华人民共和国成立以前的中国,由于存在封建地主阶级、帝国主义、官僚资产阶级对无产阶级和劳动人民的压迫,所以人民不可能获得真正的解放和发展。在阶级压迫的社会中,无产阶级只有通过斗争来实现自身的解放和发展。陈独秀、李大钊为了在中国实现共产主义的理想国度,提出了人才的依靠主体论、人才的培养途径论和人才的本质特征论等诸多有关人才的思想,为中国人民实现自身的解放与发展奠定了最初的理论基础。特别是关于人才本质的阶级性特征,真实再现了当时的中国无产阶级为了实现自身的解放和发展所做的阶级斗争与努力。

毛泽东提出的"又红又专"的人才标准,同样反映了阶级斗争在党的人才思想中的体现。只要还存在阶级压迫,就不可能实现全体人的全面自由发展,只要还存在阶级压迫就有阶级斗争。在新中国成立以前,阶级斗争正是中国人民实现自身解放和发展的唯一途径,中国共产党无疑是领导人民通过斗争实现自身解放、发展的核心力量。为了早日取得无产阶级革命的成功,实现人民的解放和发展,毛泽东在革命实践中丰富了党的人才思想,提出了要抓住核心人才——干部的决定因素,提出了要广泛吸引人才——五湖四海的聚人观,提出了人民的解放要依靠人民自身的力量——群众的人才观等一系列有机联系的人才思想,并最终带领中国人民实现了自身的解放,建立了人民当家做主的新中国。

教育、知识和科技,是实现人的解放与发展的重要支撑。新中国成立以后,人民群众当家做了主人,阶级压迫不再存在,中国人民在解放自身、发展自身的道路上迈出了巨大步伐。然而消除阶级压迫只是实现人民解放和发展的基本条件,要真正实现人民的解放和发展,还离不开知识、科技对人的解放与发展的促进和推动作用。离开知识、科技,人类就无法真正认识、改造自然、社会和自身,无法推动生产力的快速发展,也就无法实现自身的解放和发展。新中国成立以后,由于受传统人才标准的影响,特别是20世纪50年代后期开始,党一度把人才的政治性和阶级性看做人才的核心标准,忽视了人才的专业性,忽视了知识、科技和教育对人才培养的作用,并最终酿成"文化大革命"。"文化大革命"不仅给党和国家的发展造成严重挫折,也大大延缓了中国人民自身解放和发展的进程。

十一届三中全会以后,特别是改革开放以来,邓小平高度重视知识、科技和教育事业,围绕知识、科技和教育,邓小平提出了尊重知识、尊重人才,知识分子是工人阶级的一部分,科学技术是第一生产力,教育要面向现代化、面向世界、面向未来等一系列思想。这些观点极大地解放了人民的思想,推动了中国生产力的快速发展,解决了人民的温饱问题,为实现人民的解放和发展奠定了坚实的物质基础和良好的思想环境,发展了人民的诸多权利,大大推动了人们的解放和发展。同时,邓小平还提出了"四化"的人才标准和"四有"的成才目标。"四化"的人才标准,突出了人才的知识化和专业化;四有的人才目标,从理想、道德、文化、纪律四个方面为人的解放和发展指明了方向。

人是实现自身解放与发展的最终依靠力量。在人类实现自身不断解放与发展的过程中,会遇到各种各样的困难和阻碍,既需要阶级平等的阶级条件,也需要知识、科技支撑的技术条件和丰富的物质条件,既需要党管人才的良好政治环境,也需要公平、正义的社会环境。然而,不论何种困难的克服还是何种条件的实现,人解放和发展自己,最终依靠的还是人本身。

改革开放以来,在教育要面向现代化、面向世界、面向未来和科学技术是第一生产力思想的推动下,我国的教育、科技事业获得了长足发展,人们解放和发展自身的技术条件大大提高,人们认识和改造自然、社会的能力大大增强。与此同时,人们对技术的依赖性也与日俱增,甚至出现了技术对人的异化,形成了技术对人的管理、控制甚至奴役。在现实社会生活中,往往出现以 GDP 的增长来代替的人的发展为考核目标的现象。

十三届四中全会以后,随着我国市场经济的快速发展,科技的飞速进步,人们解放与发展自身的物质基础和技术条件获得了进一步的提高。与此同时,人的思想观念也进一步解放。在邓小平科学技术是第一生产力的科学论断的基础上,以江泽民为总书记的党中央郑重提出了人才资源是第一资源的重要思想。这一思想的提出有效克服了人在解放和发展自我的过程中对技术的过度依赖和"见物不见人"的错误发展理念;这一思想的提出坚持了以人为本,说明人解放和发展自我最终依靠的不是技术而是人本身。在此基础上,以江泽民为总书记的党中央还提出了"创新是人才的本质属性"、"在学习和实践中成才"等一系列科学的人才思想。"创新"理念的提出指出了新时期人们解放和发展自身的动力和特征,"在学习和实践中成才"为新时期人们解放和发展自己指出了两条具体的途径,那就是终身学习、勇于实践,在学习和实践中不断获得自身的解放和发展。

人人都可以成才是实现人的解放与发展的最终目标。人要不断解放和发展自己,首先必须获得解放和发展自身必备的知识和能力,这种知识和能力依靠学习获得;同样人要获得自身的解放和发展还必须积极实践,依靠所习得的知识和掌握的能力,不断在社会实践中认识和改造自我、自然、社会。可见,人的解放和发展自我的过程首先是在学习和实践中实现自我成才的过程,而人在学习实践中成才的过程就孕育着人不断解放、发展自己的过程。

我国是人民民主专政的社会主义国家,全体人民是国家的主人。同样,在我国实现人的解放和发展是实现全体人民的共同解放和发展,而不是少数人和一部分人的解放和发展。由于我国地域广阔,国情复杂,生产力发展不均衡,各地经济社会发展的水平有差异,由此导致各地区之间在实现人的解放和发展的物质条件和社会条件等方面的不均衡。一部分发达地区的人们获得了解放和发展自我的优先条件,而相对落后地区的人们解放和发展自身受到了诸多条件的限制。

党的十六大以后,我国总体的经济水平有了很大提高,经济、政治、文化和社会事业都得到了快速发展,为实现人的解放和发展提供了更好的经济、政治、文化和社会条件。在此基础上,以胡锦涛为总书记的新一届党中央提出了以人为本,全面、协调、可持续的发展观,更加注重均衡发展,并在人才资源是第一资源的基础上提出了"人人都可以成才"的重要思想。人人都可以成才的提出是实现人人解放、人人发展这一思想的具体体现,与马克思在《共产党宣言》中提出的建立人人平等的联合体,实现每个人全面自由发展的精神实质一脉相承。胡锦涛为总书记的党中央还提出了"不唯学历,不唯职称,不唯资历,不唯身份"、"党管人才"等一系列重要的有关人才的思想,"四个不唯"的人才标准进一步解放了人们的思想,推动了人们实现自身解放、发展的进程,党管人才原则在新的时期为实现人的解放与发展提供了重要的政治保障。

纵观中国共产党关于人才思想的发展史,党的人才思想的每一次发展都推动了广大人民群众实现自身解放和发展的进程,从消除阶级剥削和压迫到经济、政治、文化、社会等各项权利的实现和完善,伴随着党的人才思想的发展,中国人民正在不断实现着自身的解放和全面发展。

参考文献

[1]《马克思恩格斯选集》1—4卷,中共中央马克思、恩格斯、列宁、斯大林著作编译局编,人民出版社,1975。

[2]《斯大林选集》(上、下册),中共中央马克思、恩格斯、列宁、斯大林著作编译局编,人民出版社,1979。

[3]《列宁选集》1—4卷,中共中央马克思、恩格斯、列宁、斯大林著作编译局编,人民出版社,2004。

[4]《毛泽东选集》1—4卷,中央文献编辑委员会编,人民出版社,2007。

[5]《邓小平文选》1—4卷,中央文献编辑委员会编,人民出版社,1994。

[6]《江泽民文选》1—3卷,中央文献编辑委员会编,人民出版社,2006。

[7]《十一届三中全会以来重要文献选读》(上、下),人民出版社,1987。

[8]《三中全会以来重要文献选编》(上、下),人民出版社,1982。

[9]《十二大以来重要文献选编》(上、中、下),人民出版社,1986、1988。

[10]《十三大以来重要文献选编》(上、中、下),人民出版社,1991、1993。

[11]《十四大以来重要文献选编》(上、中、下),人民出版社,1996、1997、1999。

[12]《十五大以来重要文献选编》(上、中、下),人民出版社,2000、2003。

[13]《十六大以来重要文献选编》(上、中),中央文献出版社,2005、2006。

[14]冷溶:《中国特色社会主义与全面建设小康社会》,社会科学文献出版社,2008。

[15]冷溶:《科学发展观与中国特色社会主义》,社会科学文献出版社,2006。

[16]冷溶:《科学发展观与构建社会主义和谐社会》,社会科学文献出版社,2007。

[17]张静如:《中国共产党思想史》,青岛出版社,1991。

[18]朱志敏:《李大钊传》,山东人民出版社,1998。

[19]彭文晋:《人才学概说》,黑龙江人民出版社,1983。

[20]王通讯:《人才学通论》,天津人民出版社,1983。

[21]叶忠海、陈子良等:《人才学概论》,湖南人民出版社,1986。

[22]钟祖荣:《现代人才学》,浙江教育出版社,1988。

[23]周玉纯、郝诚之:《实用人才学》,内蒙古人民出版社,1985。

[24]山东社会科学院课题组:《马克思主义人才理论与实践》,山东人民出版社,2005。

[25]舒凤著:《列宁人才思想研究》,解放军出版社,1998。

[26]尹世洪、罗江娜等编著:《马克思人才观的新发展——学习邓小平同志关于人才问题的论述》,北京出版社,1990。

[27]赵长峰主编:《毛泽东思想研究》,广西人民出版社,1993。

[28]靳宏斌:《毛泽东同志教育思想研究》,湖北教育出版社,1986。

[29]王体正、董立仁主编:《邓小平人才论》,华中理工大学出版社,1998。

[30]叶庆科:《毛泽东教育思想初论》,广西教育出版社,1990。

[31]丘桑主:《艰难的国运与雄健的国民》,东方出版社,1998。

[32]晋荣东:《李大钊哲学研究》,华东师范大学出版社,2006。

[33]魏知著:《陈独秀思想研究》,南京大学出版社,1987。

[34]吕明灼:《李大钊思想研究》,河北人民出版社,1983。

[35]中央文献研究室邓小平研究组编著:《邓小平教育理论教程》,人民教育出版社,2001。

[36]《中共中央〈1996—2000年全国干部教育培训规划〉及邓小平、江泽民论干部队伍建设》,中国方正出版社,1996。

[37]董立仁等:《江泽民人才思想研究》,华中科技大学出版社,2004。

[38]赵三军、华学成:《新时期人才思想研究》,中央民族大学出版社,2006。

[39]陈玉金:《邓小平人才思想研究》,解放军出版社,1988。

[40]徐颂陶:《中国人才战略与人才资源开发》,中国人事出版社,2001。

[41]《胡锦涛在全国人才工作会议上的讲话》,2003年12月19日。

[42]《中共中央、国务院关于进一步加强人才工作的决定》,2003年12月。

[43]《人才队伍建设面临的挑战与对策》,中央文献出版社,2003。

[44]《人才强国战略干部读本》,中央党校出版编辑,2004。

[45]史策:《领导与人才资源开发》,中央编译出版社,2004。

[46]潘晨光主编:《中国人才前沿》,社会科学文献出版社,2006。

[47]张祥浩:《中国传统人才思想》(上、下册),江苏人民出版社,2003。

[48]中共四川省委组织部课题组编:《人才队伍建设面临的挑战与对策》,中央文献出版社,2003。

[49]潘晨光主编:《中国人才发展60年》,社会科学文献出版社,2009。

[50]祁晓玲主编:《民族地区人才竞争机制研究》,人民出版社,2009。

[51]钟祖荣等著:《外国人才研究史纲》,蓝天出版社,2005。

[52]中国人事科学研究院编:《中国人才报告》,人民出版社,2005。

[53]关乐原著:《新世纪中国人才战略发展的探索》,中共中央党校出

版社,2006。

[54]王辉耀主编:《中国留学人才发展报告2009》,机械工业出版社,2009。

[55]潘晨光主编:《中国人才发展报告(2009)》,社会科学文献出版社,2009。

[56]乔盛:《人才论》,中共中央党校出版社,2008。

[57]李向前等主编:《中国人才批判》,中国时代经济出版社,2005。

[58]张鸿宾主编:《宁夏人才强区战略研究》,宁夏人民出版社,2007。

[59]潘晨光主编:《中国人才前沿NO3》,社会科学文献出版社,2007。

[60]辛铁樑主编:《北京人才发展蓝皮书》,中国青年出版社,2006。

[61]后东升主编:《36家跨国公司的人才战略》,中国水利水电出版社,2006。

[62]钟昆明编著:《谁是人才》,重庆大学出版社,2008。

[63]山东社会科学院课题组:《马克思主义人才理论与实践》,山东人民出版社,2005。

[64]常校珍:《中国古代人才思想论稿》,甘肃人民出版社,1985。

[65]舒风:《列宁人才思想研究》,解放军出版社,1988。

[66]梅介人:《人才、环境、选择》,中国地质大学出版社,1988。

[67]〔英〕约翰·布里顿:《人力资源管理——理论与实践5》(第3版),经济管理出版社,2005。

[68]彭剑锋主编:《人力资源管理概论》,复旦大学出版社,2005。

[69]〔美〕梅洛著,吴雯芳译:《战略人力资源管理》,中国财经出版社,2004。

[70]张一弛:《人力资源管理教程》,北京大学出版社,2004。

[71]张德:《人力资源开发与管理》,清华大学出版社,2007。

[72]董克用:《人力资源管理概论》,中国人民大学出版社,2003。

[73]萧鸣政:《人力资源开发与管理——在公共组织中的应用》,北京大学出版社,2005。

[74]卢绍华、周玉良:《人力资源管理与开发》,清华大学出版社,2008。

[75]冷溶:《社会和谐是中国特色社会主义的本质属性》,《党建研究》,2006年第11期。

[76]冷溶:《科学发展观的创立及其重大意义》,《马克思主义研究》,2006年第8期。

[77]冷溶:《邓小平的历史地位和他留给我们的精神遗产——为纪念邓小平诞辰100周年而作》,《当代中国史研究》,2004年第4期。

[78]冷溶:《"三个代表"重要思想解读》,《领导决策信息》,2003年第26期。

[79]冷溶:《毛泽东、邓小平、江泽民党建理论和中国共产党的八十年》,《党的文献》,2001年第5期。

[80]冷溶:《关键在于坚持马克思主义中国化的根本方向——改革开放30年与马克思主义中国化进程的历史考察》,《党的文献》,2009年第1期。

[81]冷溶:《改革开放与马克思主义中国化的历史进程》,《科学社会主义》,2009年第1期。

[82]冷溶:《办好中国中共文献研究会,推动党的文献事业科学发展》,《党的文献》,2009年第3期。

[83]冷溶:《新中国的成立与中国特色社会主义道路的探索、开辟和发展》,《中国浦东干部学院学报》,2009年第6期。

[84]朱志敏:《五四时代知识分子的平民意识与共产主义运动的兴起》,《历史研究》,1997年第2期。

[85]朱志敏:《弘扬"五四"理性精神 建设文明社会》,《中共党史研究》,2009年第6期。

[86]朱志敏:《五四时期知识分子生活概观》,《北京电子科技学院学报》,2009年第3期。

[87]岳红琴:《论毛泽东的人才观及其特点》,《湘南学院学报》,2006年第3期。

[88]陈凤敏:《毛泽东的人才观》,《平顶山师专学报》,2004年第1期。

[89]叶顺煌:《毛泽东人才观浅析》,《学会》,2004年第9期。

[90]陈志杰:《毛泽东人才观论》,《理论月刊》,2003年第10期。

[91]范明、董洪年:《〈体育之研究〉和青年毛泽东的人才观》,《毛泽东思想研究》,2001年第3期。

[92]郭淑英:《数风流人物还看今朝——试论毛泽东的人才观》,《党史纵横》,1995年第11期。

[93]顾艳霞、李景平:《简述毛泽东人才思想》,《陕西省毛泽东思想研究会纪念毛泽东诞辰110周年暨全面建设小康社会学术研讨会论文集》,2003。

[94]陈文全:《邓小平人才思想论述》,《西南师范大学学报(哲社版)》,1988年第4期。

[95]朱志敏:《加强政府人才服务机构的公共服务》,《中国人才》,2007年第5期。

[96]赵泽洪、范颖:《邓小平人才思想研究》,《重庆大学学报》,2004年第5期。

[97]吕杰、宋国力:《邓小平人才思想与当代青年发展》,《青年探索》,1998年第6期。

[98]张秉义:《论邓小平人才思想的现实意义》,《高校理论战线》,1998年第7期。

[99]张启龙:《江泽民人才思想评析》,《理论前沿》,2006年第21期。

[100]王毅科:《浅谈江泽民同志人才观思想》,《乌鲁木齐成人教育学院学报》,2007年第2期。

[101]许丽英:《略论江泽民人才思想》,《湖南社会科学》,2003年第6期。

[102]杨凤英、杨发:《江泽民人才思想初探》,《理论探索》,2004年第5期。

[103]于学强:《论江泽民的人才观》,《新乡师范高等专科学校学报》,2007年第1期。

[104]刘桂芳、胡家贵:《浅论胡锦涛的创新人才培养观》,《法制与社会》,2008年第1期。

[105]余建新、廖述江:《试论胡锦涛的人才思想》,《党史文苑》,2006年第3期。

[106]凌石德、刘荣华:《论胡锦涛对党的人才理论的创新与发展》,《理论界》,2007年第2期。

[107]徐庆东:《胡锦涛人才强国战略的主要思想》,《理论观察》,2005年第3期。

[108]申林:《胡锦涛人才思想初探》,《中国党政干部论坛》,2008年第1期。

[109]韩永信:《论胡锦涛的科学人才观》,《宁夏党校学报》,2008年第1期。

[110]杨明艳:《邓小平与江泽民人才思想比较》,《科技信息》,2007年第9期。

[111]潘晔:《毛泽东、邓小平、江泽民、胡锦涛人才思想述要》,《湖北社会科学》,2006年第11期。

[112]肖建杰:《中共三代领带集体人才观之比较》,《社科纵横》,2006年第5期。

[113]吴敏先、张永新:《建国以来知识分子政策及政策调整研究评述》,《东北师大学报(哲社版)》,2008年第2期。

[114]《新世纪新阶段人才工作的行动纲领——中央人才工作协调小组负责人答记者问》,《当代贵州》,2004年第3期。

[115]石国亮:《建国以来党的知识分子政策的变化及其对现代化的影响》,《毛泽东思想研究》,1999年第5期。

[116]宋庆跃:《论十六大以来党的人才思想的创新与发展》,《中共长春市委党校学报》,2005年第2期。

[117]薛玉琴等:《十六大以来我党在人才问题上的重要创新》,《理论探索》,2007年第5期。

[118]何世洁、朱庄民:《我党马克思主义人才理论的丰富与发展》,《贵州社会主义学院学报》,2006年第2期。

[119]朱岩:《党的十六大以来人才工作在开拓中前进》,《领导科学》,

2007年第20期。

[120]金林祥:《陈独秀教育思想新论》,《华东师范大学学报(教育科学版)》,1994年第2期。

[121]张允熠、郝良华:《陈独秀、李大钊和毛泽东——马克思主义中国化的早期心路历程》,《安徽史学》,2000年第4期。

[122]李奕:《建党前期陈独秀的教育思想及实践》,《龙岩学院学报》,2005年第4期。

[123]霍文达、向立中:《论毛泽东同志的人力资源思想》,《湖北成人教育学院学报》,2003年第1期。

[124]张立驰:《毛泽东的青年工作观》,《毛泽东思想研究》,2008年第4期。

[125]朱志敏、张琳:《五大区域人才服务合作政策文件回眸》,《中国人才》,2009年第15期。

[126]丁向阳、王素玲:《探索区域人才开发合作新模式》,《中国人才》,2007年第1期。

后　记

在万物生机盎然的季节,当我开始写这篇后记的时候,我似乎想用这篇博士论文作为三年来学习研读的秋果。脑海中,导师的目光、老师的教诲、师兄的笑容、妻子的眼神瞬间重叠,不知这篇不成熟的论文能否承受如此之重?

三年前,承蒙恩师的宽容、爱惜和怜悯之心,我得以有幸成为"冷门"弟子,那一刻,我觉得人生中所有的挫折和委屈不值一提。三年间,恩师有时在繁忙的工作之余询问我的读书情况,明确下一步的学习和研究问题。师兄弟中,大师兄启友务实勤奋,与我交往最多,时时给予我帮助,北师大校园里常有我俩结伴而行的身影;二师兄建武工作努力而睿智,为人坦率而诚恳,为我树立了好榜样;师妹邱霞聪慧异常,常给予我鼓励,她告诉我其实历史的舞台并不高,其实我们都还站在上面。

论文的写作中,导师从提纲目录到具体的文字提法做了画龙点睛的指导;大师兄启友、二师兄建武、师妹邱霞都给了我很大的鼓励和具体的帮助;我的同学胡国胜、杨永利、夏珑等都给了我很好的建议,真诚的感谢你们！

　　三年前，我轻轻地来到北师大，那是因为对知识的敬畏使我放轻了步伐；三年后，我缓缓地离开，不是因为收获了太多的知识，而是因为心里装了太多的思恋。三年里，是您让我成了山水画里的一个色彩，交响乐里的一个音符，知识海洋里的一朵浪花。学高为师，身正为范，从此融入我的血脉。

　　感谢您，张静如先生，谢谢您在北师大给我讲授了第一课！

　　感谢您，朱志敏老师，谢谢您接受委托，辛苦为我组织了答辩！

　　感谢您，施雪华老师，谢谢您让我领略了您的才华横溢！

　　感谢您，张立成老师，您的寡语很多时候启发了我的思考！

　　感谢您，张润枝老师，谢谢您的信任，支持我担任了三年的学生党支部书记！

　　感谢你们，研工部的老师们，谢谢你们支持我担任了明光村村长，获得了如此多的友谊！

　　感谢同学们，谢谢你们让我担任了三年的女生部部长，给了我兄弟姐妹般的温暖！

　　最后要感谢我的妻子芦鹏凤和我的父母，感谢你们始终在背后默默地支持我！

张立驰

2010年4月于北师大G座212室